Les écritures féminines

Elyane Dezon-Jones

Préface de Germaine Brée

éditions magnard • 122 boulevard Saint-Germain • paris 6e

102580

INTRODUCTION

Ce livre est né du désir de mettre en lumière la diversité des écritures féminines en France, du XIIe siècle à 1950. Par écriture féminine, il faut entendre simplement texte dont l'auteur est du sexe féminin. En effet, de Marie de France à Simone de Beauvoir, les Françaises écrivent. Pour passer le temps, par nécessité économique, pour se rendre « immortelles » femmes de lettres, femmes écrivains, femmes auteurs obtiennent parfois, par dérivation du masculin, une appellation qui leur est propre : poétesses ou romancières.

Il serait faux pourtant de croire que la fiction romanesque et la poésie soient les deux seuls domaines dans lesquels les Françaises se sont illustrées au niveau littéraire. Au XVIe siècle, Marie de Gournay édite les ESSAIS de Montaigne, prend la défense des diminutifs en français, et compose un traité sur la question de l'égalité des hommes et des femmes. Au milieu du XVIIIe, Mme de Graffigny fait jouer une tragédie, CÉNIE, qui remporte un immense succès... A l'époque de la Révolution, Olympe de Gouges rédige une DÉCLARATION DES DROITS DE LA FEMME ET DE LA CITOYENNE, et au seuil du XIXe siècle, Mme de Staël pose les bases d'une nouvelle théorie de la critique littéraire. Plus tard Marie d'Agoult se lance dans une HISTOIRE DE LA RÉVOLUTION DE 1848, et si Marceline Desborde-Valmore continue dans la veine de la poésie sentimentale, Flora Tristan écrit L'UNION OUVRIÈRE et Jeanne Deroin répond à Proudhon. Dans la première moitié du XXe siècle, le nouveau roman a pour représentante Nathalie Sarraute et on ne peut guère parler de philosophie sans évoquer les noms de Simone Weil et Simone de Beauvoir.

En 1981, Marguerite Yourcenar est la première femme à devenir membre de l'Académie Française — reconnaissance officielle de l'égalité des sexes en matière de littérature. Dans son discours, elle a soin de faire remarquer : « Ce moi incertain et flottant, cette entité dont j'ai contesté moi-même l'existence, et que je ne sens vraiment délimité que par les quelques ouvrages qu'il m'est arrivé d'écrire, le voici, tel qu'il est, entouré, accompagné d'une troupe invisible de femmes qui auraient dû, peut-être, recevoir beaucoup plus tôt cet honneur, au point que je suis tentée de m'effacer pour laisser passer leurs ombres. »

Elle cite Mme de Staël, George Sand et Colette.

Parallèlement à la grande tradition du roman féminin, des contes pour enfants et de la tentation autobiographique, il existe une quantité d'AUTRES écritures féminines qu'il est facile d'ignorer parce que les textes sont moins aisément accessibles. Cet ouvrage veut fournir un échantillonnage représentatif de la pluralité des écritures féminines en France.

Parce que les écritures féminines sont étroitement liées à tout un contexte socio-culturel, il est important de rappeler des données biographiques de base concernant les auteurs des textes retenus et de situer les extraits par rapport à l'ensemble de l'œuvre. Enfin, une bibliographie critique permettra aux lecteurs/lectrices qui le désirent, d'avoir des points de repère en vue de consulter d'autres ouvrages sur la question de la littérature écrite par des femmes, en France, de la fin du XIIe au milieu du XXe siècle.

Elyane Dezon-Jones

LA QUERELLE DES FEMMES, HIER ET AUJOURD'HUI

Introduction à trois conférences
faites à l'Université de Puget Sound
État de Washington, en 1973
par GERMAINE BRÉE,
dans le cadre des Conférences
Brown and Haley

En 1953, Marcel Béalu, poète français, fit paraître une *ANTHO-LOGIE DE LA POÉSIE FÉMININE FRANÇAISE DE 1900 A NOS JOURS* (1), qui comprenait les noms de trente poétesses, « tableau sommaire partial et incomplet », selon ses propres termes, qu'il avait entrepris de dresser lorsqu'il s'était rendu compte de leur exclusion presque totale des anthologies poétiques. En fait, l'année précédente, une anthologie de la poésie contemporaine (2) qui recensait près de trois cents noms n'avait fait mention que d'une douzaine de poétesses, dont quatre seulement avaient eu l'honneur d'être représentées par un seul poème.

Cependant, je laisserai de côté la question de l'injustice numérique pour en traiter une autre : celle de la littérature « féminine » en général. La question fut soulevée par Marcel Béalu, qui la posa aux poétesses elles-mêmes mais ne cita malheureusement que deux réponses : « Que m'importe une poésie féminine, pour peu qu'elle existe ! Sans doute n'est-ce là qu'une catégorie malicieusement ou paresseusement établie. » (p. 8). Et, en deuxième lieu, « Il y a quelques années, une jeune femme de lettres enquêtait auprès de ses « consœurs » pourvues d'un pseudonyme masculin pour savoir la raison d'un tel choix, et on lui répondait souvent que c'était là mesure de prudence, défiance des critiques enclins à juger défavorablement les livres féminins, à les ranger trop vite parmi les « ouvrages de dames ». Elles espéraient en imposer a priori par cette virilité apparente, comme si une plume féminine, sauf quelques exceptions, ne se reconnaissait pas aussitôt ! J'ajoute, souligne Jeanne Sandelion, qu'elle devrait être aussitôt reconnaissable, si elle apporte un message original et valable... ». Ces deux réponses, pour simples qu'elles paraissent, soulèvent des questions qui sont au cœur d'une controverse qui va bien au-delà de la littérature, sujet de ces conférences, et qui pourtant affecte profondément les femmes écrivains ou critiques.

Personne, je suppose, ne parlerait de « poésie masculine ». Ce qu'affirmait Édith Boissonnas, citée en premier lieu, c'est qu'en matière de poésie, le sexe importe peu. Jeanne Sandelion, au contraire, réfléchissait d'abord sur le milieu social et sur ce qui lie nécessairement la personne et son œuvre... On pense à Virginia Woolf qui écrivait dans UNE CHAMBRE A SOI (3) : « Ce serait bien trop dommage que les femmes écrivent comme les hommes ou vivent comme les hommes, car si les deux sexes se montrent parfaitement incapables d'embrasser l'étendue et la variété du monde, comment ferions-nous avec un seul ? » Voilà posé le dilemme du critique qui s'intéresse à la littérature féminine. La terminologie est ici d'importance et souligne en elle-même les dimensions culturelles de la question. Le terme « féminin » entraîne des connotations que « sacralise » le Webster « tendre, doux », opposé à « robuste, fort, viril ». Et bien que le mot féministe ne désigne à proprement parler que ce qui est « expression féminine », il est clair qu'il a acquis une coloration particulière. Alors que « mâle », nous dit Webster, dépassant la référence au sexe, dénote « une intensité ou supériorité des traits caractéristiques d'une chose quelle qu'elle soit », « femelle », s'applique aux animaux et aux plantes aussi bien qu'aux êtres humains et a toujours une implication sexuelle. Bien que l'on puisse, à l'instar d'Édith Boissonnas, déplorer le fait qu'en matière de littérature un qualificatif soit nécessaire, j'ai décidé malgré tout d'utiliser les mots « littérature féminine » pour parler simplement de la littérature écrite par des femmes, sans autre préjudice.

Il peut paraître étrange de prime abord que la question se fasse pressante en France au milieu du XXe siècle. Car la France est un pays fier des remarquables femmes de lettres dont la longue tradition remonte à huit siècles. Il y eut au XIIe siècle, Marie de France, dont nous savons peu de choses, au XVe siècle, Christine de Pisan, puis le groupe brillant des nobles dames de la Renaissance ; au XVIIe siècle, Madame de Sévigné et Madame de Lafayette ; les grandes dames, mémorialistes et épistolières du XVIIIe ; Madame de Staël et George Sand au XIXe. Au XXe siècle, dans un Paris où vécurent Colette et Gertrude Stein, Anaïs Nin, Katherine Mansfield, Simone de Beauvoir, Nathalie Sarraute et Marguerite Duras — pour ne nommer que quelques-unes parmi une foule d'éminentes femmes de lettres — il serait difficile de ne pas remarquer le nombre croissant de livres écrits par des femmes ainsi que leur qualité. Pourtant, le nombre de femmes écrivains qui adoptent encore des pseudonymes masculins, bien que moins élevé qu'au tournant du siècle, pose la question du statut de la femme écrivain, que soulignait déjà l'anthologie compensatrice de Marcel Béalu. Est-ce que la littérature féminine est jugée comme constituant un genre particulier de littérature qu'on ne peut considérer sur un pied d'égalité avec la littérature proprement dite ? Un sous-produit d'importance secondaire ? Existe-t-il vraiment une « féminité » identifiable qui, à quelques exceptions près, condamne la femme écrivain à ne réussir que dans des genres mineurs ? Les femmes écrivains reconnues font-elles preuve de caractéristiques différentes de celles de leurs équivalents masculins ?

Au milieu du XXe siècle, ce fut une femme écrivain, et écrivain à succès, Simone de Beauvoir, qui dans son monumental ouvrage, *LE DEUXIÈME SEXE,* publié en 1949, s'inscrivit en faux contre les idées toutes faites sur la féminité ; nous savons avec quelle amertume et avec quelle éloquence, elle dénonça les marques du ressentiment masculin et l'arrogance qui s'étaient manifestées dans l'accueil que certains critiques français réservaient à ses livres. Ce faisant, elle souleva la question beaucoup plus vaste de l'image de la femme ouvertement ou implicitement inscrite dans les mœurs de la société française parmi d'autres, et relança ainsi en France l'éternel et insoluble débat concernant les femmes dont on ne nous a que trop parlé ces derniers temps. La toute première « querelle des femmes » était née en France à l'aube du quinzième siècle, entre 1398 et 1402, et depuis lors a continué à sévir avec des hauts et des bas, resurgissant à des périodes d'agitation sociale — pendant et après la Révolution, par exemple, et à nouveau de nos jours.

L'actuelle « querelle des femmes » a pris un tour particulier dans l'atmosphère du Paris d'après-guerre, de la société française en pleine mutation et de la perspective existentialiste dans laquelle elle fut formulée. Le mouvement de la libération féministe à partir de 1970 lui donna un nouvel essor. Elle a été parfois violente, mais a aussi suscité des débats intellectuels d'un intérêt certain : la *LETTRE OUVERTE AUX FEMMES*, de Francis Jeanson, philosophe, ami de Simone de Beauvoir, en désaccord avec certains de ses points de vue ; une réponse éloquente, virulente, *LETTRE OUVERTE AUX HOMMES,* venant de Françoise Parturier, autre amie de Simone de Beauvoir, journaliste éminente ; et enfin, un nouvel exposé de la question dans une perspective différente, *LE MALENTENDU DU DEUXIÈME SEXE,* par Suzanne Lilar, avocate, auteur de pièces de théâtre et d'essais, qui présente une critique en règle de la thèse de Beauvoir (5). D'innombrables essais ont suivi, longs ou courts, réfléchis ou passionnés, soit dans des numéros spéciaux de magazines actuels ou sous des titres tels que *DEMAIN LES FEMMES, LA FEMME À LA RECHERCHE D'ELLE-MÊME, LA FEMME LIBÉRÉE.* Je ne récapitulerai pas les arguments présentés. Nous les entendons quotidiennement.

A un autre niveau, les sociologues français ont analysé la question du statut et, plus directement en rapport avec notre propos, de l'« image » de la femme dans les diverses couches de la société française (6). Leurs conclusions, bien plus objectives de par le ton que les controverses qui ont sévi dans les milieux littéraires, apportent au débat de nouveaux arguments. Le statut des femmes en France, semble-t-il, a changé lentement depuis le milieu du XIXᵉ siècle, puis brutalement depuis la seconde guerre mondiale. Mais jusqu'à tout récemment, et de façon assez consistante dans toutes les classes sociales, *l'IMAGE* de la femme, la manière de la représenter, n'a guère évolué. Depuis 1946, les Françaises ont obtenu le droit de vote et ont acquis l'égalité de droits dans de nombreux domaines — en théorie et jusqu'à un certain point en pratique — mais ce n'est que tout dernièrement maintenant que l'impact de ce changement se fait pleinement sentir. Si, comme le soulignent les sociologues, la libération de la femme entraîne de profondes modifications dans l'ensemble du réseau des relations sociales, et du système des valeurs, elle affecte ipso facto l'équilibre de la société tout entière. Ce que les sociologues appellent les « images-guides » de la culture ne sont alors plus valables. D'où un gouffre entre les faits et les comportements, la violence et les inconséquences qui en découlent.

Quelles en sont les répercussions dans le champ littéraire ? La question m'oblige tout d'abord à étudier la façon dont les histoires de la littérature française jugent les femmes écrivains : les questions que pose Mme de Beauvoir au sujet du discours critique sont-elles valables ? Et que dire des historiens de la littérature ? Par quel biais ont-ils abordé la littérature féministe ? Pour tenter de répondre à ces importantes questions, prenons comme exemple un livre, qui par son titre se désigne lui-même à notre attention, un livre qui parut au cours des années vingt, *HISTOIRE DE LA LITTÉRATURE FÉMININE EN FRANCE,* d'un certain Jean Larnac (7). Malgré une profession de foi touchant son souci d'objectivité, Larnac n'en présente pas moins une thèse : « J'aimerais... montrer la continuité de l'effort littéraire des femmes et révéler, dans leurs œuvres, ce qui est proprement féminin et en fit un ensemble fort différent de la littérature masculine » (p. 5). Bien entendu, les œuvres écrites par les femmes « sont étrangères aux chefs-d'œuvre du génie masculin ». Il semble dire, tout simplement, que l'art au féminin se distingue par sa forme de l'art masculin. Il se propose, dit-il, de réfuter la réponse de Joseph de Maistre à ses filles qui, au début du XIXᵉ siècle, lui réclamaient le droit d'étudier la littérature tout comme leurs frères. Les femmes, leur répondit-il, n'ont jamais créé de chef-d'œuvre dans aucun genre : « Elles n'ont fait ni l'Illiade, ni l'Énéide, ni Phèdre, ni Tartuffe, etc. », en conséquence, il refusa de donner suite à leur demande. Voici l'insidieuse accusation lancée à propos de tous les arts et à laquelle, pour la peinture en tout cas, Linda Nochlin a répondu dans un article vigoureux et bien documenté intitulé : « Pourquoi n'y a-t-il pas de femmes peintres ? » (8).

Examinons le propos de Larnac. Par exemple, voici la façon dont il aborde Louise Labé, poète lyrique de la Renaissance, qu'il admire : « La classer serait peine perdue... C'est qu'elle écrivait selon son cœur, sa chair, ses sens, ses nerfs. Ses vers semblent le fruit spontané du génie » (p. 68). Puis vient Marie de Gournay, la fille d'alliance de Montaigne, « vieille fille laide, qui ne prétendait être qu'un cerveau ». Et il compare les deux femmes : « La première se parant de toutes les grâces de la femme ; la seconde ne voyant le salut que dans la masculinisation. Le public choisit entre les deux méthodes : Louise Labé fut fêtée comme une déesse ; on se moqua de Marie de Gournay à l'envi » (pp. 68-69). C'est pour le moins une étrange manière de faire de la critique littéraire que de fonder son jugement sur les appâts sexuels de l'auteur. En plus, ce que dit Larnac n'est pas vrai : Marie de Gournay fut une femme estimée et dont on reconnut le talent.

L'attitude de M. Larnac rappelle celle de Gustave Lanson, autre éminent historien de la littérature, concernant une autre femme écrivain venant de plus loin, Christine de Pisan, écrivain de la fin de l'époque médiévale. Elle n'est pour Lanson qu'« un insupportable bas-bleu dont l'infatigable facilité n'avait d'égal que son universelle médiocrité » (9). C'est elle pourtant que ses contemporains nommaient la Dame Christine « à la plume d'or », et dont les œuvres furent traduites en anglais sur les ordres d'Henri VII :

Of these sayings Christine was authoress
Which in making has such intelligence
That thereof, she was miror and maitresse...
Her work testifie the experience (10).

En 1971, une histoire littéraire du Moyen Age lui rend à nouveau hommage la désignant parmi les cinq écrivains réellement innovateurs « de la période qui va de 1300 à 1480 » (11). Ces deux femmes, Christine de Pisan et Marie de Gournay, furent honorées comme écrivains par leurs contemporains. Elles vécurent de leur plume et furent ainsi les deux premières femmes écrivains professionnels de France. En dépit des difficultés qu'elles rencontrèrent en route, elles connurent un double succès, aussi bien financier que littéraire.

Mais rouvrons notre Larnac et voyons comment il traite deux femmes écrivains réputées de la période classique, Madame de Lafayette et Madame de Sévigné. Madame de Lafayette qui, avec LA PRINCESSE DE CLÈVES, créa une nouvelle forme de roman, eut des déceptions amoureuses, fait remarquer Larnac. « Était-elle donc si laide ? Oui, si l'on en croit les images que nous possédons d'elle ; non, selon le duc de Retz, fin connaisseur en cette matière. Je crois pourtant qu'elle devait avoir plus de charme profond que de beauté véritable... Toujours est-il que, dépitée et déçue, elle délaissa coquetterie et manège d'amoureuse et tenta de conquérir la renommée par un autre moyen que la beauté : le talent » (p. 121).

Madame de Sévigné, elle au moins, n'était pas laide. Mais « aurait-elle désiré la gloire si elle avait épousé un autre que le marquis de Sévigné, volage, agréable aux femmes, et détestable pour la sienne ? Il est permis d'en douter... Chez elle, l'amour de la gloire se substitua à l'amour tout court. Ce fut une valeur de remplacement. Et je me demande si ces substitutions dont le XVIIe siècle nous montre plusieurs exemples n'amenèrent pas des regrets plus ou moins bien cachés. Qui sait si Mme de Lafayette, cherchant le bonheur dans la gloire après l'avoir vainement cherché dans l'amour, ne regrettait pas d'avoir ainsi orienté sa vie ? » (p. 106).

Passons alors à la célèbre Mme de Staël, un siècle et demi plus tard, qui — c'est le moins qu'on puisse dire — ne manqua point d'amour ; et pourtant « eut-elle orienté sa vie de la même manière si elle avait possédé la beauté de Mme Récamier qu'elle envia si souvent ? Je ne le pense pas... Elle manquait de charme proprement féminin... pour obtenir le bonheur que lui refusait l'amour, elle résolut de conquérir la gloire qui ne fut ainsi pour elle, selon son expression célèbre, que le pis-aller du bonheur ». Ce qui la caractérise en tant qu'écrivain, outre la trop évidente tare à laquelle notre critique compatissant attribue son désir d'écrire — le manque de charme proprement féminin (alors que les hommes, bien sûr, ont eux du génie) est « son impuissance à sortir d'elle-même » (p. 181). « Quoi qu'on ait pu en dire, elle ne fut pas un esprit créateur... Pour ses idées, dont on fait cas, puisqu'elles préparèrent le romantisme, elle ne les inventa pas ; elle les emprunta autour d'elle » (p. 181). Tout comme Madame de Lafayette qui, elle, « dut à ses amis le plan, les alentours de l'intrigue, la documentation historique, tout ce que son manque d'imagination ne lui permettait pas de réunir, elle leur dut même la perfection de son style ». « Ce qui reste à cette pauvre Mme de Lafayette est cette vie intime qui fait de son livre le premier roman où un cœur de femme soit mis à nu et disséqué dans ses secrètes solitudes » (p. 126). On comprend la réaction violente et quelque peu excessive de Simone de Beauvoir attaquant dans le *DEUXIÈME SEXE* les mythes de la critique masculine.

Il est indéniable qu'en France les historiens de la littérature ont été particulièrement lents à mettre au rancart le transfert à la littérature féministe du mythe ironique et indulgent de l'« éternel féminin ». On peut se demander jusqu'à quel point ils ont imposé aux femmes elles-mêmes la conception d'un domaine à elles réservé. La conception que se fait M. Larnac du champ de l'écriture féminine est claire et nette : il prend pour modèle de la femme écrivain une poétesse de l'époque romantique, Marceline Desbordes-Valmore, telle du moins qu'il la perçoit. « Aucune femme écrivain ne montra moins d'intelligence ; aucune, en revanche, ne déploya une sensibilité aussi nue, aussi dépouillée de tout ornement... Aucune orthographe dans ses manuscrits... Savait-elle ce qu'est une assonance, une allitération ? Nulle invention, nulle imagination créatrice ; mais seulement une franchise totale du cœur... C'est que l'amour avait fait le fond de sa vie » (pp. 197-201). Nous voilà renseignés. L'effort intellectuel ne convient pas aux femmes.

Aucune surprise donc lorsque, dans sa conclusion, cet obscur porte-parole de l'intelligence pose les « limites » du génie féminin. Quelques-uns de ses propos nous éclairent quant à la réputation des femmes écrivains. Il s'inquiète des applaudissements remportés par des femmes écrivains comme Delphine Gay, dramaturge, romancière et journaliste de l'époque romantique : « Sa beauté faisait illusion.

On ne pardonne pas à un bas-bleu laid, même s'il a du talent : Marie de Gournay nous en est la preuve. On approuve tout, au contraire d'une jolie femme... Trente ans durant Delphine Gay fit de ses lecteurs, de ses auditeurs, autant d'amoureux. Sitôt qu'elle eût disparu, l'enthousiasme tomba » (p. 216).

Ou encore, évoquant le débat sur les capacités intellectuelles des femmes qui fit suite à la révolution, Larnac note que Proudhon « apporta un peu de bon sens dans un sujet que les passions avaient embrouillé ». Ayant examiné scrupuleusement les possibilités intellectuelles de la femme, Proudhon conclut ainsi : « Au point de vue de l'intelligence, elle a des perceptions de la mémoire, de l'imagination ; que lui manque-t-il ? De produire des germes, c'est-à-dire des idées, ce que les Latins appelaient genius » (p. 189). Nous connaissons ce genre de lieu commun ; c'est le même exactement qu'adopte notre champion de la littérature féministe dès le début de son livre : la formule instinct = femme, intelligence = homme est un cliché encore fort répandu de nos jours. Quand on donne (droit de) priorité à l'instinct plutôt qu'à l'intelligence, la femme écrivain est gagnante. Dans le cas contraire, celui de M. Larnac (car à ses yeux le don de l'intelligence rationnelle, marque du « génie » masculin, fait partie intégrante de la grande littérature), elle est perdante. En conséquence, l'échelle des valeurs proposées limite a priori à la fois le potentiel de la femme écrivain et la gamme des jugements critiques applicables à ses œuvres.

Il n'est point besoin d'insister ; et M. Larnac est sans nul doute une cible facile. Mais sa conception du domaine réservé aux femmes écrivains, bien que simpliste, est typique : la naïveté ; un chant qui vient du cœur ; un seul thème : l'amour ; l'écriture comme pis-aller ; et l'incompétence dans la sphère intellectuelle. Quelle idée de nos femmes écrivains peut-on extraire d'un tel ouvrage ? Aucune. Ce qui émane du livre c'est tout simplement une image banale et sentimentale de la femme tout court. Peu de critiques oseraient aujourd'hui étaler pareille suffisance intellectuelle et une aussi grande naïveté quant à la nature de l'expression littéraire.

Ce qui est révélateur cependant c'est le lien étroit entre cette image banale et le jugement critique porté sur les femmes écrivains. Plus grave encore : la femme écrivain est doublement en déficit, puisqu'elle prend la plume lorsqu'elle « échoue » dans son rôle de femme. Trop laide et donc mal aimée, elle ne peut se racheter de ce malheur qu'en exprimant directement ses émotions — émotions bien sûr centrées sur un homme. Plus qu'on ne veut l'admettre, jusqu'à notre époque, cette conception a orienté la critique littéraire et même les livres de femmes. Certes nous devons aux chercheurs et critiques masculins maintes études solides sur les femmes. Mais la résurgence de « la querelle des femmes » aujourd'hui nous a incités à réexaminer la question de l'histoire littéraire en France, à poser un regard neuf sur le rôle des femmes écrivains dans son développement. Un des résultats positifs de l'actuelle querelle des femmes a été la redécouverte souvent par d'autres femmes de nombreuses œuvres féminines jusque-là restées obscures : une réévaluation du rôle de certaines femmes de lettres que la critique officielle avait trop rapidement reléguées à l'oubli.

Traduit de : *French Women Writers*
Rutgers University Press
Brown and Haley Lectures, 1973

NOTES

(1) Marcel Béalu, *Anthologie de la poésie féminine française de 1900 à nos jours* (Paris : Stock, 1953). Il y en a eu d'autres depuis et en particulier l'anthologie en deux volumes de Jeanne Moulin, *La Poésie féminine* (Paris : Pierre Seghers, 1963).

(2) Jean Rousselot, *Panorama critique des nouveaux poètes français (Paris : Pierre Seghers, 1952)*.

(3) Virginia Woolf, *A Room of One's Own* (New York : Harcourt-Brace, 1929), p. 152.

(4) Les définitions du Littré sont encore plus révélatrices : « femelle, animal du sexe féminin : la femelle du singe... S'emploie familièrement lorsque l'on parle de femmes en mauvaise part ». « Mâle, qui appartient au sexe caractérisé physiologiquement par la présence du principe fécondant... un homme de belle et vigoureuse apparence. »
« Féminin, qui appartient au sexe caractérisé physiologiquement par l'ovaire chez les animaux et chez les plantes. » Le premier exemple donné est « voyant les défauts du féminin ouvrage ». Le Littré ne contient pas les mots « féminisme » et « féministe ». Plus moderne, le Petit Robert ne donne que leurs connotations politiques. Les dictionnaires sont révélateurs ; pour Littré, « femelle » ou « féminine » implique clairement le lien avec le domaine animal ou végétal, alors que « mâle » introduit les notions entièrement différentes de fécondité et de noblesse, tout en élidant le rapport avec le monde animal. Les modes de pensée des temps anciens imprègnent fortement les définitions proposées.

(5) Francis Jeanson, *Lettre ouverte aux femmes* (Paris : Éditions du Seuil, 1965) ; Françoise Parturier, *Lettre ouverte aux hommes* (Paris : Albin Michel, 1968) ; Suzanne Lilar, *Le Malentendu du Deuxième Sexe* (Paris : Presses Universitaires de France, 1972). Lilar accepte au départ les différences biologiques entre les sexes et certaines de leurs conséquences et bâtit son argumentation à partir de certains faits biologiques. Elle souligne que les hommes et les femmes appartiennent, à la base, à la même espèce et que, de plus, un seul des trente-trois couples de gènes qui sont à l'origine du développement humain détermine les caractéristiques sexuelles d'un individu. D'où le grand chevauchement des domaines de potentialités que partagent les deux sexes. Elle accepte les observations psychologiques de Jean Piaget sur les mécanismes non différenciés du développement de l'intelligence humaine qui réfutent le concept médiéval de la raison comme prérogative de l'homme. Jeanson insista beaucoup sur les rôles physiologiques des hommes et des femmes au cours de l'acte sexuel, prétendant à la supériorité du rôle de l'homme. Ce qui inspira une colère rabelaisienne chez Parturier qui l'attaqua pour placer la supériorité dans ces quelques centimètres de chair en plus et lui conseilla de « la remettre à sa place » et de discuter le problème de façon rationnelle. Son attaque était principalement dirigée contre l'attitude condescendante du Français qui refuse de parler aux femmes comme à des adultes et pour qui tout problème féminin peut être résolu au lit.

(6) Marie-José Chombart de Lauwe, *La Femme dans la société : son image dans les différents milieux sociaux* (Paris : C.N.R.S., 1963).

(7) Jean Larnac, *Histoire de la littérature féminine en France* (Paris : Éditions Kra, 1929).

(8) Linda Nochlin, « Why Are There No Women Painters ? » *Art News,* 69 (janvier 1971), pp. 23-24 ; 67-69. Aussi dans *Woman in Sexist Society* (New York : Signet, 1972) édité par Vivian Gornick et Barbara K. Moran.

(9) Gustave Lanson, *Histoire de la littérature française,* 12e édition. (Paris : Hachette, 1912), p. 167.

(10) Françoise du Castel, *Damoiselle Christine de Pizan : veuve de Me Étienne de Castel,* 1364-1431 (Paris : Éditions A. et J. Picard, 1972), p. 94.

(11) Daniel Poirion, *Le Moyen Age* II, 1300-1480, Collection Littérature française, 2 (Paris : Arthaud, 1971).

Marie de France d'après une miniature tirée d'un manuscrit du XIVᵉ siècle (R. Viollet B.N.)

Marie de France
(1140 ?-1190 ?)

« Marie ai nom, si suis de France »
Marie de France est la première femme écrivain française dont on connaisse l'œuvre. Née vraisemblablement en Normandie — à Pitre, si l'on en croit le *LAI DES DEUX TOURS* — elle vécut sans doute à la cour d'Angleterre, apprit le latin et cultiva sa vocation littéraire. Elle sembla avoir connu Ovide, la légende de Tristan, la fin'amors des troubadours et les légendes celtiques. Ses *LAIS* la rendirent célèbre en son temps, ainsi qu'en atteste le nombre relativement élevé de manuscrits qui reste. Dans sa *VIE DE ST EDMUND LE REI*, D. Piramus, son contemporain, mentionne son nom en ajoutant que ses lais plaisent beaucoup aux femmes. Ils furent traduits en anglais et en norvégien et influencèrent les romanciers médiévaux.

La forme des lais n'est pas une invention de Marie de France. Il existait à son époque des LAIS ou CHANTS bretons qui s'inspiraient directement de la tradition celtique mais intégraient également des éléments orientaux, scandinaves et classiques et certains poètes comme Robert Biket dans son *LAI DU COR* et Renaud avec le *LAI D'IGNAURES* avaient déjà exploité les lais des chanteurs bretons. Marie de France écrivit 12 lais en octosyllabes, rimant deux par deux. Elle les dédia à un roi (Henri III ?, Henri II ?) et écrivit un utile prologue expliquant que l'on doit partager ses connaissances avec les autres, interpréter la littérature pour l'avenir comme c'était le cas à Rome et qu'elle avait décidé de mettre en vers des lais qu'elle avait entendus plutôt que de traduire des contes latins en français car la chose avait déjà été faite. Elle composa sans doute ses *LAIS* vers 1175.

Avant le XIIᵉ siècle, les écrivains s'intéressent en France à la vie des Saints (Cantilène de Sainte-Eulalie, Saint-Léger, Saint-Alexis) puis aux exploits des chevaliers comme on peut le voir dans les chansons de geste qui traitent généralement de l'histoire légendaire des Mérovingiens et des Carolingiens *(LA CHANSON DE ROLAND)*. Au début du XIIᵉ, les thèmes précédents lassèrent les écrivains du Nord de la France qui préférèrent imiter les auteurs latins de l'Antiquité, et donnèrent à leurs héros antiques les qualités des chevaliers de leur temps, d'où les *Romans d'Alexandre, de Jules César, de Troie, de Thèbes* et d'*Eneas*. Les croisades (1096-1099 et 1147-1149) eurent pour résultat un influx byzantin sur le plan littéraire, dont on trouve trace dans *LE ROMAN DES SEPT SAGES, LE PÈLERINAGE DE CHARLEMAGNE, FLOIRE ET BLANCHEFLORE.*

Dans le sud de la France une autre tradition avait commencé à se développer dès le milieu du XIᵉ. Il existait une poésie lyrique en langue provençale dont le thème était l'amour — la fin'amors, conception nouvelle des relations entre hommes et femmes, code de conduite pour gens qui s'aiment, qui suppose une dame hautaine, mariée, des épreuves pour gagner son amour, une souffrance continue. Transporté au nord, cet art d'aimer va prendre le nom d'amour courtois et, modifié, transformer les qualités du héros de roman : le chevalier devient au service de l'amour, comme le saint l'était à celui de Dieu et le héros guerrier à celui de son roi. Au milieu du XIIᵉ, une autre influence se fait sentir : la matière celtique existant en Bretagne et en Normandie et dans le sud de l'Angleterre sensible chez Geoffroi de Monmouth *(HISTORIA REGNUM BRITANNIAE)* et ses traducteurs en langue vulgaire dont Wace *(ROMAN DU BRUT)*. Tous ces courants furent repris par Chrétien de Troyes *(LE CHEVALIER A LA CHARRETTE)*, Gautier d'Arras *(ILLE ET GALLERON)* et Marie de France, dans la seconde moitié du XIIᵉ siècle.

Indications bibliographiques

Mac Clelland, D. : *Le vocabulaire des Lais de Marie de France.* Éditions de l'Université d'Ottawa, 1977.
Menard, Ph. : *Les Lais de Marie de France.* Paris, PUF, 1979.

GUIGEMAR

I

Il est fâcheux de ne pas réussir, surtout quand on traite de bons sujets. Entendez, seigneurs, ce que dit Marie qui, de tout temps, ne s'oublie pas. On doit louer celui qui incite des louanges. Mais quand surgit homme ou femme de grand mérite, ceux qui envient son succès disent souvent des propos bas ; ils veulent amoindrir sa valeur. Ainsi ils agissent comme le chien méchant qui mord les gens traîtreusement. Que moqueurs et médisants s'en prennent à moi ne peut me faire abandonner mon projet ; c'est leur droit de médire.

Je vous écrirai brièvement les contes vrais dont les Bretons ont fait des lais. Et tout au début, je vous dirai, à la lettre, une aventure qui est arrivée, il y a longtemps, dans la Petite-Bretagne.

En ce temps-là, Hoël, le roi du pays, vivait souvent en paix, mais fréquemment il était obligé de faire la guerre. Le baron qui lui gardait la contrée de Léon s'appelait Oridial. Le roi l'aimait beaucoup, car c'était un chevalier preux et vaillant. Oridial avait deux enfants, une fille qui s'appelait Noguent et un fils nommé Guigemar. Le fils était un des plus beaux enfants de tout le royaume. Sa mère l'aimait éperdument et son père avait grand plaisir à le regarder.

Quand le père a pu supporter l'éloignement de son enfant, il l'a envoyé servir un roi. Sage et preux, le garçon s'est fait aimer de tous. Quand le temps est arrivé, le roi l'a adoublé richement ; il lui a donné des armes en abondance.

Après avoir fait des largesses, Guigemar, en quête de gloire, est parti de la cour pour la Flandre ; il y avait toujours luttes et guerres.

Ni en Lorraine, ni en Bourgogne, ni en Anjou, ni en Gascogne, on n'aurait pu trouver son égal comme chevalier, mais il avait un grand défaut : il ne s'intéressait pas à l'amour. Il n'y avait dame ni pucelle, tant fût-elle noble ou belle, qui ne l'aurait pas accueilli volontiers s'il lui avait parlé d'amour. Plusieurs mêmes l'en ont requis. Mais il restait indifférent ; aussi, amis et étrangers le tenaient pour un homme perdu.

A la fleur de sa gloire, le chevalier est revenu dans son pays pour voir son père, son seigneur, sa mère, sa sœur, qui souhaitaient sa venue depuis longtemps. Au bout d'un mois avec eux, l'envie l'a pris d'aller chasser. Alors, en pleine nuit, il a convoqué ses chevaliers, ses veneurs, ses rabatteurs pour préparer le divertissement du lendemain.

De grand matin il est entré en forêt. Le voilà sur la piste d'un grand cerf. On a lâché les chiens. Les veneurs ont couru devant ; le jeune homme les a suivis. Un serviteur lui portait son arc, son couteau et son chien de chasse. Cherchant où lancer ses flèches, il a vu une biche et son faon dans l'épaisseur d'un grand buisson. C'était une bête toute blanche, ayant sur la tête les bois d'un cerf. Il a tiré sur elle et l'a frappée au front ; la voilà abattue. Mais la flèche a rebondi, elle a frappé Guigemar à travers la cuisse et jusqu'à blesser le cheval de sorte qu'il a été obligé de mettre pied à terre. Il est tombé en arrière sur l'herbe touffue, à côté de la biche qu'il avait frappée. La biche était si douloureusement blessée qu'elle gémissait, se plaignait. Puis elle a parlé ainsi :

« Oï, malheureuse ! Je suis morte ! Mais toi, vassal, qui m'a blessée, voici ton sort : jamais tu n'auras remède de la blessure dans ta cuisse — ni par herbe, ni par racine, ni par médecin, ni par potion — jusqu'à ce que la dame te guérisse qui souffrira pour l'amour de toi plus grande douleur que jamais femme n'a soufferte ; et toi, tu souffriras tant pour elle que tous les amoureux s'en émerveilleront. Va-t-en d'ici ! Laisse-moi en paix ! »

La plaie de Guigemar était profonde. Ce qu'il a entendu l'a bouleversé. Bien qu'il n'eût plus d'espoir, étant donné qu'il n'avait jamais rencontré femme à laquelle il aurait voulu accorder son amour, il ne voulait pas mourir. Il a appelé son serviteur et lui a dit :

« Ami, va vite ! Au galop ! Dis à mes compagnons qu'ils reviennent, car je voudrais leur parler. »

L'autre est parti, Guigemar est resté. En gémissant à voix douloureuse, il a bandé sa cuisse blessée, très étroitement avec sa chemise. Puis il est remonté en selle et s'en est allé ; il lui tardait d'être loin, car il ne voulait plus la compagnie des siens, de peur d'être retenu dans cet endroit. Il est allé au travers du bois, par un chemin vert, qui l'a mené à une lande. De là il voyait une falaise et des dunes.

Un cours d'eau qui coulait au pied des dunes s'était transformé en bras de mer. Là était un hâvre, où se trouvait un seul vaisseau dont Guigemar apercevait le mât. Le vaisseau était prêt à prendre la mer.

La nef était en bon état, parfaitement enduite de poix au-dedans et au-dehors. Les chevilles, les crampons étaient en ébène. La voile, toute en soie, était splendide quand on la déployait.

Le chevalier s'étonnait ; dans la contrée, il n'avait jamais entendu dire qu'une nef pût aborder là. Il s'est approché et, à grand-peine, il est monté à bord. Il pensait y trouver des hommes de garde, mais il ne voyait personne.

Au milieu du vaisseau, il y avait un lit dont les montants et les longerons étaient d'or gravé selon la technique de Salomon, et incrusté de cyprès et d'ivoire blanc. La couette était en drap de soie tissu d'or. Je ne saurais estimer les autres draps, mais de l'oreiller je peux vous dire que celui qui tiendrait sa tête dessus n'aurait jamais les cheveux blancs, tant il était doux. La couverture était en zibeline, doublée de pourpre d'Alexandrie. Deux candélabres d'or fin (le moindre valait un trésor) se trouvaient au chevet. Dans chacun était un cierge allumé.

Guigemar s'est émerveillé de tout cela. Souffrant de sa plaie, il s'est affaissé sur le lit et s'y est reposé un peu. Puis il s'est levé car il voulait s'en aller. Mais il ne pouvait plus regagner la terre. Déjà le vaisseau était en haute mer, il l'emportait rapidement, poussé par un vent doux.

Il n'avait plus d'espoir de retourner. Il était très triste, il ne savait que faire, il s'inquiétait de sa plaie qui lui faisait mal. Il lui fallait souffrir l'aventure. Il a prié Dieu de prendre soin de lui, de l'amener à bon port, et de le protéger contre la mort. Puis il s'est recouché sur le lit et s'est endormi.

Déjà il a passé le pire de sa souffrance ; avant le soir il atteindra le pays de sa guérison, sous une antique ville, qui était la capitale de ce royaume.

II

Le seigneur de la ville, homme très vieux, avait pour femme une dame de haut parage, franche, courtoise, belle et sage. Il était jaloux outre mesure, car sa nature le voulait. Tous les vieux sont jaloux ; chacun redoute d'être trompé par sa femme. Voici par où l'âge oblige à passer.

Ce n'était pas une plaisanterie que sa façon de la garder. Sous le donjon, il y avait un verger clos de tous les côtés. Le mur était en marbre vert, haut et très épais, avec une seule entrée qu'on gardait nuit et jour. A l'autre bout s'étendait la mer et personne ne pouvait arriver de ce côté sauf en bateau.

Dans cet endroit, le seigneur, pour s'assurer de sa femme, avait fait construire une chambre. Sous le ciel il n'en était pas de plus belle : à l'entrée, une chapelle ; tout autour de la chambre, des peintures où Vénus, la déesse d'amour, était très bien figurée. Elle enseignait les principes et la pratique de l'amour ; elle tenait à la main ce livre d'Ovide, où il montre comment chacun devrait réprimer son amour, et le jetait dans un feu ardent en excommuniant tous ceux qui le liraient dorénavant ou qui agiraient selon son enseignement. C'est là que la dame avait été mise et enfermée.

Son mari lui avait donné une pucelle pour son service ; c'était une fille noble et bien élevée, fille de sa sœur. Ces deux femmes s'aimaient l'une l'autre. Elles restaient ensemble quand le seigneur s'absentait. Tant qu'il n'était pas rentré, homme ni femme ne pénétrait dans le verger et elles n'en sortaient. Un vieux prêtre blanc et chenu, un eunuque, gardait la clé de la porte du mur d'enceinte. Il célébrait devant la dame le service de Dieu et il la servait à son manger.

Ce jour-là, tôt dans l'après-midi, la dame est allée dans le verger. Elle avait dormi après le déjeuner, elle avait envie de se promener. La pucelle l'accompagnait. Ayant jeté leurs regards vers le rivage de la mer, elles ont vu venir sur la marée montante la nef qui faisait voile droit au hâvre ; mais elles n'apercevaient pas de timonier à son bord.

La dame voulait s'enfuir. Ce n'était pas merveille si elle avait peur ; tout son visage en était décoloré. Mais la pucelle, qui était plus hardie de cœur, l'a réconfortée, l'a assurée, puis a couru rapidement vers le vaisseau. Dévêtue de son manteau, elle est montée à bord. Elle n'y a trouvé chose vivante, excepté le chevalier qui dormait. Elle s'est arrêtée, l'a regardé, et le voyant très pâle, le croyait mort.

Elle a regardé vite la terre et a appelé sa dame. Elle lui a dit tout ce qu'elle avait vu, en plaignant beaucoup le mort. La dame a répondu :

« Allons-y. S'il est mort, nous l'enterrerons avec l'aide de notre prêtre. Si je le trouve vivant, il parlera. »

Sans tarder davantage, elles sont allées vers la nef, la dame suivie de la demoiselle.

Une fois dans la nef, elle s'est arrêtée devant le lit. Elle a regardé le chevalier et, tristement, elle a pleuré son corps, son beau visage, sa jeunesse infortunée. Elle a mis la main sur sa poitrine ; elle l'a sentie chaude, et le cœur sain, qui battait sous les côtes.

Le chevalier s'est éveillé et l'a regardée. Il l'a saluée, il est très joyeux. Il savait bien qu'il était arrivé au port.

La dame, désolée et soucieuse, lui a répondu gentiment, et lui a demandé, comment il était arrivé, de quel pays il venait, s'il était exilé.

« Dame, fait-il, ce n'est rien de tout cela. Si vous voulez que je vous dise la vérité, je le ferais sans rien cacher. Je suis de la Petite-Bretagne. Aujourd'hui même je chassais dans un bois. J'ai tiré sur une biche blanche, mais la flèche est revenue sur moi ; elle m'a si grièvement blessé à la cuisse que je crois ne jamais devoir guérir. Et la biche s'est plainte, avec une voix humaine. Elle m'a maudit, elle m'a souhaité un sort lamentable ; la guérison seulement grâce à une femme inconnue. Quand j'ai entendu cette prédiction, je suis sorti hâtivement du bois. J'ai vu cette nef dans un hâvre et j'y suis monté. C'était une folie, car la nef est partie aussitôt. Je ne sais où je suis. Belle dame, pour Dieu, je vous prie, conseillez-moi ! Je ne sais où aller, et je ne peux gouverner le vaisseau. »

Elle lui a répondu :

« Beau cher seigneur, je vous conseillerai volontiers. Cette ville est à mon mari, et aussi la contrée d'alentour. C'est un homme riche, de haut parage, mais il est très âgé et excessivement jaloux. Par la foi que je vous dois, il m'a enfermée dans cet enclos. Il n'y a qu'une seule entrée et un vieux prêtre garde la porte. Fasse Dieu que le feu d'enfer le brûle ! C'est ici que je vis nuit et jour. Je ne peux pas en sortir sans la permission ou sans l'ordre de mon seigneur. C'est ici que j'ai ma chambre, ma chapelle, et la compagne que voici. Si vous voulez demeurer jusqu'à ce que vous puissiez marcher mieux, nous vous soignerons bien et nous vous servirons volontiers. »

Guigemar a remercié doucement la dame et a accepté son invitation. Et, presque sans aide, il s'est mis debout.

La dame l'a emmené dans sa chambre. Sur le lit de la pucelle, derrière un panneau, qu'elles avaient dressé comme une courtine, elles ont couché le jeune homme. Elles ont apporté de l'eau dans des bassins d'or et ont lavé sa cuisse blessée ; elles ont enlevé le sang tout autour de la plaie avec un beau tissu de toile de lin blanc, puis l'ont bandée étroitement. Elles ont pris grand soin de lui. Quand on leur a apporté, le soir, leur repas, la pucelle en a réservé assez pour le chevalier ; et il a pu manger et boire très bien.

Mais Amour l'avait frappé tout vif ; désormais il avait dans le cœur un grand combat causé par la dame. Il a oublié son pays et même sa plaie. Il a poussé des soupirs d'angoisse. Il a prié la pucelle qui le servait de le laisser dormir ; elle y a consenti et s'en est allée. Elle a rejoint sa dame dont le cœur était allumé du feu qui tourmentait Guigemar.

Resté seul, il était pensif et angoissé. Il ne savait encore ce que cela signifiait, mais néanmoins il comprenait bien que si la dame ne le guérissait, il mourrait.

« Hélas, dit-il, que ferai-je ? Je lui dirai d'avoir pitié de ce malheureux abandonné. Si elle rejette ma prière et se montre orgueilleuse, je n'aurai plus qu'à mourir de douleur ou à languir de ce mal toute ma vie. »

Alors, il a soupiré, et bientôt il a décidé qu'il devrait supporter ses souffrances car il n'avait pas d'autre choix. Toute la nuit il a veillé, bien affligé ; il s'est rappelé les paroles, les façons, les yeux clairs, la belle bouche qui lui ont pris le cœur. Entre ses dents il a crié merci à la dame ; il a failli l'appeler son amie. Mais s'il avait su comment

Amour la torturait, il en aurait été bien heureux. Un peu de réconfort aurait adouci la douleur qui lui ôtait toute couleur.

S'il souffrait le mal d'amour, la dame n'était pas dans un état différent. De grand matin, avant l'aube, elle s'est levée. Elle s'est plainte d'avoir passé une nuit blanche ; c'était qu'Amour la torturait. La jeune fille qui la servait a deviné à son visage qu'elle aimait le chevalier qui reposait dans leur chambre. Mais elle ne savait si lui aussi l'aimait ou non.

La dame est entrée dans la chapelle, la pucelle est allée chez le chevalier. Après s'être assise devant le lit, il lui a dit :

« Amie, où est allée ma dame ? Pourquoi est-elle si tôt levée ? »

Alors il s'est tu et a jeté un soupir.

La jeune fille lui a adressé la parole :

« Sire, vous êtes tombé amoureux ; il est inutile de le nier ! Vous pouvez bien l'avouer car ce sera un bel amour : elle est belle et vous êtes beau. Mais qui veut être aimé de ma dame doit être fidèle et discret ; cet amour sera beau si vous êtes tous les deux constants. »

Il lui a répondu :

« Je suis épris d'un tel amour que ce mal ne peut que devenir pire, si je n'ai pas de secours. Ma douce amie, conseillez-moi. Que ferai-je ? »

La pucelle, avec grande douceur, a réconforté le chevalier et l'a assuré de tous ses bons services. Elle était très courtoise et aimable.

Après la messe, la dame est revenue. Elle s'est empressée de savoir ce qu'il faisait, s'il veillait ou dormait, celui qui avait tourmenté son cœur. La pucelle l'a conduite auprès du chevalier. Ainsi il pourrait tout à loisir lui découvrir ses sentiments. Il l'a saluée, elle l'a salué. Tous les deux étaient bien émus.

Il n'osait rien lui demander. Étant de terre étrangère, il avait peur, s'il avouait son amour, qu'elle ne le prît en haine et ne l'éloignât. Mais qui ne montre pas sa maladie ne peut recouvrer la santé. Et l'amour est comme une plaie dans le corps, dont rien n'apparaît à l'extérieur. C'est un mal qui nous tient longtemps, pour ce qu'il vient de nature. Plusieurs s'en moquent ; comme ces individus qui font la cour à toutes les femmes et puis se vantent de ce qu'ils font. Or ce n'est pas là amour, mais folie, méchanceté et débauche. Qui trouve un amour loyal doit le servir, le chérir et faire tous ses commandements.

Guigemar aimait profondément : ou il aura du secours sans délai ou il sera obligé de vivre contrairement à ses désirs. Amour l'a fait hardi : il a découvert sa pensée.

« Dame, fait-il, je meurs. Mon cœur est en grande angoisse. Il ne me reste qu'à mourir si vous ne voulez pas m'accorder votre amour. Belle amie, ne m'éconduisez pas ! »

Elle lui a répondu gracieusement ; elle lui a dit en riant :

« Ami, je n'ai pas du tout l'habitude d'accorder vite une pareille demande !

— Dame, fait-il, pour Dieu, pitié ! Ne soyez pas fâchée par ce que je dis. Une femme coquette doit se faire longtemps prier pour augmenter sa valeur et pour qu'on ne la croie peu chaste. Mais la dame de bonnes pensées, au sens droit, quand elle trouve un homme accordé avec elle, ne fait pas la fière avec lui ; elle l'aime, en prend sa joie, et avant que nul le sache, ils en auront bien profité. Belle dame, finissons ce débat. »

La dame a pensé qu'il était dans le vrai. Elle lui a accordé immédiatement son amour. Voilà Guigemar heureux. Ils ont joué et parlé ensemble, et souvent se sont baisés et embrassés. Et ils ont joui d'autres caresses que les amoureux connaissent bien.

Pendant un an et demi, Guigemar a vécu près d'elle. Leur vie était très agréable. Mais bientôt la fortune a tourné sa roue, mettant dessous le dessus. Il en est advenu ainsi d'eux, car on s'est aperçu de leur amour.

III

Un matin d'été, la dame reposait aux côtés de son ami. Après avoir baisé sa bouche et son visage, elle lui a dit :

« Beau doux ami, mon cœur m'avertit que je vais vous perdre. Nous allons être vus et découverts, c'est sûr. Si vous mourez, je ne veux plus rester en vie ; mais si vous réchappez, vous aimerez une autre femme, et moi, je resterai seule avec ma douleur.

— Dame, fait-il, ne dites plus cela ! Que je n'aie jamais joie ni paix, si j'ai recours à une autre femme ! N'ayez pas peur de cela.

— Ami, rassurez-moi. Donnez-moi votre chemise ; je ferai un nœud avec le pan de dessus. Je vous permets d'aimer celle qui saura dénouer l'étoffe. »

Il lui a donné sa chemise. Elle a fait un nœud tel qu'aucune femme ne pourrait le défaire sans y mettre la force ou le couteau. Puis elle lui a rendu sa chemise. Il l'a reçue, à la condition qu'elle le rende sûr d'elle par une ceinture dont il l'a ceinte sur sa chair nue autour des flancs. Qui pourrait ouvrir la boucle sans rompre ou déchirer la ceinture aurait permission de l'aimer. Puis il l'a embrassée, et les choses en sont restées là.

Ce jour même ils ont été aperçus par un chambellan soupçonneux. Son sire l'avait envoyé parler à la dame ! Ne pouvant entrer dans la chambre, il a regardé par la fenêtre. Il les a vus dans une situation compromettante. Il est retourné chez son seigneur et lui a tout dit. Quand le sire l'a entendu, il s'est mis dans une colère terrible. Avec trois de ses intimes, il est allé tout de suite à la chambre, a fait enfoncer la porte, a trouvé dedans le chevalier. Dans sa colère, il a commandé qu'on le tuât.

Guigemar s'était levé, sans s'émouvoir aucunement. Il avait saisi une grosse barre de sapin à laquelle on accrochait les vêtements, et les attendait. Il allait faire du mal à quelques-uns ; avant même d'avoir pu approcher de lui, tous seraient estropiés.

Le seigneur l'a bien regardé ; il lui a demandé qui il était, qui était son père, comment il est entré là-dedans. Guigemar a conté son arrivée et son accueil de la part de la dame. Il a parlé de l'aventure de la biche blessée, de la nef, de sa plaie. Le seigneur a répondu qu'il n'en croyait rien, mais s'il disait la vérité, il pourrait partir en mer, la nef une fois retrouvée. Tant pis s'il se sauvait, tant mieux s'il se noyait.

Il a donné à Guigemar son assurance de ne pas lui faire de mal. Puis ils sont allés ensemble au port. La nef était déjà là. Ils l'ont fait monter dedans ; le voilà en route pour son pays.

Le chevalier a fondu en pleurs et en soupirs. Il regrettait la dame et priait Dieu le Tout-Puissant de lui donner une mort rapide sur mer, s'il ne devait plus revoir son amie qu'il aimait plus que la vie.

Il menait encore grande douleur quand la nef est entrée dans le port où il l'avait trouvée pour la première fois. Il l'a quittée aussi vite qu'il a pu. Il était tout près de son pays.

Un jeune homme, jadis à son service, passait par là, accompagnant un chevalier, et menait un destrier par la bride. Guigemar l'a reconnu, il l'a appelé. Le jeune homme a regardé, il a vu son seigneur, a sauté à terre et lui a présenté le meilleur des deux chevaux. Tous deux s'en sont allés ensemble. Joyeux sont ses amis de l'avoir retrouvé !

Malgré l'estime dont il jouissait dans son pays, Guigemar demeurait toujours triste et pensif. On le pressait, sans succès, de prendre femme. Jamais il ne voudrait d'une femme, si grandes que fussent sa richesse et sa beauté, qui n'aurait pu défaire le nœud de sa chemise sans la déchirer. La nouvelle s'est répandue partout en Bretagne ; il n'y avait dame ni pucelle qui ne vint essayer ; mais nulle ne pouvait le dénouer.

IV

Revenons à la dame que Guigemar aimait tant. Sur le conseil d'un de ses barons, son seigneur l'avait emprisonnée dans une tour de marbre gris. Le jour, elle souffrait ; la nuit, plus encore. Nul au monde ne pourrait conter la grande peine, la douleur, l'angoisse, le martyre que la dame éprouvait dans cette tour. Elle y a demeuré deux ans et plus, sans plaisir ni joie. Elle pleurait souvent son ami :

« Guigemar, sire, c'était pour mon malheur que je vous ai vu ! Mieux vaut mourir vite que souffrir plus longtemps ce mal ! Ami, si je puis m'échapper, là où vous avez pris la mer, je me noierai ! »

Alors, elle s'est levée, et, bien abattue, elle est allée jusqu'à la porte. Elle n'y a trouvé ni clé ni serrure. Elle est sortie à l'aventure. Personne ne l'a arrêtée. Elle est venue au port ; la nef était là, attachée au rocher d'où elle voulait se précipiter.

Quand elle l'a vue, elle est entrée dedans. Puis une pensée lui est venue : son ami se serait-il noyé ? Elle ne pouvait plus se tenir debout ; si elle avait été près du bord, elle serait tombée dans la mer, tant cette pensée la tourmentait et la faisait souffrir.

Le bateau s'en est allé et l'a emportée rapidement. Elle est arrivée dans un port de Bretagne, sous un château bien fortifié. Le seigneur de ce château s'appelait Mériadus. Il guerroyait contre un de ses voisins. Il s'était levé de bonne heure pour envoyer ses gens causer du dommage à son ennemi. D'une fenêtre, il a vu arriver la nef.

Il a descendu les degrés, a appelé son chambellan, tous deux se sont hâtés vers la nef, et sont montés à bord par l'échelle. Dedans ils ont trouvé la dame, dont la beauté était celle d'une fée. Il l'a saisie par le manteau et l'a emmenée avec lui dans son château. Il était très heureux de la trouvaille, car elle était extrêmement belle. Il ne savait pas qui l'avait mise dans ce bateau, mais néanmoins il a deviné qu'elle était de haut parage ; et il se sentait épris d'un grand amour.

Il avait une sœur pucelle. Il a conduit la dame dans sa chambre et la lui a confiée. Elle l'a servie très bien, l'a vêtue et l'a parée avec grand respect ; la dame restait pensive et morne. Mériadus allait souvant lui parler, car il l'aimait tant. Il la priait d'amour ; elle l'écoutait froidement et lui montrait sa ceinture ; jamais elle n'aimerait que celui qui l'ouvrirait sans la déchirer. Mis en colère, il a répondu :

« Il y a aussi dans ce pays un chevalier renommé qui se défend de prendre femme, à cause d'une chemise dont le pan droit est noué ; et il ne peut être délié si l'on n'y met pas la force ou le couteau. C'est vous, je crois, qui avez fait ce nœud. »

Quand elle l'a entendu, elle a soupiré et a failli se pâmer. Il l'a reçue dans ses bras, a tranché les lacets de sa tunique ; il a voulu ouvrir la ceinture, mais n'en a pu venir à bout. Puis il l'a fait essayer à tous les chevaliers du pays, sans aucun succès.

V

Mériadus a promis alors de tenir un tournoi contre son ennemi. Il a fait venir des chevaliers pour l'aider. Il a mandé particulièrement Guigemar, en retour des services qu'il lui avait rendus, l'appelant son ami et bon compagnon. Guigemar est venu, richement escorté d'une centaine de chevaliers. Mériadus l'a hébergé à grand honneur dans sa tour.

Il a mandé à sa sœur de s'apprêter et de venir avec la dame qu'il aimait. Elles ont obéi et, vêtues richement, la main dans la main, elles sont entrées dans la salle. La dame était pâle et pensive. Quand elle a entendu le nom de Guigemar, elle ne pouvait plus se tenir debout, et si sa compagne ne l'avait pas retenue, elle serait tombée à terre.

Guigemar s'est levé à leur rencontre ; il a regardé la dame, son visage, sa manière, et il a reculé un peu.

« Est-ce, fait-il, ma douce amie, mon espérance, mon cœur, ma vie, ma belle dame qui m'aimait ? D'où vient-elle ? Qui l'a amenée ici ? Or, tout ce que je viens de dire est folie. Je sais bien que ce n'est pas elle ; les femmes se ressemblent souvent. Je m'égare sans raison. Mais pour l'amour de celle à qui elle ressemble, et pour laquelle mon cœur tremble et soupire, je veux lui parler. »

Donc le chevalier s'est avancé ; il l'a embrassée et s'est assis près d'elle ; mais il n'a pu rien lui dire, excepté de la prier de s'asseoir aussi.

Mériadus les regardait ; cette scène lui déplaisait beaucoup. Il a dit en riant à Guigemar :

« Sire, si vous vouliez, cette pucelle essayerait de défaire votre chemise, pour voir si elle y pourrait quelque chose.

— Je veux bien », a dit Guigemar.

Il a appelé un chambellan qui avait la garde de la chemise et lui a commandé de l'apporter. On l'a donnée à la pucelle ; mais elle n'a pas voulu la dénouer. Ayant reconnu le nœud, elle était très agitée ; volontiers elle s'y essayerait si elle pouvait ou si elle osait. Mériadus a remarqué cela et il en était accablé.

« Dame, fait-il, essayez donc de la défaire. »

Quand elle a entendu ce commandement, elle a pris le pan de la chemise et l'a dénoué facilement. Le chevalier s'est émerveillé ; il la reconnaissait, mais cependant il ne pouvait croire fermement que ce fut elle. Il lui a dit :

« Amie, douce créature, est-ce vraiment vous ? Dites-moi la vérité. Laissez-moi voir sur votre corps la ceinture dont je vous ai ceinte. »

Il lui a mis les mains sur les côtés et a senti la ceinture.

« Belle amie, dit-il, quelle aventure de vous trouver ici ! Qui vous y a amenée ? »

Elle lui a raconté sa douleur, ses grandes tribulations et la tristesse de sa prison, et comment elle s'est échappée, comment elle voulait se noyer, comment elle a trouvé la nef qui l'a emportée jusqu'à ce port, et a été retenue par le chevalier. Il l'a entourée d'honneurs, mais la priait d'amour tous les jours. Maintenant elle a retrouvé la joie.

« Ami, emmenez votre amie ! »

Guigemar s'est levé.

« Seigneur, dit-il, écoutez-moi ! Je viens de retrouver mon amie que je croyais perdue. Je prie et requiers Mériadus de me la rendre. Je deviendrai son homme-lige ; je le servirai deux ans ou trois, avec cent chevaliers ou plus.

— Guigemar, dit Mériadus, je ne suis pas tellement dans l'embarras et dans la détresse que j'aie besoin de votre aide. Je l'ai trouvée, je la garde ! Et contre vous je la défendrai. »

Sur ces mots, Guigemar a commandé à ses hommes de monter à cheval. Ayant jeté un défi formel à Mériadus, il est parti, malgré sa peine de quitter son amie. Il n'y avait pas là chevalier venu pour le tournoi qui n'ait suivi Guigemar. Chacun lui a donné sa foi.

Ce soir, ils sont arrivés chez l'ennemi de Mériadus. Ce seigneur les a hébergés, car il était très content d'avoir l'aide d'un tel chevalier ; il savait que la guerre touchait maintenant à sa fin.

Le lendemain, on s'est levé de bonne heure et on s'est armé ; puis tous sont sortis bruyamment de la ville, Guigemar en tête. Arrivés au château ennemi, ils ont tenté un assaut, qui n'a pas réussi. Alors Guigemar a assiégé la ville.

Bientôt, les défenseurs ont manqué de vivres. Guigemar a pris le château et y a tué le seigneur. Puis il a emmené son amie avec grande joie. Maintenant leurs maux étaient finis.

Avec ce conte que vous avez entendu, on a fait le lai de « Guigemar ». On le chante sur la harpe ou sur la rote ; et la mélodie en est très jolie.

Christine de Pisan. (B.N.)

Christine de Pisan
(1364-1434)

En 1364, Christine de Pisan naît à Venise, où son père est conseiller salarié. L'année suivante il est appelé à la cour du roi Charles V, à Paris, en qualité de médecin astrologue, « conseiller très spécial, privé et cher tenu ». Christine et sa mère s'installent à Bologne jusqu'en 1368. En décembre toute la famille se retrouve à Paris. Christine mène une enfance et une adolescence studieuses. En 1379, elle épouse Étienne de Castel, « écolier gradué » qui sera plus tard secrétaire de Charles VI. Ils auront trois enfants. Lorsque son mari meurt en 1390 d'une maladie infectieuse, Christine décide de vivre de sa plume. En 1393, elle compose ses premières *BALLADES*. Dans les bibliothèques léguées par son père et son époux, elle lit les grands auteurs grecs et latins, en latin ou en traduction française, car elle ne savait pas le grec. Sa pensée est fortement influencée par Aristote et elle se réfère souvent à Virgile et Sénèque ; elle critique cependant Ovide dont l'antiféminisme l'indigne. Elle lit aussi des récits de voyages et des ouvrages d'astrologie. En 1399, avec l'*ÉPISTRE AU DIEU D'AMOURS*, Christine ouvre la querelle de la Rose. Elle attaque à nouveau Jean de Meun, en 1401, avec *LE DIT DE LA ROSE*. En 1403, elle dédie à Jean de Berry et à Charles VI son *CHEMIN DE LONG ESTUDE*. Elle se lance dans la chronique historique en écrivant *LE LIVRE DES FAITS ET BONNES MŒURS DU SAGE ROI CHARLES V* et continue son œuvre en prose avec l'*AVISION DE CHRISTINE* et la *CITÉ DES DAMES*, qui sera publiée en 1406. En 1410, effrayée par le conflit ouvert entre les Armagnac et les Bourguignons, elle écrit sa *LAMENTATION SUR LES MAUX DE LA GUERRE CIVILE*. Ses œuvres ultérieures traiteront des tragiques événements historiques de son temps. En 1429, *LE DITIE DE JEANNE D'ARC*. Elle meurt au monastère de Poissy, en 1434.

Poète lyrique qui compose des poèmes de veuvage mêlant les deux thèmes éternels de toute littérature — l'amour et la mort — polémiste qui attaque la conception masculine de l'amour courtois tel qu'il est présenté dans le *ROMAN DE LA ROSE*, chroniqueuse de l'époque de Charles V, Christine de Pisan prit aussi une part active à la politique de son temps en écrivant en 1405 une lettre célèbre à Isabeau de Bavière, et en adressant au fils aîné du roi de France, le *LIVRE DE LA PAIX*, en 1413. En 1416, elle dédie une de ses *ÉPISTRES* à Marie de Berry, duchesse de Bourbon et nièce de Charles V, dont le mari et le fils viennent d'être faits prisonniers à la bataille d'Azincourt. Avec *le LIVRE DES TROIS VERTUS*, elle pose, dès 1405, les premiers jalons d'un mouvement en faveur de la reconsidération du statut de la femme et « introduit ce principe nouveau... que la femme doit par son industrie, son intelligence et son dévouement être la collaboratrice de son mari, son substitut et, en bien des cas, sa conscience ». Définissant les termes d'une véritable éducation des filles, Christine de Pisan revendique pour la jeune femme de son temps le droit « qu'elle se sache entendre de toutes choses ». Elle est convaincue que « si la coutume était de mettre les petites filles à l'école et que communément on leur fit apprendre les sciences comme on fait aux fils, qu'elles apprendraient aussi parfaitement et entendraient les subtilités de tous les arts et sciences comme ils font ».

Indications bibliographiques

Castel, F. du : *Damoiselle Christine de Pizan, veuve de Me Étienne du Castel.* Paris, Picard, 1972.
Laigle, M. : *Les livres des trois Vertus de Christine de Pisan et son milieu historique et littéraire.* Paris, Champion, 1912.
Pinet, M.J. : *Christine de Pisan, étude biographique et littéraire.* Paris, Champion, 1912.

LES DOUCEURS DU MARIAGE

Ballade

1. Douce chose est que mariage ;
   Je le puis bien par moi prouver ;
   Voire à qui mari bon et sage
   A, comme Dieu m'a fait trouver.
   Loué en soit-il, qui sauver
   Le me veuille ! car son grand bien,
   De fait, je puis bien éprouver
   Et certes, le Doux m'aime bien !

2. La première nuit de ménage
   Très lors poz-je bien éprouver
   Son grand bien, car oncques outrage
   Ne me fit dont me dus grever.
   Mais, ains qu'il fut temps de lever
   Cent fois baisa, si comm'je tien,
   Sans vilenie autre rouver ;
   Et certes le Doux m'aime bien !

3. Et disait par si doux langage :
   « Dieu m'a fait à vous arriver,
   Douce amie, et pour votre usage
   Je crois qu'il me fit élever. »
   Ainsi fina il de rêver ;
   Toute nuit en si fit maintien,
   Sans autrement soi dériver ;
   Et certes le Doux m'aime bien !

   Envoi
   Princes, d'amour me fait desver,
   Quand il me dit qu'il est tout mien.
   De douceur me fera crever ;
   Et certes le Doux m'aime bien !

SOLITUDE

Ballade

1. Seulete sui et seulete vueil estre,
   Seulete m'a mon douz ami laissiee ;
   Seulete sui, sanz compaignon ne maistre,
   Seulete sui, dolente et courrouciee,
   Seulete sui, en langueur mesaisiee,
   Seulete sui, plus que nulle esgaree,
   Seulete sui, sanz ami demouree.

2. Seulete sui a uis ou a fenestre,
   Seulete sui enuun anglet mucee,
   Seulete sui pour moi de pleurs repaistre,
   Seulete sui, dolente ou apaisiee,
   Seulete sui, riens n'est qui tant messiee ;
   Seulete sui, en ma chambre enserree,
   Seulete sui, sanz ami demouree.

3. Seulete sui partout et en tout estre ;
   Seulete sui, ou je voise ou je siee ;
   Seulete sui plus qu'autre riens terrestre,
   Seulete sui, de chascun delaissiee,
   Seulete sui, durement abaissiee,
   Seulete sui, souvent toute esplouree,
   Seulete sui, sanz ami demouree.

                              Envoi
   Prince, or est ma douleur commenciee :
   Seulete sui, de tout dueil menaciee,
   Seulete sui, plus teinte que moree :
   Seulete sui, sanz ami demouree.

LAMENTATION SUR LES MAUX DE LA GUERRE CIVILE
(23 août 1410)

Qui a point de pitié la mette en œuvre
Veez-cy le temps qui le requiert.

Seulette à part, et estraignant à grant paine les lermes qui ma veue troublent et comme fontaine affluent sur mon visage, tant que avoir puisse espace de escripre ceste lasse complainte, dont la pitié de l'éminent meschief me fait d'amères goutes effacier l'escripture, je m'esbahiz et en complaignant dis :

O ! comment puet ce estre que cuer humain, tant soit la fortune estrange, si puist ramener homme à nature de très devorable et cruele beste ? Où est doncques la raison qui li donne le nom de animal raisonnable ? Comment est-il en la puissance de fortune de têlement transmuer homme, que convertiz soit en serpent ennemi de nature humaine ? O las ! véez-cy de quoy, nobles princes francois...

Pour Dieu !, pour Dieu ! princes très haulx, ouvrez les yeulx par tel savoir, que jà vous semble veoir comme chose advenue, ce que les apprestes de voz armes prises pourront conclurre : sy y appercevrez ruynes de citez, destrucions de villes et chasteaulx, forteresse ruées par terre. Et en quel par ? ou droit nombril de France ! La noble chevalerie et jouvente françoise toute d'une nature, qui comme un droit ame et corps, seult estre à la deffense de la couronne, et la chose publique ore assemblée en honteuse bataille l'un contre l'autre, père contre filz, frère contre frère, parents contre autres, à glaives mortelz, couvrans de sang, de corps mors et de membres les très douleureux champs. O ! la très dehonorée victoire à qui que elle remaigne !...

Hé ! Royne couronnée de France, dors-tu adès ? Et qui te tient que tantost celle part n'affinz tenir la bride et arrester ceste mortel emprise ? Ne vois-tu en balance l'éritage de tes nobles enfans ? Tu, mère des nobles hoirs de France, redoubtée princesse, qui y puet que toy ne qui sera-ce, qui a ta seigneurie et auctorité désobéiray se à droit te veulx de la paix entremettre ? Venez, venez, vous touz saiges de ce royaume, avec vostre Royne...

Assurez donques, peuples ! Dévotes femelettes, criez miséricorde pour ceste grief tempeste. Ha ! France ! France, jadiz, glorieux royaume ! Hélas ! comment diray-je plus ? Car très amers plours et lermes incessables déchièent comme ruisseaux sur mon papier, si qu'il n'y a place seiche où puisse continuer l'escripture de la complainte très douloureuse, que l'abondance de mon cuer par grant pitié de toy veult getter hors. Si que assez sont occuppées les lasses mains laissent souvent la penne de quoy je escripz, pour rendre la veue à mes yeulx troublez en touchant les lermes dont l'abondance me moille piz et giron, quand je pense ce que diront de toy désoremaiz les renommees...

Et a moy, povre voix criant en ce royaume, désireuse de paix et du bien de vous touz, vostre servante, Christine, meue en très juste ente, doint veoir la journée. Amen.

Escript le XXIIIe jour d'aoust, l'an de grâce mil CCCC et dix.

Marguerite de Navarre. (B.N.)

Marguerite de Navarre (1492-1549)

Née le 11 avril 1492, de Louise de Savoie et de Charles d'Orléans, Marguerite d'Angoulême aura deux ans plus tard un frère, le futur François Ier, quand il aura épousé Claude, fille de Louis XII et d'Anne de Bretagne.

Marguerite grandit à Cognac, puis à Blois, et « s'adonna fort aux lettres en son jeune âge » si l'on en croit Brantôme. Elle lit les Anciens et étudie particulièrement l'écriture sainte. En décembre 1509, sur les ordres du roi, elle épouse le duc d'Alençon. En 1515, François devient roi de France et Marguerite le rejoint à Marseille puis suit sa cour. En 1521 elle se lie d'amitié avec l'évêque de Meaux, Guillaume Briçonnet, qui veut introduire des réformes à l'intérieur de l'église catholique. C'est l'époque de Luther. Marguerite compose ses premiers poèmes chrétiens, *DIALOGUE EN FORME DE VISION NOCTURNE, LE MIROIR DE L'AME PÉCHERESSE, L'ORAISON DE L'AME FIDÈLE.*

En février 1525, François Ier est fait prisonnier à Pavie. En août, Marguerite entreprend un voyage en Espagne pour aller négocier les termes de la libération de son frère avec Charles Quint. Son mari meurt la même année. En 1527, elle épouse Henri d'Albret, roi de Navarre, dont elle aura une fille, Jeanne. Elle s'occupe de plus en plus de politique et participe aux entretiens qui aboutiront, en 1529, à *LA PAIX DES DAMES.* En 1530, elle perd son unique fils qui a six mois et, en 1531, sa mère. En 1533, elle demande à Gérard Roussel de prêcher le Carême au Louvre mais ses opinions réformistes la faisant condamner par la Sorbonne, elle se retire dans le midi de la France. En 1538, elle participe aux conférences de Nice et d'Aigues-Mortes, est impliquée à nouveau dans des intrigues de cour et décide de retourner dans ses terres. En 1542, à Nérac, elle réunit les premiers éléments de son *HEPTAMERON.* Trois ans plus tard, elle rejoint la cour à Fontainebleau où François est malade. Il meurt en avril 1545, et elle se retire au monastère de Tusson. Elle voyage dans les Pyrénées et rejoint la cour d'Henri II en juillet pour assister au mariage de sa fille avec Antoine de Bourbon Vendôme, en octobre 1548. En septembre 1549, elle se retire au château d'Odos où elle mourra en décembre. Son œuvre sera publiée dix ans plus tard.

Il est vraisemblable de supposer que Marguerite de Navarre ait voulu écrire, à l'instar de Boccace, qu'elle aimait beaucoup et dont elle connaissait bien l'œuvre, un Décameron. D'ailleurs, lorsque Brantôme fait référence à ses écrits, il parle toujours des *CENT NOUVELLES DE LA REINE*. Le recueil qui nous est parvenu contient 72 nouvelles, réparties en 7 journées de dix nouvelles chacune plus deux débuts de la huitième journée. Le texte fut publié pour la première fois par Claude Gruget, qui lui donna pour titre *L'HEPTAMERON*, en 1559. Une première version de 67 nouvelles avait paru en 1558 sous le titre *HISTOIRE DES AMANTS FORTUNEZ* par les soins de Pierre Boaistuau.

Indications bibliographiques

Cazauran, N. : *L'Heptameron de Marguerite de Navarre*. Paris, SEDES, 1976.
Jourda, P. : *Marguerite d'Angoulême, duchesse d'Alençon, Reine de Navarre*. Paris, Champion, 1930.
Telle, E. : *L'Œuvre de Marguerite d'Angoulême, Reine de Navarre et la Querelle des Femmes*. Toulouse, Lion et Fils, 1937.
Tetel, M. : *Marguerite de Navarre's Heptameron : themes, language and structure*. Duke University Press, N.C., 1973.
Febvre, L. : *Amour sacré, amour profane. Autour de l'Heptameron*. Paris, Gallimard, 1971.

HEPTAMERON

Deuxième Journée.
Nouvelle XV. Une dame de la cour du roi, se voyant dédaignée de son mari, qui faisait l'amour ailleurs, s'en vengea par peine pareille.

En la cour du roi François Ier y avait un gentilhomme, duquel je connais si bien le nom que je ne le veux point nommer. Il était pauvre, n'ayant point cinq cents livres de rente, mais tant estimé du roi pour les vertus dont il était revêtu, qu'il vint à épouser une femme si riche, qu'un grand seigneur s'en fût bien contenté. Et pour ce qu'elle était encore jeune, pria une des plus grandes dames de la cour de la vouloir tenir avec elle, ce qu'elle fit très volontiers. Or, était ce gentilhomme tant honnête et plein de bonne grâce, que toutes les dames de la cour en faisaient bien grand cas ; entre autres une que le roi aimait, qui n'était si belle ni si jeune que la sienne. Et, pour le grand amour qu'il lui portait, tenait si peu de compte de sa femme, qu'à grand-peine en un an couchait-il une nuit avec elle. Et qui plus lui était importable, est que jamais ne parlait à elle, ni faisait signe d'amitié. Et combien qu'il jouit de son bien, il lui en faisait tant petite part, qu'elle n'était pas habillée comme il lui appartenait, ni comme elle désirait ; dont la dame avec qui elle était reprenait souvent le gentilhomme en lui disant : « Votre femme est belle, riche et de bonne maison, et vous n'en tenez compte, ce que son enfance et jeunesse a supporté jusqu'ici ; mais j'ai grand peur, quand elle se verra belle et grande, et que son miroir et quelqu'un qui ne vous aimera pas, lui remontrera sa beauté, si peu de vous prisée, que par dépit elle ne fasse ce que, étant de vous bien traitée, n'oserait avoir pensé. Le gentilhomme, qui avait son cœur ailleurs, se moqua très bien d'elle et ne laissa, pour ces enseignements, à continuer la vie qu'il menait. Mais deux ou trois ans passés, sa femme commença à devenir l'une des plus belles femmes qui fut en France, et tant, qu'elle eut le bruit à la cour de n'avoir sa pareille. Et plus elle se sentit digne d'être aimée et plus elle s'ennuya de voir son mari qui n'en tenait compte : tellement qu'elle prit un si grand déplaisir que, sans la consolation de sa maîtresse, elle était quasi en désespoir. Et après avoir cherché tous les moyens de complaire à son mari qu'elle pouvait, pensa en elle-même qu'il était impossible qu'il ne l'aimât, vu le grand amour qu'elle lui portait, sinon qu'il eût quelque autre fantaisie en son entendement : ce qu'elle chercha si subtilement, qu'elle trouva la vérité, et qu'il était toutes les nuits si empêché ailleurs, qu'il oubliait sa conscience et sa femme. Et après qu'elle fut certaine de la vie qu'il menait, prit une mélancolie qu'elle ne se voulait point habiller que de noir ni se trouver en lieu où l'on fit bonne chère : dont sa maîtresse s'aperçut et fit tout ce qu'elle put pour la retirer de cette opinion ; mais il ne lui fut possible. Et combien que son mari en fut bien averti, il fut plus prêt à s'en moquer qu'à y donner remède.

Vous savez, Mesdames, qu'ennui occupe joie, et aussi qu'ennui par joie prend fin. Parquoi un jour advint qu'un grand seigneur, proche parent de la maîtresse de cette dame, en eut tant de pitié qu'il se voulut essayer à la consoler ; et parlant beaucoup avec elle, la trouva si belle et vertueuse, qu'il désira beaucoup plus d'être en sa bonne grâce que de lui parler de son mari, sinon pour lui montrer le peu d'occasion qu'elle avait de l'aimer. Cette dame, se voyant délaissée de celui qui la devait aimer, et d'autre côté aimée et requise d'un si grand et beau prince, s'estima bien heureuse d'être en sa bonne grâce. Et combien qu'elle eut toujours désir de conserver son honneur, si prenait elle un grand plaisir de parler à lui et de se voir aimée ; chose dont elle était quasi affamée. Cette amitié dura quelque temps jusqu'à ce que le roi s'en aperçut, qui avait tant tant d'amitié au gentilhomme, qu'il ne voulait souffrir que nul ne lui fit honte ou déplaisir. Parquoi il pria fort ce prince d'en vouloir ôter sa fantaisie et que, s'il continuait, il serait très mal content de lui.

Ce prince, qui aimait trop plus la bonne grâce du roi que toutes les dames du monde, lui promit que, pour l'amour de lui, abandonnerait son entreprise et que dès le soir il irait prendre congé d'elle. Ce qu'il fit sitôt qu'il sut qu'elle était retirée en son logis, auquel était logé le gentilhomme en une chambre sur la sienne. Et, étant au soir à la fenêtre, vit entrer le prince en la chambre de sa femme ; mais le prince, qui bien l'avisa, ne laissa d'y entrer. Et en disant adieu à celle dont l'amour ne faisait que commencer, lui allégua pour toutes raisons le commandement du roi. Après plusieurs larmes et regrets qui durèrent jusqu'à une heure après minuit, la dame lui dit pour conclusion : « Je loue Dieu, Monsieur, dont il lui plaît que vous perdiez cette opinion, puisqu'elle est si petite et faible que vous pouvez la prendre et laisser par le commandement des hommes car, quant à moi, je n'ai pas demandé conseil à maîtresse, ni à mari, ni à moi-même pour vous aimer ; car amour, s'aidant de votre beauté et honnêteté, a eu telle puissance sur moi que je n'ai connu autre Dieu ni roi que de lui. Mais puisque votre cœur n'est pas rempli de si vrai amour que crainte n'y trouve encore quelque place, vous ne pouvez être ami parfait, et d'un imparfait je ne veux faire un ami ; car j'aime parfaitement comme j'avais délibéré de vous aimer, dont suis contrainte de dire adieu, Monsieur, duquel la crainte ne mérite la franchise de mon amitié. »

Ainsi s'en alla pleurant ce seigneur, et, en se retournant, avisa encore le mari étant à la fenêtre, qui l'avait vu entrer à la salle et saillir. Parquoi lui conta le lendemain l'occasion parquoi il était allé voir sa femme, et le commandement que le roi lui avait fait, dont le gentilhomme fut fort content et remercia le roi. Mais voyant de jour en jour que sa femme embellissait, et lui devenait vieil amoindrissait sa beauté, commença à changer de rôle, prenant celui que longtemps il avait fait jouer à la femme ; car il la chérissait plus que de coutume et prenait plus près garde sur elle. Mais tant plus qu'elle se voyait cherchée de lui, et plus le fuyait, désirant lui rendre partie des ennuis qu'elle avait eus pour être de lui peu aimée. Et pour ne prendre sitôt le plaisir que l'amour lui commençait à donner, s'en va adresser à un gentilhomme si très beau, si bien parlant et de si bonne grâce, qu'il était aimé de toutes les dames de la cour. Et, en lui faisant ses complaintes de la façon dont elle avait été traitée, l'incita d'avoir pitié d'elle, en sorte que ce gentilhomme n'oublia rien pour essayer à la réconforter. Et elle, pour se récompenser de la perte d'un prince qui l'avait laissée, se mit si fort à aimer ce gentilhomme, qu'elle oublia son ennui passé et ne pensait sinon à finement conduire son amitié. Ce qu'elle sut si bien faire, que jamais sa maîtresse ne s'en aperçut, car, en sa présence, se gardait bien de parler à lui. Mais quand elle lui voulait dire quelque chose, s'en allait voir quelque dame qui demeuraient à la cour, entre lesquelles y en avait une, dont son mari feignait d'être amoureux. Or, une fois, après souper, qu'il faisait bien obscur, se déroba ladite dame, sans appeler compagnie, et entra en la chambre des dames où elle trouva celui qu'elle aimait mieux que soi-même, et, en se séant auprès de lui, appuyée sur une table, parlaient ensemble, feignant de lire en un livre. Quelqu'un, que le mari avait mis au guet, lui vint rapporter où sa femme était allée, et lui, qui était sage, s'y en alla le plus tôt qu'il put ; et entrant en la chambre, vit sa femme lisant le livre, qu'il feignit ne voir point ; mais alla tout droit parler aux dames d'un autre côté. Cette pauvre dame, voyant que son mari l'avait trouvée avec celui auquel devant lui jamais n'avait parlé, fut si transportée qu'elle perdit sa raison, et ne pouvant passer au long d'un banc, se coula au long d'une table et s'enfuit, comme si son mari avec l'épée nue l'eût poursuivie, et alla trouver sa maîtresse, qui se retirait en son logis ; et quand elle fut déshabillée, se retira ladite dame, à laquelle une de ses femmes vint dire que son mari la demandait. Elle lui répondit franchement qu'elle n'irait point ; qu'il était si étrange et austère, qu'elle avait peur qu'il ne lui fit un mauvais tour. A la fin, de peur de pis, s'y en alla ; son mari ne lui dit un seul mot, sinon quand ils furent dedans le lit. Elle, qui ne savait pas comme lui dissimuler, se print tendrement à pleurer. Et quand il lui demanda pourquoi elle pleurait, elle lui dit qu'elle avait peur qu'il fut courroucé contre elle, pource qu'il l'avait trouvée lisant avec un gentilhomme. A l'heure lui répondit que jamais ne lui avait défendu de parler à homme et qu'il n'avait point trouvé mauvais qu'elle y parlât mais bien d'être fuie devant lui, comme si elle eût fait chose digne d'être reprise, et que cette fuite seulement lui faisait penser qu'elle aimait le gentilhomme. Parquoi il lui défendit que jamais il ne lui advint de parler à homme en public ni en privé, lui assurant que la première fois qu'elle y parlerait, qu'il la tuerait sans pitié ni compassion. Ce qu'elle accepta volontiers, faisant bien son compte de n'être pas une autre fois si sotte. Mais parce que les choses où on a volonté, plus elles sont défendues, plus elles sont désirées, cette pauvre femme eut bientôt oublié les menaces de son mari ; car, le soir même, elle, étant retournée coucher en une autre chambre avec d'autres demoiselles et ses gardes, envoya quérir et prier le gentilhomme de la voir la nuit. Mais le mari, qui était si tourmenté de jalousie qu'il ne pouvait dormir de nuit, va prendre une cape et un valet de chambre avec lui, pource qu'il avait ouï dire que l'autre y allait de nuit, et s'en va frapper à la porte du logis de sa femme. Elle, qui n'entendait rien moins que lui, se leva toute seule et print ses brodequins et son manteau, qui était auprès d'elle, et, voyant que trois ou quatre femmes qu'elle avait étaient endormies, saillit de sa chambre et s'en va droit à la porte où elle ouït frapper. Et en demandant *qui est-ce ?* fut répondu le nom de celui qu'elle aimait ; mais pour en être plus assurée, ouvre un petit guichet en disant : « Si vous êtes celui que vous me dites, baillez-moi la main, je la connaîtrai bien. » Et quand elle eut touché à la main de son mari, elle le connut bien et en fermant vitement le guichet, se print à crier : « Ah ! Monsieur, c'est votre main. » Le mari lui répondit par un grand courroux : « Oui, c'est la main qui vous tiendra promesse ; parquoi ne faillez à venir quand je vous manderai. » Et, disant cette parole, s'en alla à son logis et elle retourna à sa chambre, plus morte que vive, et dit tout haut à ses femmes. « Levez-vous, mes amies, vous avez trop dormi pour moi ; car en vous cuidant tromper, je me suis trompée la première. » Et ce disant, se laissa tomber au milieu de la chambre évanouie. Les pauvres femmes se levèrent à ce cri, tant étonnées de voir leur maîtresse comme morte et couchée en terre, et d'avoir ouï les propos qu'elle avait tenus, qu'elle ne surent que faire, sinon de courir aux remèdes pour la faire revenir. Et quand elle put parler, elle leur dit : « Aujourd'hui, voyez-vous, mes amies, que je suis la plus malheureuse créature qui soit sur terre. » Et leur va conter toute sa fortune, les priant la vouloir secourir, car elle tenait sa vie pour perdue. Et la cuidant réconforter, arriva un valet de son mari, par lequel il lui mandait qu'elle allât incontinent vers lui. Elle, en embrassant deux de ses femmes, se mit à crier et à plorer les priant de ne point la laisser aller, car elle était sûre de mourir. Mais le valet de chambre l'assura que non et qu'il prenait sur sa vie qu'elle n'aurait nul mal. Et, voyant qu'il n'y avait point de résistance, se jeta entre les bras de ce serviteur, lui disant : « Mon ami, puisqu'il le faut, portez ce malheureux corps a la maort. » Et à l'heure, demi-évanouie de tristesse, fut emportée du valet au logis du maître, aux pieds duquel tomba cette pauvre dame, lui disant : « Monsieur, je vous supplie avoir pitié de moi et je vous jure la foi que je dois à Dieu, que je vous dirai la vérité du tout. » A l'heure, lui dit comme un homme désespéré : « Par Dieu, vous me la direz. » Et chassa dehors tous ses gens. Et pource qu'il avait trouvé sa femme fort dévote, pensa qu'elle ne se parjurerait point si elle jurait sur la croix ; parquoi en demanda une fort belle qu'il avait empruntée, et, quand ils furent eux deux seuls, la fit jurer dessus qu'elle lui dirait vérité de ce qu'il lui demanderait. Mais elle, qui avait déjà passé les premières appréhensions de la crainte de mourir print cœur, se délibérant, avant que mourir, de ne lui rien celer, et aussi de ne lui dire chose dont le gentilhomme qu'elle aimait put avoir à souffrir ; et, après avoir ouï les questions qu'il lui faisait, lui répondit : « Je ne me veux point justifier, Monsieur, ne faire moindre envers vous l'amour que j'ai porté au gentilhomme dont vous avez soupçon ; car vous ne le pouvez ni ne devez croire, vu l'expérience qu'aujourd'hui vous avez eue ; mais je désire bien vous dire l'occasion de cette amitié. Entendez, Monsieur, que jamais femme n'aima tant son mari que je vous aime ; car depuis que je vous ai épousé jusques à cet âge-ci, il ne fut jamais entré en mon cœur autre amoir que le vôtre. Vous savez que, moi étant enfant, mes parents me voulaient marier à personnage de plus grande maison que vous, mais jamais ne m'y surent faire accorder, dès l'heure que j'eus parlé à vous ; car contre leur opinion, je tins ferme pour vous avoir, sans regarder ni à votre pauvreté, ni aux remontrances que me faisaient mes parents. Et vous ne pouvez ignorer le traitement que j'ai eu de vous jusqu'ici, et comme vous m'avez aimée et estimée, dont j'ai porté tant d'ennui et déplaisir, que, sans l'aide de Madame avec laquelle vous m'avez mise, je fusse presque désespérée. Mais, à la fin, me voyant grande et estimée belle d'un chacun, hors de vous seul, je commençai si vivement à sentir le tort que vous me faisiez que l'amour que je vous portais s'est tourné en haine et le désir de vous complaire en celui de la vengeance. Et, sur ce désespoir, me trouva un prince, lequel, pour obéir au roi plus qu'à l'amour, me laissa à l'heure que je commençai à sentir la consolation de mes tourments pour un amour honnête. Et, au partir de lui, trouvai cettui qui n'eut point la peine de me prier ; car sa beauté, son honnêteté, et vertu méritent bien d'être cherchées et requises de toute femme de bon entendement. A ma requête et non à la sienne, il m'a aimée avec tant d'honnêteté, que oncques en sa vie ne me requit chose contre l'honneur. Et combien que le peu d'amour que j'ai causé de vous porter donna occasion de vous garder foi ni loyauté, l'amour que j'ai à Dieu seul et mon honneur, m'ont jusqu'ici gardée d'avoir fait chose pour laquelle j'ai besoin de confession ou crainte de honte. Je ne vous veux point nier que, le plus souvent qu'il m'était possible, je n'allasse parler à lui dedans une garde-robe, feignant d'aller dire mes oraisons ; car jamais en femme ni en homme je ne me fiai de conduire cette affaire. Je ne veux point aussi nier qu'étant en lieu si privé et hors de tout soupçon, je ne l'aie baisé du meilleur cœur que je ne fis jamais vous. Mais je ne demande jamais merci à Dieu si entre nous deux il y a jamais eu autre privauté, ni si jamais il m'en a pressée plus avant, ni si mon cœur en a eu le désir, car j'étais si aise de le voir, qu'il ne me semblait point qu'il y eut au monde un plus grand plaisir. Et vous, Monsieur, qui êtes la seule cause de mon malheur, voudriez-vous prendre vengeance d'une œuvre dont de longtemps vous m'avez donné exemple, sinon que la vôtre était sans honneur ni sans conscience ? Car, vous le savez, et je le sais bien, que celle que vous aimez ne se contente point de ce que Dieu et la raison commandent. Et combien que la loi des hommes donne de si grand déshonneur aux femmes qui aiment autre que leur mari, si est-ce que la loi de Dieu n'excepte point les maris qui aiment autre que leurs femmes. Et, s'il faut admettre en la balance l'offense de vous et de moi, vous êtes homme sage et expérimenté pour connaître et savoir éviter le mal, moi, jeune et sans expérience, nulle de la force et puissance d'amour. Vous avez une femme qui vous chérit, estime et aime plus que sa vie propre, et j'ai un mari qui me fuit, qui me hait et me dépite plus qu'une chambrière ; vous aimez une femme déjà d'âge et en mauvais point et moins belle que moi, et j'aime un gentilhomme plus jeune que vous, plus beau et plus aimable. Vous aimez la femme d'un des plus grands amis que vous ayez en ce monde, offensant d'un côté l'amitié et de l'autre la révérence que vous portez à tous deux ; et j'aime un gentilhomme qui n'est à rien lié sinon à l'amour qu'il me porte. Or, jugez, Monsieur, sans faveur, lequel de nous deux est le plus punissable ou excusable, ou vous, ou moi. Je n'estime homme sage ni expérimenté qui ne vous donne le tort, vu que je suis jeune et ignorante, déprisée et contemnée de vous, et aimée du plus beau et honnête gentilhomme de France, lequel j'Aime par le désespoir de ne jamais pouvoir être de vous aimée. »

Le gentilhomme, oyant ces propos pleins de vérité, dits et prononcés d'un visage beau avec une grâce tant assurée et audacieuse, qu'elle montrait ne craindre mériter nulle punition, se trouva tant surpris d'étonnement, qu'il ne sut que lui répondre, sinon que l'honneur d'un homme et d'une femme n'est pas tout un ni semblable. Mais toutefois, puisqu'elle jurait qu'il n'y avait point eu de péché entre celui qu'elle aimait et elle, il n'est point délibéré de lui en faire pire chère ; par ainsi qu'elle n'y retournât plus et que l'un ni l'autre n'eussent plus de recordation des choses passées : ce qu'elle lui promit et s'en allèrent coucher ensemble par un bon accord. Or, le matin, une vieille demoiselle, qui avait grand peur de la vie de sa maîtresse, vint à son lever et lui demanda : « Eh bien, Madame, comment vous va ? » Elle lui répondit en riant : « Quoi m'amie ? Il n'est point un meilleur mari car il m'a crue en mon serment. » Ainsi passèrent cinq ou six jours. Le gentilhomme prenait de si près garde à sa femme, que nuit et jour avait guet après elle ; mais il ne sut si bien guetter qu'elle ne parlât encore à celui qu'elle aimait en un lieu fort obscur et suspect. Toutefois elle conduisait son affaire si secrètement, qu'homme ni femme n'en put savoir la vérité. Et ne fut qu'un bruit que quelque valet fit, d'avoir trouvé un gentilhomme et une damoiselle en une étable sous la chambre de la maîtresse de cette dame, dont le gentilhomme mari eut si grand soupçon, qu'il se délibéra de faire mourir ce gentilhomme, et assembla un grand nombre de ses parents et amis pour le faire tuer, s'ils le pouvaient trouver en quelque lieu. Mais le principal de ses parents était tant ami du gentilhomme qu'il faisait chercher, qu'au lieu de le surprendre, l'avertissait de tout ce qui se faisait contre lui, lequel, d'autre côté, était tant aimé à la cour et si bien accompagné qu'il ne craignait point la puissance de son emmemi : pourquoi il ne fut point trouvé ; mais s'en vint en une église trouver la maîtresse de celle qu'il aimait, laquelle n'avait jamais rien entendu de ces propos passés ; car, devant elle, n'avait jamais parlé à elle.

Le gentilhomme lui conta la suspicion et mauvaise volonté qu'avait contre lui le mari, et que, nonobstant qu'il en fut innocent, il était délibéré de s'en aller en quelque voyage lointain pour ôter le bruit qui commençait à croître. Cette princesse, maîtresse de son amie, fut fort étonnée d'ouïr ces propos, et jura que le mari avait grand tort, qui avait soupçon d'une femme de bien, où elle n'avait jamais vu ni connu que toute vertu et honnêteté. Toutefois pour l'autorité où le mari était et pour éteindre ce fameux bruit, lui conseilla, la princesse, de s'éloigner pour quelque temps, l'assurant qu'elle ne croirait rien de toutes ces folies et soupçons. Le gentilhomme et la dame qui était avec elle furent fort contents de demeurer en la bonne grâce et opinion de cette princesse, laquelle conseilla au gentilhomme qu'avant son partement il devait parler au mari, ce qu'il fit selon son conseil, et le trouva en une galerie près la chambre du roi, où avec un très assuré visage (lui faisant l'honneur qui appartenait à son état) lui dit : « Monsieur, j'ai toute ma vie eu désir de vous faire service, et pour toute récompense, j'ai entendu qu'au soir vous me faisiez chercher pour me tuer. Je vous prie, Monsieur, pensez que vous avez plus d'autorité et puissance que moi ; mais toutefois je suis gentilhomme comme vous : il me fâcherait bien de donner ma vie pour rien. Je vous prie aussi pensez que vous avez une femme de bien ; que s'il y a qui veuille dire du contraire, je lui dirai qu'il a méchamment menti. Et quant à moi, je ne pense avoir fait chose dont vous ayez occasion de me vouloir mal. Et, si vous voulez, je demeurerai votre serviteur, ou sinon, je le suis du roi, dont j'ai occasion de me contenter. » Le gentilhomme, à qui le propos s'adressait, lui dit que véritablement il avait eu quelque soupçon de lui, mais qu'il le tenait si homme de bien, qu'il désirait plus son amitié que son inimitié, et en lui disant adieu le bonnet au poing, l'embrassa comme son grand ami. Vous pouvez penser que disaient ceux qui le soir de devant avaient eu commission de le tuer, de voir tant de signes d'honneur et d'amitié ; chacun en parlait diversement. A tant s'en partit le gentilhomme ; mais pour ce qu'il n'était si bien garni d'argent que de beauté, sa dame lui donna une bague de la valeur de trois mille écus, laquelle il engagea pour quinze cents. Et, quelque temps après qu'il fut parti, le gentilhomme mari vint à la princesse maîtresse de sa femme, et la supplia donner congé à sa femme pour aller demeurer quelque temps avec une de ses sœurs. Ce que ladite dame trouva fort étrange, et le pria tant de lui en dire l'occasion, qu'il lui en dit une partie, mais pas tout.

Après que la jeune dame mariée eut pris congé de sa maîtresse et de toute la cour sans pleurer ni faire signe d'ennui, s'en alla où son mari voulait qu'elle fut, en la conduite d'un gentilhomme, auquel fut donné charge expresse de la garder soigneusement, et surtout que sur les chemins elle ne parlât à celui duquel elle était soupçonnée. Elle, qui savait ce commandement, leur donnait tous les jours des alarmes et se moquait d'eux et de leur mauvais soin. Et un jour entre les autres, au partir du logis trouva un cordelier à cheval, et elle, étant sur sa braquenée, l'entretint depuis la dinée jusqu'à la soupe, et quand elle fut à une grande lieue du logis, elle dit : « Mon père, pour les consolations que vous m'avez données cette après-dinée, voilà deus écus que je vous donne, lesquels sont dedans un papier, car je sais bien que vous n'y oseriez toucher, vous priant qu'incontinent que vous serez parti d'avec moi, vous en alliez à travers les champs le beau galop. » Et quand il fut assez loin, la dame dit tout haut à ses gens : « Pensez-vous que vous êtes bons serviteurs et bien soigneux de me garder, vu que celui qu'on vous a tant recommandé a parlé à moi tout ce jourd'hui et vous l'avez laissé faire ; vous méritez bien que votre bon maître, qui se fie tant à vous, vous donnât des coups de bâton au lieu de vos gages. » Quand le gentilhomme qui avait la charge d'elle-même ouït ses propos, il eut si grand dépit, qu'il ne pouvait répondre, pique son cheval, appelant deux autres avec lui, et fit tant, qu'il atteignit le cordelier, lequel, les voyant venir droit à lui, les fuyait le mieux qu'il pouvait ; mais pource qu'ils étaient mieux montés que lui, le pauvre homme fut prins. Et lui, qui ne savait pourquoi, leur cria merci, et en détournant son chaperon pour les plus humblement supplier, la tête nue, connurent bien que ce n'était ce qu'ils cherchaient et que leur maîtresse s'était bien moquée d'eux, ce qu'elle fit encore mieux à leur retour. « C'est à telles gens à qui l'on doit bailler telles femmes à garder ; ils les laissent parler sans savoir à qui, et puis, ajoutant foi à leurs paroles, ils vont faire honte aux serviteurs de Dieu. » Et après toutes ces moqueries, s'en alla au lieu où son mari l'avait ordonné, où ses deux belles-sœurs et un mari de l'une la tenait fort sujette. Et, durant ce temps, entendit son mari comme sa bague était en gage pour quinze cents écus, dont il fut fort marri. Mais, pour sauver l'honneur de sa femme et pour le recouvrer, lui fit dire qu'elle la retirât et qu'il paierait les quinze cents écus. Elle, qui n'avait soin de la bague, puisque l'argent demeurait à son ami, lui écrivit comme son mari la contraignait retirer sa bague, et, afin qu'il ne pensât qu'elle fit pour diminution de bonne volonté, elle lui envoya un diamant que sa maîtresse lui avait donné, qu'elle aimait plus que bague qu'elle eut. Le gentilhomme lui envoya très volontiers l'obligation du marchand et se tint pour content d'avoir eu quinze cents écus et un diamant et de demeurer assuré de la bonne grâce de s'amie, combien que, tant que le mari véquit, il n'eut moyen de parler à elle que par écriture. Et, après la mort du mari, pource qu'il la pensait telle qu'elle lui avait promis, fit toute diligence de la pourchasser en mariage ; mais il trouva que la longue absence lui avait acquis un compagnon mieux aimé que lui, dont, il eut si grand regret qu'en fuyant les dames, chercha les lieux hasardeux, où il eut autant d'estime que jeune homme pourrait avoir, ainsi finit ses jours.

« Voilà, Mesdames, que, sans épargner notre sexe, j'ai bien voulu montrer aux maris, pour leur faire entendre que les femmes de grand cœur sont plutôt vaincues d'ire et vengeance, que de la douceur et amour, à quoi celle-ci sut longtemps résister ; mais à la fin fut vaincue de désespoir, ce que ne doit être femme de bien ; pourvu qu'en quelque sorte que ce soit, ne saurait trouver excuse à mal faire ; car de plus les occasions en sont données grandes, et de tant plus se doivent montrer vertueuses à résister et vaincre le mal en bien, et non pas rendre le mal pour le mal, d'autant que souvent le mal qu'on cuide rendre à autrui retombe sur soi. Bienheureuses sont celles en qui la vertu de Dieu se montre en chasteté, douceur, patience et longanimité. » Hircan lui dit : « Il me semble, Longarine, que cette dame, dont vous avez parlé, a été plus menée de dépit que d'amour ; car si elle eut autant aimé le gentilhomme qu'elle en faisait semblant, elle ne l'eut abandonné pour un autre ; et par ce discours, on la peut nommer dépite, vindicative, opiniâtre et muable. — Vous en parlez bien à votre aise, dit Emarsuitte à Hircan ; mais vous ne savez pas quel crève-cœur c'est, quand on aime sans être aimé ? — Il est vrai, je ne l'ai guère expérimenté, car on ne me saurait faire si peu de mauvaise chère, que je ne laisse l'amour et la dame ensemble incontinent. — Oui ! bien vous, dit Parlamente, qui n'aimez que votre plaisir, mais une femme de bien ne doit laisser ainsi son mari. — Toutefois, répondit Simontault, celle dont le conte est fait a oublié, pour un temps, qu'elle était femme ; car un homme n'en eut su faire plus belle vengeance. — Pour une qui n'est pas sage, dit Oisille, il ne faut pas que les autres soient tenues telles. — Si êtes-vous toutes femmes, dit Saffredant, quelques beaux et honnêtes accoutrements que vous portiez, qui vous chercherait bien avant sous la robe, on vous trouverait femme. » Nomerfide lui dit : « Qui vous voudrait écouter, la journée se passerait en querelles ; mais il me tarde tant d'ouïr encore une histoire que je prie Longarine de donner sa voix à quelqu'un. » Longarine regarda Guebron et lui dit : « Si vous savez rien de quelque honnête femme, je vous prie, maintenant, le mettre en avant. » Guebron dit : « Puisque j'en dois faire ce qu'il me semble, je vous ferai un conte advenu en la ville de Milan. »

Louise Labé. (B.N.)

Louise Labé
(1522-1566)

Louise Labé naquit à Lyon en avril 1522, de Pierre Charly (ou Charlin), cordier, et Étiennette Deschamps, sa seconde épouse qui mourra trois ans plus tard. Pierre Charly avait deux garçons d'un précédent mariage avec Guillermette, veuve de Jacques Humbert, dit Labé. Après la mort de sa seconde femme, Pierre Charly se marie avec Antoinette Taillard, dont il aura deux enfants, François et Laura, en faveur de qui il déshéritera plus tard Louise. Enfant, Louise apprit à filer et à faire de la tapisserie mais partagea de bonne heure les jeux plus rudes de ses demi-frères. Ayant lu le traité d'éducation écrit par Cornelius Agrippa de Nottesheim, qui défend « la noblesse et l'excellence du sexe féminin » (1509), en réponse aux critiques contre les femmes qu'Érasme avait exprimées en 1526 dans son *INSTITUTIS CHRISTIANI MATRIMONI*, Pierre Charly décida de donner à sa fille une éducation solide. Il choisit comme précepteur Maurice de Scève, qui revenait d'un voyage d'études en Italie et enseigna à Louise à « élever ses esprits par-dessus ses quenouilles et fuseaux », en lui faisant lire Boccace, Pétrarque et Dante. Louise se passionne pour les romans de chevalerie et lit la traduction française du *COURTISAN* de Balthazar Castiglione. A quinze ans elle est aimée d'un « vieil rommain » dont elle se moque gentiment mais connaît à son tour un amour non payé de retour pour un « homme de guerre » à l'identité incertaine. On a cru qu'elle avait participé, en 1542, au siège de Perpignan, déguisée en homme, sous le nom de « capitaine Loys » et émit l'hypothèse qu'elle avait ainsi voulu suivre celui qu'elle aimait à l'époque. En 1543, elle épouse Ennemond Perrin, de trente ans plus vieux qu'elle. Ils s'installent dans une maison lyonnaise à l'angle de la rue Notre-Dame du Confort et de la rue Bellecourt et achètent peu après l'immeuble contigu. C'est là que Louise, « la belle Cordière », va créer un jardin célèbre, où elle reçoit tous les poètes, savants, et philosophes de l'époque, dont le plus connu est Pontus de Tyard, homme d'église qui s'éprit de Louise et célébra ses qualités dans ses *ODES*. On discute amour, religion et littérature. L'année 1545 est assombrie par la mort de la meilleure amie de Louise, Pernette du Guillet. L'année suivante, elle compose ses premiers sonnets. En 1548, la visite du roi Henri II à Lyon fit sur Louise grande impression et elle composa un sonnet à la gloire du « blond chef couronné d'un laurier vert ». En 1552, elle écrit le *Débat de l'AMOUR ET DE LA FOLIE*, récit en prose sous forme de fable, satire allègre de l'amour. L'année suivante, elle compose ses *ÉLÉGIES*. Elle demande et obtient du roi le privilège d'édition et son œuvre sort de presse le 12 août 1555, chez Jean de Tournes. Le succès est si grand que deux nouvelles éditions, « revues et corrigées par ladite Dame », contenant en Préface le texte du privilège royal en date du 13 mars 1554, et en Épilogue les *LOUENGES A DAME LLL* (Louise Labé, Lyonnaise) paraîtront en 1556. 1555 est aussi la date de l'*ÉPÎTRE DÉDICATOIRE A CLÉMENCE DE BOURGES*, et l'année de la grande passion de Louise pour l'infidèle Olivier de Magny. En 1557, apparaît la chanson anonyme de la Belle Cordière, qui attaque en termes violents les mœurs de Louise. Des ennuis financiers contraignent son époux à se retirer à la campagne. En 1559, éclatent à Lyon les premiers troubles des guerres de religion. En 1565, Ennemond Perrin meurt et la peste dévaste la ville. Louise fait son testament et meurt dans son domaine de Parcieu en avril 1566.

Indications bibliographiques

Girault, Y. : *Louise Labé, Nymphe ardente du Rhône*. Lausanne, Éditions Rencontre, 1966.
Guillot, G. : *Louise Labé, Vie et Œuvres*. Paris, Seghers, 1962.
Harvey, L. : *The aesthetics of the Renaissance love sonnet*. Genève, Droz, 1962.
Zamaron, F. : *Louise Labé, Dame de Franchise*. Paris, Nizet, 1968.

A MADAMOISELLE CLÉMENCE DE BOURGES LIONNOIZE

Estant le tems venu, Madamoiselle, que les seueres lois des hommes n'empeschent plus les femmes de s'appliquer aus sciences et disciplines : il me semble que celles qui ont la commodité, doiuent employer cette honneste liberté que notre sexe ha autrefois tant désiré, à icelles aprendre : et montrer aus hommes le tort qu'ils nous faisoient en nous priuant du bien et de l'honneur qui nous en pouuoit venir : Et si quelcune paruient en tel degré, que de pouuoir mettre ses conceptions par escrit, le faire songneusement et non dédaigner la gloire, et s'en parer plustot que de chaines, anneaus, et somptueus habits : lesquels ne pouuons vrayement estimer notres, que par usage. Mais l'honneur que la science nous procurera, sera entièrement nôtre : et ne nous pourra estre oté, ne par finesse de larron, ne force d'ennemis, ne longueur du tems. Si j'eusse este tant fauorisee des Cieus, que d'avoir l'esprit grand assez pour comprendre ce dont il ha u enuie, je seruirois en cet endroit plus d'exemple que d'amonicion. Mais ayant passé partie de ma jeunesse à l'exercice de la Musique, et ce qui m'a resté de tems l'ayant trouué court pour la rudesse de mon entendement, et ne pouuant de moymesme satisfaire au bon vouloir que je porte à notre sexe, de le voir non en beauté seulement, mais en science et en vertu passer ou égaler les hommes : je ne puis faire autre chose que prier les vertueuses Dames d'esleuer un peu leurs esprits par dessus leurs quenoilles et fuseaus, et s'employer à faire entendre au monde que si nous ne sommes faites pour commander, si ne deuons nous estre dédaignées pour compagnes tant es afaires domestiques que publiques, de ceus qui gouuernent et se font obéïr. Et outre la reputacion que notre sexe en receura nous aurons valù au publiq, que les hommes mettront plus de peine et d'estude aus sciences vertueuses, de peur qu'ils n'ayent honte de voir précéder celles, desquelles ils ont prétendu estre tousiours superieurs quasi en tout. Pource, nous faut-il animer l'une l'autre à si louable entreprise : De laquelle ne deuez eslongner ni espargner votre esprit, ia de plusieurs et diuerses grace acompagne :

43

ny votre ieunesse, et autres faueurs de fortune, pour aquerir cet honneur que les lettres et sciences ont accoutumé porter aux personnes qui les suyuent. S'il y ha quelque chose recommandable après la gloire et l'honneur, le plaisir que l'estude des lettres ha acoutumé donner nous y doit chacune inciter : qui est autre que les autres recreacions : desquelles quand on en ha pris tant que lon veut, on ne se peut vanter d'autre chose, que d'auoir passé le temps. Mais celle de l'estude laisse un contentement de soy, qui nous demeure plus longuement. Car le passé nous resiouit, et sert plus que le présent : mais les plaisirs des sentiments se perdent incontinent, et ne reuiennent jamais, et en est quelquefois la mémoire autant fâcheuse, comme les actes ont esté délectables. Dauantage les autres voluptez sont telles, que quelque souuenir qui en vienne, si ne nous peut il remettre en telle disposicion que nous estions : et quelque imaginacion forte que nous imprimions en la teste, si connoissons nous bien que ce n'est qu'une ombre du passé qui nous abuse et trompe. Mais quand il auient que mettons par escrit nos concepcions, combien que puis après notre ceruau coure par une infinite d'afaires et incessamment remue, si est ce que long tems après reprenans nos escrits, nous reuenons au mesme point, et à la mesme disposicion ou nous estions. Lors nous redouble notre aise : car nous retrouuons le plaisir passé qu'auons ù ou en la matière dont escriuions, ou en l'intelligence des sciences ou lors estions adonnez. Et outre ce, le iugement que font nos secondes concepcions des premières, nous rend un singulier contentement. Ces deus biens qui prouiennent d'escrire vous y doiuent inciter, estant asseuree que le premier ne faudra d'acompagner vos escrits, comme il fait tous vos autres actes et façons de viure. Le second sera en vous de le prendre, ou ne l'auoir point : ainsi que ce dont vous escrirer vous contentera. Quant à moy tant en escriuant premièrement ces jeunesses que en les reuoyant depuis, je n'y cherchois autre chose qu'un honneste passetems et moyen de fuir oisiueté : et n'auois point intencion que personne que moy les dust iamais voir. Mais depuis que quelcuns de mes amis ont trouue moyen de les lire sans que i'en susse rien, et que (ainsi comme aisément nous croyons ceux qui nous louent) ils m'ont fait à croire que les deuois mettre en lumière : ie ne les ay osé esconduire, les menassant ce pendant de leur faire boire la moitié de la honte qui en prouiendroit. Et pource que les femmes ne se montrent volontiers en publiq seules, je vous ay choisie pour me seruir de guide, vous dediant ce petit euure, que ne vous enuoye à autre fin que pour vous acertener du bon vouloir lequel de long tems ie vous porte, et vous inciter et faire venir enuie en voyant ce mien euure rude et mal bâti, d'en mettre en lumière un autre qui soit mieus limé et de meilleure grâce.

Dieu vous maintienne en santé.

De Liou ce 24 juillet 1555

Je fuis la vile, et temples, et tous lieus,
Esquels prenant plaisir à t'ouir pleindre,
Tu peus, et non sans force, me contreindre
De te donner ce qu'estimois le mieus.

Masques, tournois, ieus me sont ennuieus,
Et rien sans toy de beau ne me puis peindre :
Tant que tachant à ce desir esteindre,
Et un nouuel obget faire à mes yeux,

Et des pensers amoureus me distraire,
Des bois espais sui le plus solitaire :
Mais j'aperçoy, ayant erré maint tour,
Que si je veus de toy estre délivré
Il me convient hors de moymesme vivre,
Ou fais encor que loin sois en sejour.

Marie de Gournay - gravé par Matheus. (B.N.)

Marie Le Jars de Gournay (1565-1645)

« La damoiselle de Gournay, Marie de Jars, naquit à Paris, de Guillaume Jars et Jeanne de Hacqueville, aisnée de tous leurs enfants. »

Ainsi commence l'autobiographie que Marie de Gournay écrivit en 1616 à la suite d'une mauvaise plaisanterie*. Son père, secrétaire ordinaire de la chambre du roi, mourut en 1577 en laissant 6 enfants. La famille s'installa à Gournay, en Picardie, et Marie y connut une enfance studieuse. Largement autodidacte et malgré l'opposition de sa mère, elle apprit le latin et un peu de Grec. Vers l'âge de 18 ans, elle lut l'édition de 1582 des ESSAIS de Montaigne qui firent sur elle grande impression. Lors d'un séjour à Paris en 1588, elle écrivit à Montaigne et « il vint la voir et la remercier dès le lendemain, lui présentant l'affection et l'alliance de père à fille. » Il séjourne à Gournay au moment où il fait imprimer sa deuxième édition des ESSAIS et Marie lui servit de secrétaire en l'aidant à corriger les épreuves. Il l'encouragea à écrire sa première œuvre qu'elle intitula LE PROMENOIR DE MONSIEUR DE MONTAIGNE en 1589. Elle écrivit aussi à Juste Lipse, grand admirateur de Montaigne, humaniste et professeur à Louvain, qui lui répond avec chaleur et admiration (1590) « se peut-il que tant de pénétration et un si solide jugement, pour ne rien dire de tant d'esprit et de savoir, se montrent dans un sexe si différent du nôtre ». En 1591, après la mort de sa mère, Marie s'installe à Paris. Elle y apprend en avril 93 la mort de Montaigne qui avait eu lieu en septembre 92. Marie se fit l'exécuteur testamentaire de l'œuvre de Montaigne. Elle entreprit de publier une édition remaniée et augmentée des ESSAIS qui parut en 96 avec une préface qui sera raccourcie en 1598 pour la deuxième édition. Fin 95, Marie de Gournay est invitée à Montaigne par la veuve et la fille de l'écrivain et va rester en leur compagnie jusqu'au printemps 97.

Elle va ensuite faire un voyage aux Pays-Bas et en Belgique avant de rentrer à Paris. Elle obtient une pension du roi, fait des envieux, s'attire des critiques par sa position d'indépendance et, comme elle s'occupe d'alchimie, se voit accuser de sorcellerie. Elle se jette dans la polémique littéraire de l'époque, défendant avec passion Ronsard et les poètes de la Pléiade contre Malherbe et son école de puristes. Mais si elle condamne

---

* « [Moret, de Bueil et Yvrande] lui supposèrent une lettre du roi Jacques d'Angleterre par laquelle il lui demandait sa vie et son portrait. Elle fut six semaines à faire sa vie. Après, elle se fit barbouiller et envoya tout cela en Angleterre où l'on ne savait ce que cela voulait dire. » Cf. Tallemant des Réaux in *Historiettes*, Paris, 1834.)

les « purges » de Malherbe, elle critique tout aussi bien la préciosité et se refuse à « gehenner » son style pour suivre « le train des donzelles à bouche sucrée ».

En 1600, elle présente à Henri IV et Marie de Médicis un traité de pédagogie intitulé, *DE L'ÉDUCATION DES ENFANTS DE FRANCE,* et reprendra ce thème en 1608 avec *LA BIENVENUE A MONSEIGNEUR LE DUC D'ANJOU.* Elle s'occupe aussi de théologie et soutient la cause des Jésuites dans un petit traité qu'elle composa juste après l'assassinat d'Henri IV, intitulé : *ADIEU DE L'ÂME DU ROY DE FRANCE ET DE NAVARRE HENRI LE GRAND A LA REINE AVEC LA DÉFENSE DES PÈRES JÉSUITES.* Cela lui valut d'être attaquée violemment dans un pamphlet « l'anti-Gournay ou Remerciement des beurrières de Paris au sieur de Courbouzon Montgommery », qui la ridiculise. Cependant, Marie a décidé d'être écrivain professionnel et vit rue de l'Arbre Sec entre ses chats et ses deux servantes. Elle révise une fois de plus les *ESSAIS*, traduit les citations latines et grecques, constitue un index des sujets et des auteurs cités. En 1622, elle écrit *ÉGALITÉ DES HOMMES ET DES FEMMES*, dédié à la Reine Anne d'Autriche, puis *LE GRIEF DES DAMES* qui paraîtra en 1626. En 1626, elle compose également son *AUTOPORTRAIT* en alexandrins, sous le titre *PEINCTURE DE MŒURS*, qui raconte la vie qu'elle a menée après sa visite à Montaigne, complétant ainsi l'*APOLOGIE POUR CELLE QUI ESCRIT*, qui donnait les détails, en prose, sur sa vie, de sa naissance à 1595.

Elle réunit et publie ses propres essais sous le titre *A L'OMBRE DE LA DEMOISELLE DE GOURNAY* la même année et, en janvier 1634, elle fait paraître son dernier ouvrage *LES ADVIS OU LES PRESENS DE LA DEMOISELLE DE GOURNAY*, qui est en fait une réédition des mélanges précédents, augmentée de quelques nouveaux essais. En 1635, paraît une dernière édition des *ESSAIS* de Montaigne que Marie de Gournay dédia à Richelieu. Elle mourut dix ans plus tard, à l'âge de quatre-vingts ans. On peut considérer qu'elle fut la première femme à s'occuper sérieusement de « recherche » en littérature. Elle se fit à l'époque traiter de « pédante ».

Indications bibliographiques

Ilsley, M. : *A Daughter of the Renaissance: Marie le Jars de Gournay.* La Haye, Mouton, 1963.
Schiff, M. : *La Fille d'alliance de Montaigne : Marie de Gournay.* Paris, Champion, 1910.

ÉGALITÉ DES HOMMES ET DES FEMMES

La pluspart de ceux qui prennent la cause des femmes contre cette orgueilleuse préférance que les hommes s'attribuent leur rendent le change entier : r'envoyans la préférance vers elles. Moy qui fuys toutes extremitez, je me contente de les esgaler aux hommes : la nature s'opposant pour ce regard autant à la supériorité qu'à l'infériorité. Que dis-je, il ne suffit pas à quelques gens de leur préférer le sexe masculin, s'ils ne les confinoient encores d'un arrest irréfragable et nécessaire à la quenouille, ouy mesme à la quenouille seule. Mais ce qui les peut consoler contre ce mespris, c'est qu'il ne se faict que par ceux d'entre les hommes ausquels elles voudroient moins ressembler : personnes à donner vraysemblance aux reproches qu'on pourroit vosmir sur le sexe féminin, s'ils en estaient, et qui sentent en leur cœur ne se pouvoir recommander que par le crédit de l'autre. D'autant qu'ils ont ouy trompetter par les rues, que les femmes manquent de dignité, manquent aussi de suffisance, voire du tempérament et des organes pour arriver à cette-cy, leur éloquence triomphe à prescher ces maximes : et tant plus opulemment, de ce que, dignité, suffisance, organes et tempérament sont beaux mots : n'ayans pas appris d'autre part, que la première qualité d'un mal habbill'homme, c'est de cautionner les choses soubs la foy populaire et par ouyr dire. Voyez tels esprits comparer ces deux sexes : la plus haute suffisance à leur advis ou les femmes puissent arriver, c'est de ressembler le commun des hommes : autant eslongnez d'imaginer, qu'une grande femme se peust dire grand homme, le sexe changé, que de consentir qu'un homme se peust eslever à l'estage d'un Dieu. Gens plus braves qu'Hercules vrayement, qui ne desfit que douze monstres en douze combats ; tandis que d'une seule parolle ils desfont la moitié du Monde. Qui croira cependant, que ceux qui se veulent eslever et fortifier de la foiblesse d'autruy, se puissent eslever ou fortifier de leur propre force ? Et le bon est, qu'ils pensent estre quittes de leur effronterie à vilipender ce sexe, usants d'une effronterie pareille a se loüer et se dorer aux mesmes, je dis par fois en particulier comme en général, voire a quelque tort que ce soit : comme si la vérité de leur vanterie recevoit mesure et qualité de son impudence. Et Dieu sçait si je congnois de ces joyeux vanteurs, et dont les vanteries sont tantost passées en proverbe, entre les plus eschauffez au mespris des femmes. Mais quoy, s'ils prennent droict d'estre galans et suffisans hommes, de ce qu'ils se déclarent tels comme par Edict ; pourquoy n'abestiront-ils les femmes par le contrepied d'un autre Edict ? Et si je juge bien, soit de la dignité, soit de la capacité des dames, je ne prétends pas à cette heure de le prouver par raisons, puisque les opiniastres les pouroient débattre, ny par exemples, d'autant qu'ils sont trop communs ; ains seulement par l'aucthorité de Dieu mesme, des arcsboutans de son Église et de ces grands hommes qui ont servy de lumière à l'Univers. Rengeons ces glorieux tesmoins en teste, et réservons Dieu, puis les Saincts Pères de son Église, au fonds, comme le trésor.

Platon à qui nul n'a débattu le tiltre de divin, et conséquemment Socrates son interprète et Protecole en ses Escripts ; (s'il n'est la mesme celuy de Socrates, son plus divin Precepteur) leur assignent mesmes droicts, facultez et functions, en leurs Républiques et par tout ailleurs. Les maintiennent, en outre, avoir surpassé maintefois tous les hommes de leur Patrie : comme en effect elles ont inventé partie des plus beaux arts, ont excellé, voire enseigné cathédralement et souverainement sur tous les hommes en toutes sortes de perfections et vertus, dans les plus fameuses villes antiques entre autres Alexandrie, première de l'Empire après Rome.

Dont il est arrivé que ces deux Philosophes, miracles de Nature, ont creu donner plus de lustre à des discours de grand poix, s'ils les prononçoient en leurs livres par la bouche de Diotime et d'Aspasie : Diotime que ce dernier ne craint point d'appeler sa maistresse et Preceptrice, en quelques unes des plus hautes sciences, luy Precepteur et maïstre du genre humain. Ce que Theodoret relève si volontiers en l'Oraison de la Foy, ce me semble ; qu'il paroist bien que l'opinion favorable au sexe lui estoit fort plausible. Après tous ces tesmoignages de Socrates, sur le faict des dames ; on void assez que s'il lache quelque mot au Sympose de Xenophon contre leur prudence, à comparaison de celle des hommes, il les regarde selon l'ignorance et l'inexpérience où elles sont nourries, ou bien au pis aller en général, laissant lieu fréquent et spatieux aux exceptions : à quoi les deviseurs dont est question ne s'entendent point.

Que si les dames arrivent moins souvent que les hommes, aux degrez d'excellence, c'est merveille que le deffaut de bonne instruction, voire l'affluence de la mauvaise expresse et professoire ne face pis, les gardant d'y pouvoir arriver du tout.

Se trouve til plus de difference des hommes à elles que d'elles à elles mesmes, selon l'institution qu'elles ont prinse, selon qu'elles sont eslevées en ville ou village, ou selon les Nations ? Et pourquoy leur institution ou nourriture aux affaires et Lettres à l'égal des hommes, ne rempliroit elle ce vuide, qui paroist ordinairement entre les testes des mesmes hommes et les leurs : puis que la nourriture est de telle importance qu'un de ses membres seulement, c'est-à-dire le commerce du monde, abondant aux Françoises et aux Angloises, et manquant aux Italiennes, celles cy sont de gros en gros de si loing surpassées par celles la ? Je dis de gros en gros, car en détail les dames d'Italie triumphent parfois : et nous en avons tiré deux Reynes à la prudence desquelles la France a trop d'obligation. Pourquoy vrayment la nourriture ne frapperoit elle ce coup, de remplir la distance qui se void entre les entendements des hommes et des femmes ; veu qu'en cet exemple icy le moins surmonte le plus, par l'assistance d'une seule de ses parcelles, je dis ce commerce et conversation ; l'air des Italiennes estant plus subtil et propre à subtilizer les esprits, comme il paroist en ceux de leurs hommes, confrontez communément contre ceux là des François et des Anglois ? Plutarque au Traicté des vertueux faicts des femmes maintient ; que la vertu de l'homme et de la femme est mesme chose. Seneque d'autre part publie aux Consolations ; qu'il faut croire que la Nature n'a point traicté les dames ingratement, ou restrainct et racourcy leurs vertus et leurs esprits, plus que les vertus et les esprits des hommes : mais qu'elle les a doüées de pareille vigueur et de pareille faculté à toute chose honeste et louable. Voyons ce qu'en juge après ces deux, le tiers chef du Triumvirat de la sagesse humaine et morale en ses Essais. Il luy semble, dit-il, et si ne sçait pourquoy, qu'il se trouve rarement des femmes dignes de commander aux hommes. N'est-ce pas les mettre en particulier à l'égale contrebalance des hommes, et confesser, que s'il ne les y met en général il craint d'avoir tort : bien qu'il peust excuser sa restrinction, sur la pauvre et disgraciee nourriture de ce sexe. N'oubliant pas au reste d'alléguer et relever en autre lieu de son mesme livre, cette authorité que Platon leur départ en sa République : et qu'Anthistenes nioit toute différence au talent et en la vertu des deux sexes. Quant au Philosophe Aristote, puisque remuant Ciel et terre, il n'a point contredit en gros, que je sache, l'opinion qui favorise les dames, il l'a confirmée : s'en rapportant, sans doubte, aux sentences de son père et grand père spirituels, Socrates et Platon, comme à chose constante et fixe soubs le credit de tels personnages : par la bouche desquels il faut advoüer que le genre humain tout entier, et la raison mesme, ont prononcé leur arrest. Est-il besoing d'alléguer infinis autres anciens et modernes de nom illustre, ou parmy ces derniers, Erasme, Politien, Agripa, ny cet honneste et pertinent Précepteur des courtizans : outre tant de fameux Poëtes si contrepoinctez tous ensemble aux mespriseurs du sexe féminin, et si partisans de ses advantages aptitude et disposition à tout office et tout exercice louable et digne ? Les dames en vérité se consolent que ces descrieurs de leur mérite ne se peuvent prouver habiles gens, si tous ces esprits le sont : et qu'un homme fin ne dira pas, encores qu'il le creust, que le mérite et passedroit du sexe féminin tire court, pres celuy du masculin ; jusques à ce que par arrest il ait faict déclarer tous ceux là buffles, affin d'infirmer leur tesmoignage si contraire à tel decry. Et buffles faudroit il encores déclarer des peuples entiers et des plus sublins, entre autres ceux de Smyrne en Tacitus : qui pour obtenir jadis à Rome presseance de noblesse sur leurs voisins, allegoient estre descendus, ou de Tantalus fils de Jupiter ou de Theseus petit fils de Neptune ou d'une Amazone, laquelle par ce moyen ils contrepesoient à ces Dieux. Pour le regard de la loy Salique, qui prive les femmes de la couronne, elle n'a lieu qu'en France. Et fut inventée au temps de Pharamond, pour la seulle considération des guerres contre l'Empire duquel nos Pères secoüoient le joug : le sexe féminin estant vraysemblablement d'un corps moins propre aux armes, par la nécessité du port et nourriture des enfans. Il faut remarquer encores néantmoins, que les Pairs de France ayans esté créez en première intention comme une espèce de personniers des Roys, ainsi que leur nom le déclare : les dames Pairaisses de leur chef ont séance, privilège et voix délibérative par tout où les Pairs en ont et de mesme estendue. Comme aussi les Lacédémoniens ce brave et généreux Peuple, consultoit de toutes affaires privées et publiques avec ses femmes. Bien a servy cependant aux François, de trouver l'invention des Regentes, pour un equivalent des Roys ; car sans cela combien y a il que leur Estat fust par terre ? Nous scaurions bien dire aujourd'huy par espreuve, quelle nécessité les minoritez des Roys ont de cette recepte. Les Germains ces belliqueux Peuples, dit Tacitus, qui après plus de deux cents ans de guerre, furent plustost triumphéz que vaincus ; portoient dot à leurs femmes, non au rebours. Ils avoient au surplus des Nations, qui n'estoient jamais régies (que) par ce sexe. Et quand Aenee présente à Didon le sceptre d'Ilione, les scoliastes disent, que cela provient, de ce que les dames filles aisnées, telle qu'estoit cette Princesse, regnoient anciennement aux maisons Royales. Veult on deux plus beaux envers à la loi Salique, si deux envers elle peut souffrir ? Si ne mesprisoient pas les femmes nos anciens Gaulois, ny les Carthaginois aussi ; lorsqu'estans unis en l'armée d'Hanibal pour passer les Alpes, ils establirent les dames Gauloises arbitres de leurs différends. Et quand les hommes desroberoient à ce sexe en plusieurs lieux, part aux meilleurs advantages ; l'inégalité des forces corporelles plus que des spirituelles, ou du mérite, peut facilement estre cause du larrecin et de la souffrance : forces corporelles qui sont vertus si basses, que la beste en tient plus par dessus l'homme, que l'homme par dessus la femme. Et si ce mesme Historiographe Latin nous apprend, qu'où la force règne, l'équité, la probité, la modestie mesme, sont les attributs du vainqueur ; s'estonnera-on, que la suffisance et les mérites en général, soient ceux de nos hommes, privativement aux femmes.

Au surplus l'animal humain n'est homme ny femme, à le bien prendre, les sexes estans faicts non simplement, mais *secundum quid*, comme parle l'Eschole : c'est à dire pour la seule propagation. L'unique forme et différence de cet animal, ne consiste qu'en l'âme humaine. Et s'il est permis de rire en passant, le quolibet ne sera pas hors de saison, nous apprenant ; qu'il n'est rien plus semblable au chat sur une fenestre, que la chatte. L'homme et la femme sont tellement uns, que si l'homme est plus que la femme, la femme est plus que l'homme. L'homme fut créé masle et femelle, dit l'Escriture, ne comptant ces deux que pour un. Dont Jésus-Christ est appellé fils de l'homme, bien qu'il ne le soit que de la femme. Ainsi parle après le grand Sainct Basile : La vertu de l'homme et de la femme est mesme chose, puis que Dieu leur a décerné mesme création et mesme honneur : *masculum et foemininam fecit eos*. Or en ceux de qui la Nature est une et mesme, il faut que les actions aussi le soient, et que l'estime et loyer en suitte soient pareils, ou les œuvres sont pareilles. Voilà donc la déposition de ce puissant pilier, et venerable tesmoing de l'Église. Il n'est pas mauvais de se souvenir sur ce poinct, que certains ergotistes anciens, ont passé jusques à cette niaise arrogance, de débattre au sexe féminin l'image de Dieu à différence de l'homme : laquelle image ils devoient, selon ce calcul attacher à la barbe. Il failloit de plus et par conséquent, desnier aux femmes l'image de l'homme, ne pouvant luy ressembler, sans qu'elles ressemblassent à celuy auquel il ressemble. Dieu mesme leur a departy les dons de Prophetie indefferamment avec les hommes, les ayant establies aussi pour Juges, instructrices et conductrices de son Peuple fidelle en paix et en guerre : et qui plus est, rendu triomphantes avec luy des hautes victoires, qu'elles ont aussi maintefois emportées et arborées en divers lieux du Monde : mais sur quelles gens, à vostre advis ? Cyrus et Theseus : à ces deux on adjouste Hercules, lequel elles ont sinon vaincu, du moins bien battu. Aussi fut la cheute de Pentasilée, couronnement de la gloire d'Achilles : oyez Seneque et Ronsard parlans de luy.
L'Amazone il vainquit dernier effroy des Grecs.
Pentasilée il rua sur la poudre.

Ont elles au surplus (ce mot par occasion), moins excellé de foy, qui comprend toutes les vertus principales, que de suffisance et de force magnanime et guerrière ? Paterculus nous apprend, qu'aux proscriptions romaines, la fidélité des enfans fut nulle, des affranchis légère, des femmes tresgrande. Que si Sainct Paul, suyvant ma route des tesmoignages saincts, leur deffend le ministère et leur commande le silence en l'Église : il est évident que ce n'est point par aucun mespris : ouy bien seulement, de crainte qu'elles n'esmeuvent les tentations par cette montre si claire et publique qu'il faudroit faire en ministrant et preschant, de ce qu'elles ont de grâce et de beauté plus que les hommes. Je dis que l'exemption de mespris est évidente, puisque cet Apostre parle de Thesbé comme de sa coadjutrice en l'œuvre de nostre Seigneur, sans toucher le grand crédit de Saincte Petronille vers sainct Pierre : et puis aussi que la Magdeleine est nommée en l'Église égale aux Apostres, *par Apostolis*. Voire que l'Église et euxmesmes ont permis une exception de ceste reigle de silence pour elle, qui prescha trente ans en la Baume de Marseille au rapport de toute la Provence. Et si quelqu'un impugne ce tesmoignage de predications, on luy demandera que faisoient les Sibyles, sinon prescher l'Univers par divine inspiration, sur l'événement futur de Jésus-Christ ? Toutes les anciennes Nations concedoient la Prestrise aux femmes, indifféremment avec les hommes. Et les Chrestiens sont au moins forcez de consentir, qu'elles soyent capables d'appliquer le Sacrement de Baptesme : mais quelle faculté de distribuer les autres, leur peut estre justement deniée ; si celle de distribuer cestuy-là, leur est justement accordé ? De dire que la nécessité des petits enfants mourants, ait forcé les Pères anciens d'establir cet usage en despit d'eux : il est certain qu'ils n'auroient jamais creu que la nécessité les peust dispenser de mal faire, jusques aux termes de permettre violer et diffamer l'application d'un Sacrement. Et partant concedans ceste faculté de distribution aux femmes, on void à clair qu'ils ne les ont interdites de distribuer les autres Sacremens, que pour maintenir tousjours plus entière l'auctorité des hommes ; soit pour estre de leur sexe, soit afin qu'à droit ou à tort, la paix fust plus asseurée entre les deux sexes, par la foiblesse et ravallement de l'un. Certes sainct Iérosme escrit sagement à nostre propos : qu'en matière du service de Dieu, l'esprit et la doctrine doivent estre considerez, non le sexe. Sentence qu'on doit généraliser, pour permettre aux Dames à plus forte raison, toute action et science honneste : et cela suyvant aussi les intentions du mesme sainct, qui de sa part honnore et auctorise bien fort leur sexe. Davantage sainct Jean l'Aigle et le plus chery des Évangélistes, ne mesprisoit pas les femmes, non plus que sainct Pierre, sainct Paul et ces deux Pères, j'entends sainct Basile et sainct Iérosme ; puisqu'il leur addresse ses Épistres particulièrement : sans parler d'infinis autres Saincts ou Pères, qui font pareille addresse de leurs Escrits. Quand au faict de Iudith je n'en daignerois faire mention s'il estoit particulier, cela s'appelle dépendant du mouvement et volonté de son auctrice : non plus que je ne parle des autres de ce qualibre ; bien qu'ils soient immenses en quantité, comme ils sont autant héroïques en qualité de toutes sortes, que ceux qui couronnent les plus illustres hommes. Je n'enregistre point les faicts privez, de crainte qu'ils semblent non advantages et dons du sexe, ains bouillons d'une vigueur privée et speciale. Mais celuy de Iudith mérite place en ce lieu, parce qu'il est bien vray, que son dessein tombant au cœur d'une jeune dame, entre tant d'hommes lasches et faillis de cœur, à tel besoing, en si haulte et si difficile entreprise, et pour tel fruict, que le salut d'un Peuple et d'une Cité fidelle à Dieu : semble plustost estre une inspiration et prerogative divine vers les femmes, qu'un traict purement voluntaire. Comme aussi le semble estre celuy de la Pucelle d'Orléans, accompagne de mesmes circonstances environ, mais de plus ample et large utilité, s'estendant jusques au salut d'un grand Royaume et de son Prince.

Cette illustre Amazone instruicte aux soins de Mars,
Fauche les escadrons et brave les bazars :
Vestant le dur plastron sur sa ronde mammelle,
Dont le bouton pourpre de graces estincelle :
Pour couronner son chef de gloire et de lauriers,
Vierge elle ose affronter les plus fameux guerriers.

Adjoustons que la Magdelène est la seule âme, à qui le Rédempteur ait jamais prononcé ce mot, et promis cette auguste grâce : En tous lieux où se preschera l'Évangile il sera parlé de toy. Jésus-Christ d'autrepart, déclara sa très heureuse et très glorieuse résurrection aux dames les premières, affin de les rendre, dit un vénérable Père ancien, Apostresses aux propres Apostres : cela comme lon sçait, avec mission expresse : Va, dit-il, à cette cy mesme, et récite aux Apostres et à Pierre ce que tu as veu. Sur quoy il faut notter, qu'il manifesta sa nouvelle naissance esgalement aux femmes qu'aux hommes, en la personne d'Anne fille de Phanuel, qui le recongneut en mesme instant, que le bon vieillard Sainct Simeon. Laquelle naissance, d'abondant, les Sybilles nommées, ont prédite seules entre les Gentils, excellent privilège du sexe féminin. Quel honneur faict aux femmes aussi, ce songe survenu chez Pilate ; s'addressant à l'une d'elles privativement à tous les hommes, et en telle et si haulte occasion. Et si les hommes se vantent, que Jésus-Christ soit nay de leur sexe, on respond, qu'il le failloit par nécessaire bien sceance, ne se pouvant pas sans scandale, mesler jeune et à toutes les heures du jour et de la nuict parmy les presses, aux fins de convertir, secourir et sauver le genre humain, s'il eust este du sexe des femmes : notamment en face de la malignite des Juifs. Que si quelqu'un au reste est si fade ; d'imaginer masculin ou féminin en Dieu, bien que son nom semble sonner le masculin, ny conséquemment besoin d'acception d'un sexe plustost que de l'autre, pour honorer l'incarnation de son fils ; cettuy cy monstre à plein jour, qu'il est aussi mauvais Philosophe que Théologien. D'ailleurs, l'advantage qu'ont les hommes par son incarnation en leur sexe (s'ils en peuvent tirer un advantage, veu cette nécessité remarquée) est compensé par sa conception très précieuse au corps d'une femme, par l'entière perfection de cette femme, unique à porter nom de parfaicte entre toutes les créatures purement humaines, depuis la cheute de nos premiers parents, et par son assumption unique en suject humain aussi. Finalement, si l'Escripture a déclaré le marry, chef de la femme, la plus grande sottise que l'homme peust faire, c'est de prendre cela pour passedroict de dignité. Car veu les exemples, aucthoritez et raisons nottées en ce discours, par où l'égalité des grâce et faveurs de Dieu vers les deux espèces ou sexes est prouvée, voire leur unité mesme, et veu que Dieu prononce : Les deux ne seront qu'un : et prononce encores : L'homme quittera père et mère pour suivre sa femme : il paroist que cette déclaration n'est faicte que par le besoin expres de nourrir paix en mariage. Lequel besoin requeroit, sans doubte, qu'une des parties cedast à l'austre, et la prestance des forces du masle ne pouvoit pas souffrir que la soubmission veint de sa part. Et quand bien il seroit véritable, selon que quelques uns maintiennent, que cette soubmission fut imposée à la femme pour chastiement du péché de la pomme : cela encores est bien éloigné de conclure à la prétendue préférance de dignité en l'homme. Si l'on croioit que l'Escripture luy commendast de céder à l'homme, comme indigne de le contrecarrer, voyez l'absurdité qui suivroit : la femme se truveroit digne d'estre faicte à l'image du Créateur, de jouyr de la tressaincte Eucaristie, des mystères de la Rédemption, du Paradis et de la vision voire possession de Dieu, non pas des advantages et privilèges de l'homme : seroit-ce pas déclarer l'homme plus précieux et relevé que telles choses, et partant commettre le plus grief des blasphèmes ?

PEINCTURE DE MŒURS

A Monsieur le Président d'Espáignet, Conseiller d'État

Espaignet façonné sur le siècle plus sage,
Je veux peindre mes mœurs et t'offrir leur image :
Tu la peux à bon droict approuver ou casser,
Puis qu'en te practiquant vingt ans j'ay veu passer.
Nostre abord commencea lors que du grand Montaigne,
J'allay voir le tombeau, la fille et la compaigne :
Voyageant avec toy, qui menois de nouveau
Ta femme en leur païs ton antique berceau.
Voicy donc mes deffaux : je suis d'humeur bouillante,
J'oublie à peine extrême une injure preignante,
Je suis impatiente et subjecte à courroux :
De ces vices pourtant je rompts les plus grands coups,
Je dis rompre au dehors où l'esclat est visible,
De les rompre au dedans cela m'est impossible :
Tant l'ire, la piqueure et les assauts puissans
Des accidens fascheux me pénètrent les sens.
Les passions en fin que l'instinct nous excite,
Non pas l'opinion de lumière interdicte ;
Tiennent d'un poids égal telle place chez moy,
Que ma loy je leur donne et la leur je reçoy.
Je m'enferre parfois en la ronde fiance,
Supposant au prochain ma propre conscience :
Mais si je porte au doubte un ray de jugement,
On ne me peut tromper, ains trahir seulement.
Par fois en conférant il aduient que j'embrasse
La raison et ses droicts d'une humeur trop tenace :
Toute noble qu'elle est n'en soyons si jaloux,
Et qui ne veut heurler laisse heurler les loups.
Ce débat néantmoins s'escoule sans querelle,
Car soudain qu'elle esclost mon art luy brise l'aisle :
Et n'ay trouble ny bruit, hors ceux que le mondain
Livre au foible impuissant par malice ou dédain.
Je suis blessée aussi de ceste sotte honte,
Qui naissant de vertu pour vice nous surmonte.
J'advoue encore après reprochable à bon droict,
Qu'à servir le grand Dieu mon esprit est trop froid :
Encores que mon cœur d'un sainct respect l'honore.
Hé quel autre mortel d'un juste vœu l'adore ?
Le fini l'infini ? L'ouvrage son Autheur ?
Un atome, un néant, l'unique Créateur ?
Pour m'estimer un peu je ne mérite blasme,
D'un appast si friand chaqu'un flatte son ame :
Je n'en crains les rieurs si je me prise à poinct :
Qui ne void ses vertus son vice il ne void point.
Le siècle trop aveugle et mon mal-heur estrange,
Me force outre cela d'arborer ma loüange :

Pour voir si mieux instruict il voudroit secourir,
Celle que mieux cogneuë il ne lairroit périr.
Je ne m'accuse pas du deffaut de mesnage,
De ce reproche en vain le vulgaire m'outrage :
Pur me voir sans moyens, sans mesnage on me croid :
J'en aurois à plain fond quand mon bien le vaudroit.
Ah qu'en vain nos succez nous mesurent l'estime !
Ah que le nom du pauvre aisément on opprime !
Mon bien court et brouille je n'ay deu conserver,
Puis que de la misère il n'eust peu me sauver.
Mes bonnes qualitez prendront icy leur place.
Les loix de l'équité d'un sainct respect j'embrasse.
J'ay l'entregent modeste et de l'honneur j'ay soin.
Je n'ayme pas l'argent que pour le seul besoin.
Que si j'ay ce deffaut d'aymer un peu la gloire.
L'ambition au-moins me cede la victoire :
Je dis l'ambition que les Cours vont suivant :
Qui cognoist ses objects il mesprise leur vent.
Et n'aurois veu des Grands la pompeuse hautesse,
Sans la nécessité tyrannique maistresse.
Mes mœurs et mon humeur liusent d'égalité.
Mon jugement refuit toute témérité.
Car ceste erreur je hays ridicule et sifflable,
Qui pleige à tous momens pour vray le vray semblable :
Et ce vice commun je fuis d'un soin exprés.
De prendre pour un poinct celuy qui loge auprés.
Par fois doncques en vain j'espère ou je soupçonne,
Mais lors sans affermer mon jugement tastonne :
S'il afferme, il va droict, et s'y prend rarement :
Et si je fais gageure elle court seurement.
Je ne juge de rien par coustume vulgaire.
Hors du trop et du peu mes devis je tempère.
Le propos indiscret j'ay tousjours évité.
Je n'aurois dans un throne orgueil ny vanité.
L'effort de mon mal-heur mon courage ne brise.
Mon courroux bien qu'ardent ma raison ne maistrise :
Ny jamais ses eslans ne m'ont faict ressentir
Les honteux aiguillons d'un tardif repentir.
Nulle humeur volontaire en mes mœurs ne tient place.
Toute bisarrerie aux Indes je déchasse :
Et ne fais ou dis rien en aucune saison,
Dont mon chetif discours ne peust rendre raison.
Ma science proscrit toute pedenterie.
L'on ne remarque en moy nulle charlaterie.
Je quitte un bien certain qui tente mon souhait,
S'il blesse ma rondeur d'apparence ou d'effect.
Le fast j'envoye aux Cours et aux clercs des Escoles.
L'Alchymie est chez moy, mais non ses suites folles :
Tromper, dépenser gros, croire l'art sans doubter,
Attendre une mer d'or, sans fin la trompeter :
Aucun je n'ay trompé, j'ay faict peu de despense,
J'attends peu, je dis moins, j'espère sans croyance.
Je ne drappe ou mesdis. De léger je ne croy.
Je suis fort véritable et d'une entière foy.
Si par occasion quelque bourde je donne,
Elle sert à quelqu'un et ne nuit à personne,
Sauvant bruit ou desastre ouverts à mes amis :
Et n'ay point cet exces à mon besoin permis.
Ou si pour mon besoin la vérité j'altère,

C'est sur le coup précis d'une importante affaire :
Sans interest d'autruy, sans me prester du vent,
Sans affermer encore, et certes peu souvent.
Puis qu'on peut rarement desguiser le mensonge,
Dans son bourbier honteux un prudent ne se plonge :
Car l'honneste renom de vray-disant luy sert,
Et surpris pour menteur sans remède il le perd.
Nul propos imposteur par hayne je n'advance.
Mon interest n'esteinct l'œil de ma cognoissance.
Je voy le vice aussi qui difforme l'amy :
Et connoy la vertu qui dore l'ennemy.
Je ne donne au prochain accort ou mal-habile,
Conseil nuisible à luy, bien quil me fust utile.
La vertu sans les biens j'honore ou je la voy.
Pour moy je fay raison, je la fay convre moy.
J'ay le cœur noble et franc, je hay toute feintise.
Je suis inviolable en l'amitié promise :
En fortune, en disgrace, en la vie, en la mort,
Du monde ny des ans ce vœu ne sent l'effort.
L'amy ni l'estranger paisible je n'offence,
Et souvent à leur tort je preste l'indulgence.
Je n'ay saine ou malade un esprit riotteux.
Je fuis du vil ingrat le reproche honteux,
L'injure plus qu'à nul à mon cœur est amère ;
J'aymerois mieux pourtant la souffrir que la faire :
Sans excéder son poids je la paye et ressens,
Les foibles je respecte à l'égal des puissans.
Je ne sème discord. Je ne couve l'envie.
Nul prix ne flestriroit l'équité de ma vie.
Nulle nécessité n'usurpe le pouvoir,
De me faire offencer le proche ou le devoir.
A mes ayses charmeurs je n'ay l'humeur subjecte.
La grimace de Cour et son fard je rejette :
Je hay sa singerie où chaqu'un s'entresuit.
Mon œil et mon palez le vain luxe refuit.
Je suis soigneuse, active, en mes desseins constante,
Aux affaires bandée et de loin prévoyante.
Je ne suis nonchalante à payer mon devoir.
Je scay d'esprit docile un conseil recevoir.
Du faible contre un fort le party je n'opprime.
Du flatteur pestilent je déteste le crime.
Devant qu'avoir gouste les mœurs du genre humain,
J'espandois tout office à plaine et large main :
Mesme bonté depuis entre les bons j'observe,
Mais parmy le commun je fais quelque réserve :
Le pauvre et l'affligé je secourrois pourtant,
Si mon pouvoir estoit à mon désir bastant.
Le secret qu'on m'a dit je tais d'un soin fidelle,
Voire un secret surpris peu souvent je décèle :
Je n'aguette celuy que l'on me veut cacher,
Ou si mon œil le perce il feind de n'y toucher.
Je ne condamne aucun par la bouche publique.
Je ne suis importuné à ceux que je pratique.
Donc si j'ay des deffaux ils ne blessent que moy :
Complette vers autruy d'offices et de foy.
L'équité, la candeur, je les tiens de nature :
L'ordre je l'ay gagné par temps et par lecture.
J'ay veu les derniers seaux à cet ordre apposez,
Ayant sur mes ans meurs sept lustres espuisez.

Madeleine de Scudéry. (B.N.)

Madeleine de Scudéry (1607-1701)

Née en 1607, Madeleine de Scudéry perd son père en 1613, puis sa mère. Elle est élevée, ainsi que son frère Georges, à Rouen par son oncle. Elle apprend à lire, à écrire, à coudre, à dessiner et à peindre. Mais on lui enseigne aussi l'espagnol et l'italien. Elle lit Pétrarque, l'Arioste et Marini. En 1637, elle s'établit à Paris avec son frère qui participe à la querelle du *CID* avec Corneille. Elle est introduite à l'hôtel de Rambouillet et connaît les plaisirs de l'« urbanité ». Elle prend part au débat sur *I SUPPOSITI*, de l'Arioste, elle suit son frère quand il est nommé commandant du fort de Marseille, en 1642, et ne retourne à Paris qu'en 1647 pour s'installer au Marais (le royaume d'Éolie). Elle fait le tour des salons précieux et se fait de nombreuses amies, ce qui lui permettra d'expliquer quand on lui reprochera son célibat : « Si je n'ai pas eu d'amour, j'ai des amies qui en ont eu pour moi et qui m'ont appris à en parler. »

Elle avait déjà écrit un roman en 1641, *IBRAHIM OU L'ILLUSTRE BASSA,* qui parut sous le nom de Georges de Scudéry. Bien que ce soit l'époque de la Fronde, elle travaille au *GRAND CYRUS* qu'elle a dédié à Mme de Longueville (sœur de Condé) de 1649 à 1653, puis à *CLÉLIE, HISTOIRE ROMAINE.*

Les buts d'*ARTAMÈNE* ou le *GRAND CYRUS* sont l'anatomie du cœur humain et la « belle morale ». C'est un nouveau manuel des parfaits amants en même temps qu'un roman à clés. Tous les personnages de l'époque apparaissent sous des noms d'emprunt, persans ou romains. *CLÉLIE* est un livre de femme : l'amour l'emporte sur la guerre mais c'est aussi une critique de l'état conjugal : « de la manière dont le monde est établi, nous naissons avec des passions qu'il nous faut enchaîner car il ne nous est pas permis de rien aimer ou haïr. L'ambition nous est inutile et l'obéissance seule est notre partage. »

Vers 1660, se développe un courant contre la préciosité avec les attaques de Molière et Boileau.

La nécessité pour les femmes d'être « savantes » avait pourtant été expliquée par Madeleine de Scudéry quand elle écrivit vers 1653 dans le *GRAND CYRUS* : « Y a-t-il rien de plus bizarre que de voir comment on agit pour l'ordinaire en l'éducation des femmes ? Ce qu'il y a de plus rare est qu'une femme qui ne peut danser avec bienséance que cinq ou six ans de sa vie, en emploie dix ou douze à apprendre continuellement ce qu'elle ne doit faire que cinq ou six, et cette même personne, qui est obligée d'avoir du jugement jusques à sa mort, et de parler jusques à son dernier soupir, on ne lui apprend rien du tout qui puisse ni la faire parler plus agréablement ni la faire agir avec plus de conduite ; et vu la manière dont il y a des dames qui passent leur vie on dirait qu'on leur a défendu d'avoir de la raison et du bon sens et qu'elles ne sont au monde que pour dormir, pour être grasses, pour être belles, pour ne rien faire et ne dire que des sottises. »

En 1661, *CÉLINTE NOUVELLE PREMIÈRE* est publiée anonymement. La même année, Fouquet, qui était un ami de Madeleine, tombe en disgrâce. Vers 1666 Mademoiselle de Scudéry est atteinte de surdité et préfère correspondre par écrit qu'oralement. Son frère, Georges, meurt en 1667. Deux ans plus tard elle écrit *LA PROMENADE DE VERSAILLES* qui paraît anonymement et en 1671 elle reçoit le premier prix de l'Académie Française pour son *DISCOURS DE LA GLOIRE*. Ses derniers ouvrages seront les *CONVERSATIONS SUR DIVERS SUJETS* en 1680, et les *ENTRETIENS DE MORALE* en 1692.

Ses Samedis (jour où elle recevait ses amis lettrés, rue de Beauce) l'avaient rendue si célèbre que sa mort, le 2 juin 1701, sera annoncée dans la *Gazette* et le *Mercure de France*.

Indications bibliographiques

Aragonnes, C. : *Madeleine de Scudéry, Reine du Tendre.* Paris, A. Colin, 1934.
Aronson, N. : *Mademoiselle de Scudéry.* Boston, Twayne Publishers, 1978.
Mc Dougall, D. : *Madeleine de Scudéry, Her romantic life and death.* Londres, Methuen, 1938.

CONVERSATIONS SUR DIVERS SUJETS (1680)

De la conversation

Comme la conversation est le lien de la société de tous les hommes, le plus grand plaisir des honnestes gens, & le moyen le plus ordinaire d'introduire, non seulement la politesse dans le monde, mais encore la morale la plus pure & l'amour de la gloire & de la vertu ; il me paroit que la compagnie ne peut s'entretenir plus agréablement, ny plus utilement, dit Cilénie, que d'examiner ce que c'est qu'on appelle conversation. Car lors que les hommes ne parlent précisément que pour la nécessité de leurs affaires, cela ne peut pas s'appeller ainsi. En effet, dit Amilcar, un plaideur qui parle de son procez à ses juges, un marchand qui négocie avec un autre, un général d'armée qui donne des ordres, un roy qui parle de politique dans son conseil ; tout cela n'est pas ce qu'on doit appeller conversation. Tous ces gens-là peuvent bien parler de leurs intérests & de leurs affaires ; & n'âvoir pas cet agréable talent de la conversation, qui est le plus doux charme de la vie, & qui est peut-estre plus rare qu'on ne le croit. Pour moy je n'en doute point du tout, reprit Cilénie, mais il me semble qu'avant que de bien définir en quoy consiste principalement le charme & la beauté de la conversation, il faudroit que toutes les personnes, qui composent la compagnie, se souvinssent des conversations ennuyeuses qui les ont le plus importunées. Vous avez raison, dit Cerinte. Car en remarquant tout ce qui ennuye, on pourra mieux connoitre ce qui divertit ; & pour en montrer l'exemple, ajouta-t-elle, je fis hier une visite de famille, dont je fus si accablée, que j'en pensay mourir d'ennuy. En effet, imaginez-vous que je me trouvay au milieu de dix ou douze femmes, qui ne parlèrent d'autre chose que de tous leurs petits soins domestiques, que des défauts de leurs esclaves, que des bonnes qualitez, ou des vices de leurs enfants ; & il y eut une femme, entr'autres, qui employa plus d'une heure à raconter sillabe pour sillabe les premiers bégayemens d'un fils qu'elle a, qui n'a que trois ans. Jugez après cela, si je ne passai pas mon temps d'une pitoyable manière. Je vous assure, répliqua Nicanor, que je ne le passai guère mieux que vous, puisque je me trouvay engagé malgré moy avec une troupe de femmes que vous pouvez aisément deviner, qui n'employèrent le jour tout entier, qu'à se dire du bien ou du mal de leurs habillemens ; & qu'à mentir continuellement sur le prix qu'ils leur avoient coûté. Car les unes par vanité disoient beaucoup plus qu'il ne falloit, à ce que me dit la moins folle de toutes ; & les autres pour faire les habiles disoient beaucoup moins. Si bien que je passay tout le jour à n'entendre que des choses si basses & de si peu d'esprit, que j'en suis encore un peu chagrin. En mon particulier, reprit la belle Athys, je me suis trouvée depuis quinze jours avec des dames, qui, quoy qu'elles ayent de l'esprit, m'importunèrent étrangement. Car enfin, à dire les choses comme elles sont, ce sont de ces femmes galantes de profession, qui ont du moins chacune une affaire, qui les occupe tellement, qu'elles ne pensent à autre chose. Si bien que quand on n'est point de leurs intrigues, & qu'on se trouve engagé avec elles, on s'y trouve fort embarrassé, & on les embarrasse fort aussi. En effet, tant que je fus avec celles dont je parle, je les entendis toûjours parler, sans entendre ce qu'elles disoient. Car il y en avoit une à ma droite, qui disoit à une autre qui la touchoit ; qu'elle scavoit de bonne part, qu'un tel avoit rompu avec celle-là, & que celle-cy avoit renoüé avec un tel ; & il y en avoit une autre à ma gauche, qui parlant avec émotion à une dame de ses amies, luy disoit les plus folles choses du monde. Après tout, luy disoit-elle avec chagrin, il ne faut pas, que celle que vous sçavez se vante de m'avoir ôter un galant, puisqu'elle n'a celuy qu'elle croit m'avoir arraché, que parce que je l'ay chassé. Mais si la fantaisie m'en prend je le rappelleray ; & je feray si bien, qu'elle n'en aura de sa vie. En un autre endroit, j'entendis qu'il y en avoit qui racontoient une collation qu'on leur avoit donnée : affectant de dire avec autant d'empressement qu'elle étoit mauvaise, que si elles eussent crû diminuer la beauté de la dame à qui on l'avoit donnée, en disant que son amant n'étoit pas assez magnifique. Enfin je vous avoüe, que de ma vie je n'eus tant d'impatience que j'en eus ce jour-là. Pour moy, répliqua Cilénie, si j'avois esté en votre place ; j'aurois trouvé l'invention de me divertir aux dépens de celles qui m'auroient ennuyée : mais je ne trouvay point celle de ne m'ennuyer pas, il y a trois jours, avec un Homme et une Femme, qui ne font jamais leurs conversations que de deux sortes de choses : c'est-à-dire, des généalogies entières des Maisons de Mytilène ; & de tous les biens des familles. Car enfin, si ce n'est en certaines occasions particulières, quel divertissement y a-t-il d'oüir dire durant tout un jour : Xénocrate étoit fils de Tryphon, Clidème étoit sorty de Xénophane, Xénophane étoit issu de Tyrtée, & ainsi du reste ? Et quel divertissement y a-t-il encore d'oüir dire, qu'une telle Maison où vous n'avez nul interest, où vous ne fûtes jamais, & où vous n'irez de vôtre vie, fut bâtie par celuy-cy, achetée par celuy-là, échangée par un autre, & qu'elle est présentement possédée par un homme que vous ne connoissez pas ? Cela n'est, sans doute, pas trop agréable, répliqua Alce, mais cela n'est pas encore si incommode, que de trouver de ces gens, qui ont quelque facheuse affaire, & qui ne peuvent parler d'autre chose. En effet, je trouvay, il y a quelques temps un capitaine de mer, qui prétend, que Pittacus doit le récompenser d'un vaisseau. Il me tint trois heures non seulement à me raconter les raisons qu'il prétendoit avoir d'estre récompensé ; mais encore ce qu'on luy poûvoit répondre, & ce qu'il pouvoit répliquer : & pour me faire mieux comprendre la perte qu'on luy vouloit causer, il se mit à me dire en détail ce que luy avoit coûté son navire. Pour cet effet il me dit les noms de ceux qui l'avoient bâty, & il me nomma toutes les parties de son vaisseau, les unes après les autres, sans qu'il en fût besoin, pour me faire entendre qu'il étoit des meilleurs & des plus chers, & qu'on luy vouloit faire une grande injustice. Il est vray, dit Amithone, que c'est une grande persécution que de trouver de ces sortes de gens. Mais à vous dire la vérité, ces conversations graves & sérieuses, ou nul enjouement n'est permis, ont quelque chose de si accablant, que je ne m'y trouve jamais, que le mal de teste ne m'en prenne. Car on y parle toûjours sur un mesme ton. On n'y rit jamais ; & on y est aussi concerté qu'aux temples. Je demeure d'accord de ce que vous dites, reprit Athis ; mais je dis, à la honte de nôtre sexe, que les hommes ont un grand avantage sur nous pour la conversation : & pour le prouver, je n'ay qu'à dire à la compagnie, qu'étant allée chez Lyfidice, je la trouvay dans la chambre de sa mère, où il y avoit une si grande quantité de femmes, qu'à peine y pûs-je trouver place ; mais il n'y avoit pas un seul homme. Je ne sçaurois vous dire de quelle manière toutes ces dames avoient l'esprit tourné ce jour-là, quoy qu'il y en eut de fort spirituelles. Mais je suis contrainte d'avouer, que la conversation ne fut pas fort divertissante. Car enfin on ne parla presque, que de bagatelles ennuieuses : & je puis dire, que de ma vie je n'ay tant entendu parler, pour dire si peu de chose. Mais m'étant rencontrée auprès de Lyfidice, je pus aisément remarquer le chagrin où elle en étoit. Il est vray que je le remarquay avec plaisir ; parce qu'il luy fit dire cent choses plaisantes. Comme elle étoit fort ennuiée de cette conversation tumultueuse, qui choquoit si fort son inclination, il arriva un de ses parens. Mais ce qu'il y eut de remarquable fut, qu'encore que cet homme n'ait pas un de ces esprits élevez qu'on trouve si rarement, & qu'il ne soit que du rang des honnestes gens ordinaires, la conversation changea tout d'un coup, & devint plus réglée, plus spirituelle, & plus agréable, quoy qu'il n'y eust nul changement à la compagnie, sinon qu'il y étoit arrivé un homme qui ne parla pas mesme beaucoup. Mais, enfin, sans que je vous en puisse dire la véritable raison, on parla d'autre chose ; on en parla mieux : & les mesmes personnes qui m'ennuioient, aussi bien que Lyfidice, me divertirent extrêmement. Cependant toute cette compagnie s'en étant allée, je demeuray seule avec Lyfidice. Elle ne se vit pas plutost en liberté, que passant de son humeur chagrine à son humeur enjouée : Hé ! bien Athis, me dit-elle, me condamnerez-vous encore de préférer la conversation des hommes, à celle des femmes ? et n'estes-vous pas contrainte d'avouer, que qui écriroit tout ce que dirent quinze ou vingt femmes ensemble, feroit le plus mauvais livre du monde. J'avoue, luy dis-je, en riant, que si l'on avoit écrit de suite tout ce que j'ay entendu dire aujourd'hui, ce seroit un bizarre discours. Pour moy, dit-elle, il y a des jours, où je suis si irritée contre mon sexe, que je suis au désespoir d'en estre, principalement, quand je me suis trouvée en quelqu'une de ces conversations toutes composées d'habillemens, de meubles, de pierreries, & d'autres semblables choses. Ce n'est pas, ajouta-t-elle, que je veuille, qu'on ne puisse jamais parler de cela. Car enfin je suis quelquefois assez bien coëffée, pour estre bien aise qu'on me le dise : & mes habillemens sont quelquefois aussi assez beaux & assez bien faits, pour trouver bon qu'on me les loue. Mais je veux qu'on parle peu de ces sortes de choses, & qu'on en parle galamment, & comme en passant, sans empressement, & sans application ; & non pas comme sont certaines femmes que je connois, qui passent toute leur vie à ne parler que de cela, & à ne penser à autre chose ; & qui y pensent mesme avec tant d'irrésolution ; que je croy, qu'à la fin de leurs jours, elles n'auront pas encore déterminé dans leur esprit, si l'incarnat leur sied mieux que le bleu, ou si le jaune leur est plus avantageux que le verd. J'avoue que le discours de Lyfidice me fit rire : & je le trouvay d'autant plus plaisant, qu'il est vray qu'il y a une dame de ma connoissance, qui n'employe tout son esprit, qu'en de pareilles choses ; qui ne parle jamais que de cela ; & qui fait consister la plus grande gloire en tout ce qui l'environne seulement : c'est-à-dire, en la dorure de son palais, en la magnificence de ses meubles, en la beauté de ses habillements, & en la richesse de ses pierreries. Après avoir donc ry de ce que disoit Lyfidice, je voulus prendre l'interest des femmes en général ; & luy dire que j'étois persuadée, qu'il y avoit autant d'hommes que de dames, dont la conversation étoit peu agréable. Il y en a, sans doute, reprit-elle, dont l'entretien est insupportable. Mais il y a cela d'avantageux, qu'on s'en défait plus facilement ; & qu'on n'est pas obligé d'avoir une civilité si exacte pour eux. Mais Athis, ce n'est pas de cela, dont il s'agit. Car ce que je vous dis est, que les plus aimables femmes du monde, quand elles sont un grand nombre ensemble, & qu'il n'y a point d'hommes, ne disent presque jamais rien qui vaille, & s'ennuient plus, que si elles étoient seules. Mais pour les hommes, qui sont fort honnestes gens, il n'en est pas de mesme. Leur conversation est sans doute, moins enjouée, quand il n'y a point de dames, que quand il y en a. Mais pour l'ordinaire, quoy qu'elle soit plus sérieuse, elle ne laisse pas d'estre raisonnable : & ils se passent enfin de nous, plus facilement, que nous ne nous passons d'eux. Cependant cela me fait un dépit que je ne scaurois dire...

Marquise de Sévigné. (B.N.)

Madame de Sévigné (1626-1696)

Née à Paris en 1626, Marie de Rabutin Chantal sera orpheline à 7 ans. Elle est élevée à Sucy par son oncle, Christophe de Coulanges (le « bien bon » dans ses lettres) qui lui fit donner une excellente éducation par des gens qualifiés, comme Chapelain et Ménage. En 1644, elle épouse le Marquis de Sévigné, dont elle a deux enfants, Françoise-Marguerite, en 1646, et Charles en 1648. Elle reste veuve à 26 ans, après la mort de son mari en duel. Elle se retire quelque temps au château des Rochers en Bretagne, puis rentre à Paris et fréquente les gens de lettres de l'époque, tout en se consacrant à l'éducation de ses enfants, à qui elle apprend le latin et l'italien. Elle aura de nombreux soupirants, dont Fouquet le célèbre intendant de Louis XIV, le Comte du Lude, et son propre cousin, Roger de Bussy Rabutin qui, ne lui pardonnant pas de l'avoir éconduit, l'accusera dans son *HISTOIRE AMOUREUSE DES GAULES* d'être « froide ».

En 1669, Françoise-Marguerite épouse le comte de Grignan, en a une fille, Marie-Blanche, l'année suivante, et part en 1671 le rejoindre en Provence dont il est lieutenant général. Madame de Sévigné commence une longue correspondance avec sa fille en expliquant « qu'il faut se consoler et s'amuser en vous écrivant ». La mère et la fille sont réunies en Provence, ou à Paris, à plusieurs reprises et en 1696, Mme de Sévigné meurt chez sa fille.

Environ 1 500 lettres ont été conservées. Une première publication, en 1725, révèle au grand public quelques lettres qui traitent de l'amour maternel mais sont aussi des chroniques de la vie politique mondaine et littéraire de l'époque.

Indications bibliographiques

Duchêne, R. : *Madame de Sévigné*. Desclée de Brauwer. (Collection les Écrivains devant Dieu) 1968.
Munk, G. : *Madame de Sévigné et Madame de Grignan dans la correspondance et dans la critique*. Utrecht : Scholanus et Jens, 1968.
Pilastre, E. : *Petit Glossaire des Lettres de Madame de Sévigné*. Geneve : Slatkine Reprints, 1971.

A Paris, ce lundi 15e décembre 1670

Je m'en vais vous mander la chose la plus étonnante, la plus surprenante, la plus merveilleuse, la plus miraculeuse, la plus triomphante, la plus étourdissante, la plus inouïe, la plus singulière, la plus extraordinaire, la plus incroyable, la plus imprévue, la plus grande, la plus petite, la plus rare, la plus commune, la plus éclatante, la plus secrète jusqu'à aujourd'hui, la plus brillante, la plus digne d'envie ; enfin une chose dont on ne trouve qu'un exemple dans les siècles passés, encore cet exemple n'est-il pas juste ; une chose que l'on ne peut pas croire à Paris (comment la pourrait-on croire à Lyon ?) ; une chose qui fait crier miséricorde à tout le monde ; une chose qui comble de joie Mme de Rohan et Mme d'Hauteville, une chose enfin qui se fera dimanche où ceux qui la verront croiront avoir la berlue ; une chose qui se fera dimanche et qui ne sera peut-être pas faite lundi. Je ne puis me résoudre à vous le dire ; devinez-la : je vous le donne en trois. Jetez-vous votre langue aux chiens ? Eh bien, il faut donc vous la dire : M. de Lauzun épouse dimanche au Louvre, devinez qui ? Je vous le donne en quatre, je vous le donne en dix, je vous le donne en cent. Mme de Coulanges dit : « Voilà qui est bien difficile à deviner : c'est Mme de la Vallière. » — Point du tout, Madame. C'est donc Mlle de Retz ? — Point du tout, vous êtes bien provinciale. — Vraiment nous sommes bien bêtes, dites-vous, c'est Mlle Colbert. — Encore moins. — C'est assurément Mlle de Créquy. — Vous n'y êtes pas. Il faut donc à la fin vous le dire : il épouse, dimanche, au Louvre, avec la permission du roi, Mademoiselle, Mademoiselle, de ... Mademoiselle qui ? ... devinez le nom ; il épouse Mademoiselle, ma foi ! par ma foi !, ma foi jurée ! Mademoiselle, la Grande Mademoiselle, Mademoiselle, fille de feu Monsieur ; Mademoiselle, petite fille de Henri IV, Mlle d'Eu, Mlle de Dombes, Mlle de Montpensier, Mlle Orléans, Mademoiselle, cousine germaine du roi ; Mademoiselle, destinée au trône ; Mademoiselle, le seul parti en France qui fut digne de Monsieur.

Voilà un beau sujet de discourir. Si vous criez, si vous êtes hors de vous-même, si vous dites que nous avons menti, que cela est faux, qu'on se moque de vous, que voilà une belle raillerie, que cela est bien fade à imaginer ; si enfin vous nous dites des injures ; nous trouverons que vous avez raison ; nous en avons fait autant que vous.

Adieu : les lettres qui seront portées par cet ordinaire vous feront voir si nous disons vrai ou non.

A Madame de Grignan
A Paris, vendredi 6e février (1671)

Ma douleur seroit bien médiocre si je pouvois vous la dépeindre ; je n'entreprendrai pas aussi. J'ai beau chercher ma chère fille, je ne la trouve plus, et tous les pas qu'elle fait l'éloignent de moi. Je m'en allai donc à Sainte-Marie, toujours pleurant et toujours mourant : il me sembloit qu'on m'arrachoit le cœur et l'âme ; et en effet, quelle rude séparation ! Je demandai la liberté d'être seule ; on me mena dans la chambre de Mme du Housset, on me fit du feu ; Agnès me regardoit sans me parler, c'étoit notre marche ; j'y passai jusqu'à cinq heures sans cesser de sangloter : toutes mes pensées me faisoient mourir. J'écrivis à M. de Grignan, vous pouvez penser sur quel ton. J'allai ensuite chez Mme de Lafayette, qui redoubla mes douleurs par la part qu'elle y prit. Elle étoit seule, et malade, et triste de la mort d'une sœur religieuse : elle étoit comme je la pouvois désirer. M. de La Rochefoucauld y vint ; on ne parla que de vous, de la raison que j'avois d'être touchée, et du dessein de parler comme il faut à *Merlusine*. Je vous réponds qu'elle sera bien relancée. D'Hacqueville vous rendra un bon compte de cette affaire. Je revins enfin à huit heures de chez Mme de Lafayette ; mais en entrant ici, bon Dieu ! comprenez-vous bien ce que je sentis en montant ce degré ? Cette chambre où j'entrois toujours, hélas ! j'en trouvai les portes ouvertes ; mais je vis tout démeublé, tout dérangé, et votre pauvre petite fille qui me representoit la mienne. Comprenez-vous bien tout ce que je souffris ? Les réveils de la nuit ont été noirs, et le matin je n'étois point avancée d'un pas pour le repos de mon esprit. L'après-dinée se passa avec Mme de La Troche à l'Arsenal. Le soir, je reçus votre lettre, qui me remit dans les premiers transports, et ce soir j'achèverai celle-ci chez M. de Coulanges, où j'apprendrai des nouvelles ; car pour moi, voilà ce que je sais, avec les douleurs de tous ceux que vous avez laissés ici. Toute ma lettre seroit pleine de compliments si je voulois.

Vendredi au soir

J'ai appris chez Mme de Lavardin les nouvelles que je vous mande ; et j'ai su par Mme de Lafayette qu'ils eurent hier une conversation avec *Merlusine*, dont le détail n'est pas aisé à écrire ; mais enfin elle fut confondue et poussée à bout par l'horreur de son procédé, qui lui fut reproché sans aucun ménagement. Elle est fort heureuse du parti qu'on lui offre, et dont elle est demeurée d'accord ; c'est de se taire très religieusement, et moyennant cela on ne la poussera pas à bout. Vous avez des amis qui ont pris vos intérêts avec beaucoup de chaleur ; je ne vois que des gens qui vous aiment et vous estiment, et qui entrent bien aisément dans ma douleur. Je n'ai voulu aller encore que chez Mme de Lafayette. On s'empresse fort de me chercher, et de me vouloir prendre, et je crains cela comme la mort.

Je vous conjure, ma chère fille, d'avoir soin de votre santé ; conserver la pour l'amour de moi, et ne vous abandonnez pas à ces cruelles négligences, dont il ne me semble pas qu'on puisse jamais revenir. Je vous embrasse avec une tendresse qui ne sauroit avoir d'égale, n'en déplaise à toutes les autres.

Le mariage de Mlle d'Houdancourt et de M. de Ventadour a été signé ce matin à l'évêché de Lodève. Madame la Princesse partira le mercredi des Cendres pour Chateauroux, où Monsieur le Prince désire qu'elle fasse quelque séjour. M. de La Marguerite a la place du conseil de M. d'Estampes qui est mort. Mme de Mazarin arrive ce soir à Paris ; le Roi s'est déclaré son protecteur, et l'a envoyé quérir au Lys avec un exempt de huit gardes, et un carrosse bien attelé.

Voici un trait d'ingratitude qui ne vous déplaira pas, et dont je veux faire mon profit quand je ferai mon livre sur les grandes ingratitudes. Le maréchal d'Albret a convaincu Mme d'Heudicourt, non seulement d'une bonne galanterie avec M. de Bethune, dont il avoit toujours voulu douter ; mais d'avoir dit de lui et de Mme Scarron tous les maux qu'on peut s'imaginer. Il n'y a point de mauvais offices qu'elle n'ait tâché de rendre à l'un et à l'autre, et cela est tellement avéré, que Mme Scarron ne la voit plus, ni tout l'hôtel de Richelieu. Voilà une femme bien abîmée ; mais elle a cette consolation de n'y avoir pas contribué !

Mercredi 4ᵉ mars

Ah ! ma bonne, quelle lettre ! quelle peinture de l'état où vous avez été ! et que je vous aurais mal tenu ma parole, si je vous avais promis de n'être point effrayée d'un si grand péril ! Je sais bien qu'il est passé. Mais il est impossible de se représenter votre vie si proche de sa fin, sans frémir d'horreur. Et M. de Grignan vous laisse conduire la barque ; et quand vous êtes téméraire, il trouve plaisant de l'être encore plus que vous ; au lieu de vous faire attendre que l'orage fut passé, il veut bien vous exposer, et vogue la galère ! Ah mon Dieu ! qu'il eut été bien mieux d'être timide, et de vous dire que si vous n'aviez point de peur, il en avait, lui, et ne souffrirait point que vous traversassiez le Rhône par un temps comme celui qu'il faisait ! Que j'ai de la peine à comprendre sa tendresse en cette occasion ! Ce Rhône qui fait peur à tout le monde ! Ce pont d'Avignon où l'on aurait tort de passer en prenant de loin toutes ses mesures ! Un tourbillon de vent vous jette violemment sous une arche ! Et quel miracle que vous n'ayez pas été brisée et noyée dans un moment ! Ma bonne, je ne soutiens pas cette pensée, j'en frissonne, et m'en suis réveillée avec des sursauts dont je ne suis pas la maîtresse. Trouvez-vous toujours que le Rhône ne soit que de l'eau ? De bonne foi, n'avez-vous point été effrayée d'une mort si proche et si inévitable ? avez-vous trouvé ce péril d'un bon goût ? une autre fois ne serez-vous point un peu moins hasardeuse ? une aventure comme celle-là ne vous fera-t-elle point voir les dangers aussi terribles qu'ils sont ? Je vous prie de m'avouer ce qui vous en est resté ; je crois du moins que vous avez rendu grâce à Dieu de vous avoir sauvé. Pour moi, je suis persuadée que les messes que j'ai fait dire tous les jours pour vous ont fait ce miracle.

C'est à M. de Grignan que je me prends. Le Coadjuteur a bon temps : il n'a été grondé que pour la montagne de Tarare ; elle me paraît présentement comme les pentes de Nemours. M. Busche m'est venu voir tantôt et rapporter des assiettes ; j'ai pensé l'embrasser en songeant comme il vous a bien menée ; je l'ai fort entretenu de vos faits et gestes, et puis je lui ai donné de quoi boire un peu à ma santé. Cette lettre vous paraîtra bien ridicule, vous la recevrez dans un temps où vous ne songerez plus au pont d'Avignon. Mais j'y pense, moi, présentement ! C'est le malheur des commerces si éloignés : toutes les réponses paraissent rentrées de pique noire, il faut s'y résoudre, et ne pas même se révolter contre cette coutume : cela est naturel, et la contrainte serait trop grande d'étouffer toutes ses pensées. Il faut entrer dans l'état naturel où l'on est, en répondant à une chose qui vous tient au cœur : résolvez-vous donc à m'excuser souvent. J'attends des relations de votre séjour à Arles ; je sais que vous y aurez trouvé bien du monde ; à moins que les honneurs, comme vous m'en menacez, changent les mœurs, je prétends de plus grands détails. Ne m'aimez-vous point de vous avoir appris l'italien ? Voyez comme vous vous en êtes bien trouvée avec ce légat : ce que vous dites de cette scène est excellent ; mais que j'ai peu goûté le reste de votre lettre ! Je vous épargne mes éternels recommencements sur le pont d'Avignon : je ne l'oublierai de ma vie et je suis plus obligée à Dieu de vous avoir conservée dans cette occasion que de m'avoir fait naître, sans comparaison.

A Madame de Grignan
(Mardi 5ᵉ mars 1671)

Si vous étiez ici, ma chère bonne, vous vous moqueriez de moi ; j'écris de provision, mais c'est une raison bien différente de celle que je vous donnois pour m'excuser ; c'étoit parce que (je ne me souciois guère de ces gens-là et que) dans deux jours je n'aurois pas autre chose à (leur) dire. Voici tout le contraire ; c'est (que je me soucie beaucoup de vous), que j'aime à vous entretenir à toute heure, et que c'est la seule consolation que je puisse avoir présentement. Je suis aujourd'hui toute seule dans ma chambre par l'excès de ma mauvaise humeur. Je suis lasse de tout ; je me suis fait un plaisir de dîner ici, et je m'en fais un de vous écrire hors de propos : mais, hélas ! (ma bonne) vous n'avez pas de ces loisirs-là. J'écris tranquillement, et je ne comprends pas que vous puissiez lire de même : je ne vois pas un moment où vous soyez à vous. Je vois un mari qui vous adore, qui ne peut se lasser d'être auprès de vous, et qui peut à peine comprendre son bonheur. Je vois des harangues, des infinités de compliments, de civilités, des visites ; on vous fait des honneurs extrêmes, il faut répondre à tout cela, vous êtes accablée ; moi-même, sur ma petite bonté, je n'y suffirois pas. Que fait votre paresse pendant tout ce tracas ? Elle souffre, elle se retire dans quelque petit cabinet, elle meurt de peur de ne plus retrouver sa place ; elle vous attend dans quelque moment perdu pour vous faire au moins souvenir d'elle, et vous dire un mot en passant. « Hélas ! dit-elle, mais vous m'oubliez : songez que je suis votre plus ancienne amie ; celle qui ne vous ai jamais abandonnée, la fidèle compagne de vous plus beaux jours ; celle qui vous consolais de tous les plaisirs, et (qui même) quelquefois vous les faisois haïr ; celle qui vous ai empêchée de mourir d'ennui et en Bretagne et dans votre grossesse. Quelquefois votre mère troubloit nos plaisirs, mais je savois bien où vous reprendre, et elle avoit des égards pour moi ; présentement, je ne sais plus où j'en suis ; la dignité et l'éclat de votre mari me fera périr, si vous n'avez soin de moi. » Il me semble que vous lui dites en passant un petit mot d'amitié, vous lui donnez quelque espérance de la posséder à Grignan ; mais vous passez vite, et vous n'avez pas le loisir d'en dire davantage. Le devoir et la raison sont autour de vous, qui ne vous donnent pas un moment de repos. Moi-même, qui les ai toujours tant honorées, je leur suis contraire, et (elles) me le sont ; le moyen qu'(elles) vous donnent le temps de lire de telles lanterneries ? Je vous assure, ma chère bonne, que je songe à vous continuellement, et je sens tous les jours ce que vous me dîtes une fois, qu'il ne falloit point appuyer sur ces pensées. Si l'on ne glissoit pas dessus, on seroit toujours en larmes, c'est-à-dire moi. Il n'y a lieu dans cette maison qui ne me blesse le cœur. Toute votre chambre me tue ; j'y ai fait mettre un paravent tout au milieu, pour rompre un peu la vue d'une fenêtre sur ce degré par où je vous vis monter dans le carrosse de d'Hacqueville, et par où je vous rappelai. Je me fais peur quand je pense combien alors j'étois capable de me jeter par la fenêtre, car je suis folle quelquefois ; ce cabinet, où je vous embrassai sans savoir ce que je faisois ; ces Capucins, où j'allai entendre la messe ; ces larmes qui tomboient de mes yeux à terre, comme si c'eût été de l'eau qu'on eut répandue ; Sainte-Marie, Mme de Lafayette, mon retour dans cette maison, votre appartement, la nuit et le lendemain ; et votre première lettre, et toutes les autres, et encore tous les jours, et tous les entretiens de ceux qui entrent dans mes sentiments : ce pauvre d'Hacqueville est le premier ; je n'oublierai jamais la pitié qu'il eût de moi. Voilà donc où j'en reviens : il faut glisser sur tout cela, et se bien garder de s'abandonner à ses pensées et aux mouvements de son cœur. J'aime mieux m'occuper de la vie que vous faites présentement ; cela me fait une diversion, sans m'éloigner pourtant de mon sujet et de mon objet, qui est-ce qui s'appelle poétiquement l'objet aimé. Je songe donc à vous, et je souhaite toujours de vos lettres ; quand je viens d'en recevoir, j'en voudrois bien encore. J'en attends présentement, et reprendrai ma lettre quand j'en aurai reçu. J'abuse de vous, ma chère bonne ; j'ai voulu aujourd'hui me permettre cette lettre d'avance ; mon cœur en avait besoin, je n'en ferai pas une coutume.

Madame de Lafayette. (B.N.)

Madame de Lafayette
(1634-1693)

Marie-Madeleine Pioche de la Vergne naît à Paris en 1634 et son père, gentilhomme épris d'art et de littérature, meurt peu après. Sa mère se remarie avec le chevalier de Sévigné, et Marie-Madeleine passe la majeure partie de son enfance en Anjou. Le 15 février 1655, elle épouse le comte François de Lafayette qui l'emmène en Auvergne. En 1658, elle l'y laisse pour venir se fixer à Paris, dans son hôtel de la rue de Vaugirard où fréquentent les personnalités littéraires de l'époque. Grâce à Ménage, elle rencontre Jean Regnault de Segrais, poète et secrétaire au service de la Duchesse de Montpensier, qui commande des portraits de gens de qualité. C'est ainsi que Mme de Lafayette fait celui de son amie Mme de Sévigné. Dans son Dictionnaire des Précieuses, Somaize décrit Mme de Lafayette sous le nom de Féliciane ; « précieuse fort aimable jeune et spirituelle, d'un esprit enjoué, d'un abord agréable, elle est civile, obligeante et un peu railleuse ; mais elle raille de si bonne grâce qu'elle se fait aimer de ceux qu'elle traite le plus mal ou du moins elle ne s'en fait pas haïr ».

La première œuvre de Madame de Lafayette, corrigée par Ménage et parue anonymement en 1662, est la *PRINCESSE DE MONTPENSIER*, nouvelle qui décrit la passion d'Henriette d'Angleterre pour le duc de Guiche. Peu après, Mme de Lafayette rencontre chez les Arnauld, le duc de la Rochefoucauld qui deviendra un de ses meilleurs amis. Mais c'est Segrais qui va l'aider à écrire *ZAYDE, HISTOIRE ESPAGNOLE,* qui paraîtra sous son nom à lui en 1670.

Commencée en 1672, *LA PRINCESSE DE CLÈVES,* que l'on considère aujourd'hui comme l'œuvre maîtresse de Mme de Lafayette, fut publiée sous le nom de Segrais, en 1678, chez Barbin à Paris. La bienveillance de Louvois et de Madame Royale n'empêche point une large polémique concernant la scène de l'aveu, de s'étendre lorsque Donneau du Vise, filliculaire du Mercure Galant, ouvre une enquête sur ce sujet. Les lettres se multiplient. Mlle de Scudery fait une critique en règle du livre. L'année suivante Jean-Antoine de Charnes répond par ses *CONVERSATIONS SUR LA CRITIQUE DE LA PRINCESSE DE CLÈVES.* Enfin, en 1691, dans une lettre à Ménage, Mme de Lafayette avoue être l'auteur de la *PRINCESSE DE CLÈVES.*

La fin de la vie de Mme de Lafayette sera assombrie par la mort de ses amis proches. Elle-même mourra le 25 mai 1693, et mérite bien d'être appelée « la femme de France qui écrivait le mieux ». Elle créa un genre : le roman d'analyse.

Indications bibliographiques

Dedeyan, C. : *La Princesse de Clèves.* Paris, SEDES, 1965.
Fabre, J. : *L'art de l'analyse dans La Princesse de Clèves.* Paris, Ophrys, 1970.
Francillon, R. : *L'œuvre romanesque de Madame de Lafayette.* Paris, Corti, 1973.
Tiefenbrun, S. W. : *A structural analysis of La Princesse de Clèves.* La Haye, Mouton, 1976.

LA PRINCESSE DE CLÈVES

Quoique l'assemblée de Cercamp eût été rompue, les négociations pour la paix avaient toujours continué et les choses s'y disposèrent d'une telle sorte que, sur la fin de février, on se rassembla à Cateau-Cambrésis. Les mêmes députés y retournèrent ; et l'absence du maréchal de Saint-André défit M. de Nemours du rival qui lui était le plus redoutable, tant par l'attention qu'il avait à observer ceux qui approchaient Mme de Clèves que par le progrès qu'il pouvait faire auprès d'elle.

Mme de Chartres n'avait pas voulu laisser voir à sa fille qu'elle connaissait ses sentiments pour ce prince, de peur de se rendre suspecte sur les choix qu'elle avait envie de lui dire. Elle se mit un jour à parler de lui ; elle lui en dit du bien et y mêla beaucoup de louanges empoisonnées sur la sagesse qu'il avait d'être incapable de devenir amoureux et sur ce qu'il ne se faisait qu'un plaisir et non pas un attachement sérieux du commerce des femmes. « Ce n'est pas, ajouta-t-elle, que l'on ne l'ait soupçonné d'avoir une grande passion pour la reine dauphine ; je vois même qu'il y va très souvent, et je vous conseille d'éviter, autant que vous pourrez, de lui parler, et surtout en particulier, parce que Mme la Dauphine, vous traitant comme elle fait, on dirait bientôt que vous êtes leur confidente, et vous savez combien cette réputation est désagréable. Je suis d'avis, si ce bruit continue, que vous alliez un peu moins chez Mme la Dauphine, afin de ne vous pas trouver mêlée dans des aventures de galanterie. »

Mme de Clèves n'avait jamais ouï parler de M. de Nemours et de Mme la Dauphine ; elle fut si surprise de ce que lui dit sa mère, et elle crut si bien voir combien elle s'était trompée dans tout ce qu'elle avait pensé des sentiments de ce prince, qu'elle en changea de visage, Mme de Chartres s'en aperçut, il vint du monde dans ce moment, Mme de Clèves s'en alla chez elle et s'enferma dans son cabinet.

L'on ne peut exprimer la douleur qu'elle sentit de connaître, par ce que lui venait de dire sa mère, l'intérêt qu'elle prenait à M. de Nemours ; elle n'avait encore osé se l'avouer à elle-même. Elle vit alors que les sentiments qu'elle avait pour lui étaient ceux que M. de Clèves lui avait tant demandés ; elle trouva combien il était honteux de les avoir pour un autre que pour un mari qui les méritait. Elle se sentit blessée et embarrassée de la crainte que M. de Nemours ne la voulut faire servir de prétexte à Mme la Dauphine, et cette pensée la détermina à conter à Mme de Chartres ce qu'elle ne lui avait point encore dit.

Elle alla le lendemain matin dans sa chambre pour exécuter ce qu'elle avait résolu ; mais elle trouva que Mme de Chartres avait un peu de fièvre, de sorte qu'elle ne voulut pas lui parler. Ce mal paraissait néanmoins si peu de chose que Mme de Clèves ne laissa pas d'aller l'après-dînée chez Mme la Dauphine ; elle était dans son cabinet avec deux ou trois dames qui étaient le plus avant dans sa familiarité.

« Nous parlions de M. de Nemours, lui dit cette reine en la voyant, et nous admirions combien il est changé depuis son retour de Bruxelles. Devant que d'y aller il avait un nombre infini de maîtresses, et c'était même un défaut en lui ; car il ménageait également celles qui avaient du mérite et celles qui n'en avaient pas. Depuis qu'il est revenu, il ne connaît ni les unes ni les autres ; il n'y a jamais eu un si grand changement ; je trouve même qu'il y en a dans son humeur, et qu'il est moins gai que de coutume. »

Mme de Clèves ne répondit rien ; et elle pensait avec honte qu'elle aurait pris tout ce que l'on disait du changement de ce prince pour des marques de sa passion si elle n'avait point été détrompée. Elle se sentait quelque aigreur contre Mme la Dauphine de lui avoir cherché des raisons et s'étonner d'une chose dont apparemment elle savait mieux la vérité que personne. Elle ne put s'empêcher de lui en témoigner quelque chose ; et, comme les autres dames s'éloignèrent, elle s'approcha d'elle et lui dit tout bas :

« Est-ce aussi pour moi, Madame, que vous venez de parler, et voudriez-vous me cacher que vous fussiez celle qui a fait changer de conduite à M. de Nemours ?

— Vous êtes injuste, lui dit Mme la Dauphine, vous savez que je n'ai rien de caché pour vous. Il est vrai que M. de Nemours, devant que d'aller à Bruxelles, a eu, je crois, intention de me laisser entendre qu'il ne me haïssait pas ; mais, depuis qu'il est revenu, il ne m'a pas même paru qu'il se souvint des choses qu'il avait faites, et j'avoue que j'ai de la curiosité de savoir ce qui l'a fait changer. Il sera bien difficile que je ne le démêle, ajouta-t-elle ; le vidame de Chartres, qui est son ami intime, est amoureux d'une personne sur qui j'ai quelque pouvoir et je saurai par ce moyen ce qui a fait ce changement. »

Mme la Dauphine parla d'un air qui persuada Mme de Clèves, et elle se trouva, malgré elle, dans un état plus calme et plus doux que celui où elle était auparavant.

Lorsqu'elle revint chez sa mère, elle sut qu'elle était beaucoup plus mal qu'elle ne l'avait laissée. La fièvre lui avait redoublé, et les jours suivants elle augmenta de telle sorte qu'il parut que ce serait une maladie considérable. Mme de Clèves était dans une affliction extrême, elle ne sortait point de la chambre de sa mère ; M. de Clèves y passait presque tous les jours, et par l'intérêt qu'il prenait à Mme de Chartres, et pour empêcher sa femme de s'abandonner à la tristesse, mais pour avoir aussi le plaisir de la voir, sa passion n'était point diminuée.

M. de Nemours, qui avait toujours eu beaucoup d'amitié pour lui, n'avait pas cessé de lui en témoigner depuis son retour de Bruxelles. Pendant la maladie de Mme de Chartres, ce prince trouva le moyen de voir plusieurs fois Mme de Clèves en faisant semblant de chercher son mari ou de le venir prendre pour le mener promener. Il le cherchait même à des heures où il savait bien qu'il n'y était pas, et, sous le prétexte de l'attendre, il demeurait dans l'antichambre de Mme de Chartres où il y avait toujours plusieurs personnes de qualité. Mme de Clèves y venait souvent, et, pour être affligée, elle n'en paraissait pas moins belle à M. de Nemours. Il lui faisait voir combien il prenait intérêt à son affliction, et il lui en parlait avec un air si doux et si soumis qu'il la persuadait aisément que ce n'était pas de Mme la Dauphine dont il était amoureux.

Elle ne pouvait s'empêcher d'être troublée de sa vue, et d'avoir pourtant du plaisir à le voir ; mais quand elle ne le voyait plus et qu'elle pensait que ce charme qu'elle trouvait dans sa vue était le commencement des passions, il s'en fallait peu qu'elle ne crut le haïr par la douleur que lui donnait cette pensée.

Mme de Chartres empira si considérablement que l'on commença à désespérer de sa vie ; elle reçut ce que les médecins lui dirent du péril où elle était avec un courage digne de sa vertu et de sa pitié. Après qu'ils furent sortis, elle fit retirer tout le monde et appeler Mme de Clèves.

« Il faut nous quitter, ma fille, lui dit-elle, en lui tendant la main ; le péril où je vous laisse et le besoin que vous avez de moi augmentent le déplaisir que j'ai de vous quitter. Vous avez de l'inclination pour M. de Nemours ; je ne vous demande point de me l'avouer : je ne suis plus en état de me servir de votre sincérité pour vous conduire. Il y a déjà longtemps que je me suis aperçue de cette inclination ; mais je ne vous en ai pas voulu parler d'abord, de peur de vous en faire apercevoir vous-même ; Vous ne la connaissez que trop présentement ; vous êtes sur le bord du précipice ; il faut de grands efforts et de grandes violences pour vous retenir. Songez ce que vous devez à votre mari ; songez ce que vous vous devez à vous-même, et pensez que vous allez perdre cette réputation que vous vous êtes acquise et que je vous ai tant souhaitée. Ayez de la force et du courage, ma fille, retirez-vous de la cour, obligez votre mari de vous emmener ; ne craignez point de prendre des partis trop rudes et trop difficiles, quelque affreux qu'ils vous paraissent d'abord : ils seront plus doux dans les suites que les malheurs d'une galanterie. Si d'autres raisons que celles de la vertu et de votre devoir vous pouvaient obliger à ce que je souhaite, je vous dirais que, si quelque chose était capable de troubler le bonheur que j'espère en sortant de ce monde, ce serait de vous voir tomber comme les autres femmes ; mais, si ce malheur vous doit arriver, je reçois la mort avec joie, pour n'en être pas le témoin.

Mme de Clèves fondait en larmes sur la main de sa mère, qu'elle tenait serrée entre les siennes, et Mme de Chartres se sentant touchée elle-même :

— Adieu, ma fille, lui dit-elle, finissons une conversation qui nous attendrit trop l'une et l'autre, et souvenez-vous, si vous pouvez, de tout ce que je viens de vous dire.

Elle se tourna de l'autre côté en achevant ces paroles et commanda à sa fille d'appeler ses femmes, sans vouloir l'écouter, ni parler davantage. Mme de Clèves sortit de la chambre de sa mère en l'état que l'on peut s'imaginer, et Mme de Chartres ne songea plus qu'à se préparer à la mort. Elle vécut encore deux jours, pendant lesquels elle ne voulut plus revoir sa fille, qui était la seule chose à quoi elle se sentait attachée.

Mme de Clèves était dans une affliction extrême ; son mari ne la quittait point et, sitôt que Mme de Chartres fut expirée, il l'emmena à la campagne, pour l'éloigner d'un lieu qui ne faisait qu'aigrir sa douleur. On n'en a jamais vu de pareille ; quoique la tendresse et la reconnaissance y eussent la plus grande part, le besoin qu'elle sentait qu'elle avait de sa mère pour se défendre contre M. de Nemours ne laissait pas d'y en avoir beaucoup. Elle se trouvait malheureuse d'être abandonnée à elle-même, dans un temps où elle était si peu maîtresse de ses sentiments, et où elle eut tant souhaité d'avoir quelqu'un qui put la plaindre et lui donner de la force. La manière dont M. de Clèves en usait pour elle lui faisait souhaiter plus fortement que jamais de ne manquer à rien de ce qu'elle lui devait. Elle lui témoignait aussi plus d'amitié et plus de tendresse qu'elle n'avait encore fait ; elle ne voulait point qu'il la quittât, et il lui semblait qu'à force de s'attacher à lui, il la défendrait contre M. de Nemours.

... L'on ne peut exprimer ce que sentirent M. de Nemours et Mme de Clèves de se trouver seuls et en état de se parler pour la première fois. Ils demeurèrent quelque temps sans rien dire ; enfin, M. de Nemours rompant le silence :

« Pardonnerez-vous à M. de Chartres, Madame, lui dit-il, de m'avoir donné l'occasion de vous voir et de vous entretenir, que vous m'avez toujours si cruellement ôtée ?

— Je ne lui dois pas pardonner, répondit-elle, d'avoir oublié l'état où je suis et à quoi il expose ma réputation. »

En prononçant ces paroles, elle voulut s'en aller ; et M. de Nemours, la retenant :

« Ne craignez rien, Madame, répliqua-t-il, personne ne sait que je suis ici et aucun hasard n'est à craindre. Excusez-moi, Madame, écoutez-moi ; si ce n'est par bonté, que ce soit du moins pour l'amour de vous-même, et pour vous délivrer des extravagances où m'emporterait infailliblement une passion dont je ne suis plus le maître. »

Mme de Clèves céda pour la première fois au penchant qu'elle avait pour M. de Nemours et, le regardant avec des yeux pleins de douceur et de charmes :

« Mais qu'espérez-vous, lui dit-elle, de la complaisance que vous me demandez ? Vous vous repentirez, peut-être, de l'avoir accordée. Vous méritez une destinée plus heureuse que celle que vous avez eue jusques ici et que celle que vous pouvez trouver à l'avenir, à moins que vous ne la cherchiez ailleurs !

— Moi, Madame, dit-il, chercher du bonheur ailleurs ! Et y en a-t-il d'autre que d'être aimé de vous ? Quoique je ne vous aie jamais parlé, je ne saurais croire, Madame, que vous ignoriez ma passion et que vous ne la connaissiez pour la plus véritable et la plus violente qui sera jamais. A quelle épreuve a-t-elle été par des choses qui vous sont inconnues ? Et à quelle épreuve l'avez-vous mise par vos rigueurs ?

— Puisque vous voulez que je vous parle et que je m'y résous, répondit Mme de Clèves en s'asseyant, je le ferai avec une sincérité que vous trouverez malaisément dans les personnes de mon sexe. Je ne vous dirai point que je n'ai pas vu l'attachement que vous avez eu pour moi ; peut-être ne me croiriez-vous pas quand je vous le dirais. Je vous avoue donc, non seulement que je l'ai vu, mais que je l'ai vu ainsi que vous pouvez souhaiter qu'il m'ait paru.

— Et si vous l'avez vu, Madame, interrompit-il, est-il possible que vous n'en ayez point été touchée ? Et oserais-je vous demander s'il n'a fait aucune impression dans votre cœur ?

— Vous en avez dû juger par ma conduite, lui répliqua-t-elle, mais je voudrais bien savoir ce que vous en avez pensé.

— Il faudrait que je fusse dans un état plus heureux pour vous l'oser dire, répondit-il, et ma destinée a trop peu de rapport à ce que je vous dirais. Tout ce que je puis vous apprendre, Madame, c'est que j'ai souhaité ardemment que vous n'eussiez pas avoué à M. de Clèves ce que vous me cachiez et que vous lui eussiez caché ce que vous m'eussiez laissé voir.

— Comment avez-vous pu découvrir, reprit-elle en rougissant, que j'aie avoué quelque chose à M. de Clèves ?

— Je l'ai su par vous-même, Madame, répondit-il ; mais, pour pardonner la hardiesse que j'ai eue de vous écouter, souvenez-vous si j'ai abusé de ce que j'ai entendu, si mes espérances en ont augmenté et si j'ai eu plus de hardiesse à vous parler ? »

Il commença à lui conter comme il avait entendu sa conversation avec M. de Clèves ; mais elle l'interrompit avant qu'il eût achevé.

« Ne m'en dites pas davantage, lui dit-elle, je vois présentement par où vous avez été bien instruit. Vous ne me le parûtes déjà que trop chez Mme la Dauphine, qui avait su cette aventure par ceux à qui vous l'aviez confiée. »

M. de Nemours lui apprit alors de quelle sorte la chose était arrivée.

« Ne vous excusez point, reprit-elle ; il y a longtemps que je vous ai pardonné sans que vous m'ayez dit de raison. Mais puisque vous avez appris par moi-même ce que j'avais eu dessein de vous cacher toute ma vie, je vous avoue que vous m'avez inspiré des sentiments qui m'étaient inconnus devant que de vous avoir vu, et dont j'avais même si peu d'idée qu'ils me donnèrent d'abord une surprise qui augmentait encore le trouble qui les suit toujours. Je vous fais cet aveu avec moins de honte, parce que je le fais dans un temps où je le puis faire sans crime et que vous avez vu que ma conduite n'a pas été réglée par mes sentiments.

— Croyez-vous, Madame, lui dit M. de Nemours, en se jetant à ses genoux, que je n'expire pas à vos pieds de joie et de transport ?

— Je ne vous apprends, lui répondit-elle en souriant, que ce que vous ne saviez déjà que trop.

— Ah ! Madame, répliqua-t-il, quelle différence de le savoir par un effet du hasard ou de l'apprendre par vous-même, et de voir que vous voulez bien que je le sache !

— Il est vrai, lui dit-elle, que je veux bien que vous le sachiez et que je trouve de la douceur à vous le dire. Je ne sais même si je ne vous le dis point plus pour l'amour de moi que pour l'amour de vous. Car enfin cet aveu n'aura point de suite et je suivrai les règles austères que mon devoir m'impose.

— Vous n'y songez pas, Madame, répondit M. de Nemours ; il n'y a plus de devoir qui vous lie, vous êtes en liberté ; et, si j'osais, je vous dirais même qu'il dépend de vous de faire en sorte que votre devoir vous oblige un jour à conserver les sentiments que vous avez pour moi.

— Mon devoir, répliqua-t-elle, me défend de penser jamais à personne, et moins à vous qu'à qui que ce soit au monde, par des raisons qui vous sont inconnues.

— Elles ne me le sont peut-être pas, Madame, reprit-il ; mais ce ne sont point de véritables raisons. Je crois savoir que M. de Clèves m'a cru plus heureux que je n'étais et qu'il s'est imaginé que vous aviez approuvé des extravagances que la passion m'a fait entreprendre sans votre aveu.

— Ne parlons point de cette aventure, lui dit-elle, je n'en saurais soutenir la pensée ; elle me fait honte et elle m'est aussi trop douloureuse par les suites qu'elle a eues. Il n'est que trop véritable que vous êtes cause de la mort de M. de Clèves ; les soupçons que lui a donnés votre conduite inconsidérée lui ont coûté la vie, comme si vous la lui aviez ôtée de vos propres mains. Voyez ce que je devrais faire si vous en étiez venus ensemble à ces extrémités et que le même malheur en fût arrivé. Je sais bien que ce n'est pas la même chose à l'égard du monde ; mais au mien il n'y a aucune différence, puisque je sais que c'est par vous qu'il est mort et que c'est à cause de moi.

Ah ! Madame, lui dit M. de Nemours, quel fantôme de devoir opposez-vous à mon bonheur ? Quoi ! Madame, une pensée vaine et sans fondement vous empêchera de rendre heureux un homme que vous ne haïssez pas ? Quoi ! j'aurais pu concevoir l'espérance de passer ma vie avec vous ; ma destinée m'aurait conduit à aimer la plus estimable personne du monde ; j'aurais vu en elle tout ce qui peut faire une adorable maîtresse ; elle ne m'aurait pas haï et je n'aurais trouvé dans sa conduite que tout ce qui peut être à désirer dans une femme ? Car enfin, Madame, vous êtes peut-être la seule personne en qui ces deux choses se soient jamais trouvées au degré qu'elles sont en vous. Tous ceux qui épousent des maîtresses dont ils sont aimés tremblent en les épousant et regardent avec crainte par rapport aux autres, la conduite qu'elles ont eue avec eux ; mais en vous, Madame, rien n'est à craindre ; et on ne trouve que des sujets d'admiration. N'aurai-je envisagé, dis-je, une si grande félicité que pour vous y voir apporter vous-même des obstacles ? Ah ! Madame, vous oubliez que vous m'avez distingué du reste des hommes, ou plutôt vous ne m'en avez jamais distingué : vous vous êtes trompée et je me suis flatté.

— Vous ne vous êtes point flatté, lui répondit-elle ; les raisons de mon devoir ne me paraîtraient peut-être pas si fortes sans cette distinction dont vous vous doutez, et c'est elle qui me fait envisager des malheurs à m'attacher à vous.

— Je n'ai rien à répondre, Madame, reprit-il, quand vous me faites voir que vous craignez des malheurs ; mais je vous avoue qu'après tout ce que vous avez bien voulu me dire, je ne m'attendais pas à trouver une si cruelle raison.

— Elle est si peu offensante pour vous, reprit Mme de Clèves, que j'ai même beaucoup de peine à vous l'apprendre.

— Hélas ! Madame, répliqua-t-il, que pouvez-vous craindre qui me flatte trop, après ce que vous venez de me dire ?

— Je veux vous parler encore, avec la même sincérité que j'ai déjà commencé, reprit-elle, et je vais passer par-dessus toute la retenue et toutes les délicatesses que je devrais avoir dans une première conversation ; mais je vous conjure de m'écouter sans m'interrompre.

« Je crois devoir à votre attachement la faible récompense de ne vous cacher aucun de mes sentiments et de vous les laisser voir tels qu'ils sont. Ce sera apparemment la seule fois de ma vie que je me donnerai la liberté de vous les faire paraître ; néanmoins je ne saurais vous avouer, sans honte, que la certitude de n'être plus aimée de vous, comme je le suis, me paraît un si horrible malheur que, quand je n'aurais point des raisons de devoir insurmontables, je doute si je pourrais me résoudre à m'exposer à ce malheur. Je sais que vous êtes libre, que je le suis, et que les choses sont d'une sorte que le public n'aurait peut-être pas sujet de vous blâmer ni moi non plus, quand nous nous engagerions ensemble pour jamais. Mais les hommes conservent-ils de la passion dans ces engagements éternels ? Dois-je espérer un miracle en ma faveur et puis-je me mettre en état de voir certainement finir cette passion dont je ferais toute ma félicité ? M. de Clèves était peut-être l'unique homme du monde capable de conserver de l'amour dans le mariage. Ma destinée n'a pas voulu que j'aie pu profiter de ce bonheur ; peut-être aussi que sa passion n'avait subsisté que parce qu'il n'en aurait pas trouvé en moi. Mais je n'aurais pas le même moyen de conserver la vôtre : je crois même que les obstacles ont fait votre constance. Vous en avez assez trouvé pour vous animer à vaincre, et mes actions involontaires, ou les choses que le hasard vous a apprises, vous ont donné assez d'espérance pour ne vous pas rebuter.

— Ah ! Madame, reprit M. de Nemours, je ne saurais garder le silence que vous m'imposez ; vous me faites trop d'injustice et vous me faites trop voir combien vous êtes éloignée d'être parvenue en ma faveur.

— J'avoue, répondit-elle, que les passions peuvent me conduire ; mais elles ne sauraient m'aveugler. Rien ne me peut empêcher de connaître que vous êtes né avec toutes les dispositions pour la galanterie et toutes les qualités qui sont propres à y donner des succès heureux. Vous avez déjà eu plusieurs passions, vous en auriez encore ; je ne ferais plus votre bonheur ; je vous verrais pour une autre comme vous auriez été pour moi. J'en aurais une douleur mortelle et je ne serais pas même assurée de n'avoir point le malheur de la jalousie. Je vous en ai trop dit pour vous cacher que vous me l'avez fait connaître et que je souffris de si cruelles peines le soir que la reine me donna cette lettre de Mme de Thémines, que l'on disait qui s'adressait à vous, qu'il m'en est demeuré une idée qui me fait croire que c'est le plus grand de tous les maux.

« Par vanité ou par goût, toutes les femmes souhaitent de vous attacher. Il y en a peu à qui vous ne plaisiez ; mon expérience me ferait croire qu'il n'y en a point à qui vous ne puissiez plaire. Je vous croirais toujours amoureux et aimé et je ne me tromperais pas souvent. Dans cet état, néanmoins, je n'aurais d'autre parti à prendre que celui de la souffrance ; je ne sais même si j'oserais me plaindre. On fait des reproches à un amant ; mais en fait-on à un mari, quand on n'a qu'à lui reprocher de n'avoir plus d'amour ? Quand je pourrais m'accoutumer à cette sorte de malheur, pourrais-je m'accoutumer à celui de croire voir toujours M. de Clèves vous accuser de sa mort, me reprocher de vous avoir aimé, de vous avoir épousé et me faire sentir la différence de son attachement au vôtre ? Il est impossible, continat-elle, de passer par-dessus des raisons si fortes ; il faut que je demeure dans l'état où je suis et dans les résolutions que j'ai prises de n'en sortir jamais.

— He ! croyez-vous le pouvoir, Madame ? s'écria M. de Nemours. Pensez-vous que vos résolutions tiennent contre un homme qui vous adore et qui est assez heureux pour vous plaire ? Il est plus difficile que vous ne le pensez, Madame, de résister à ce qui nous plaît et à ce qui nous aime. Vous l'avez fait par une vertu austère, qui n'a presque point d'exemple ; mais cette vertu ne s'oppose plus à vos sentiments et j'espère que vous les suivrez malgré vous.

— Je sais bien qu'il n'y a rien de plus difficile que ce que j'entreprends, répliqua Mme de Clèves ; je me défie de mes forces au milieu de mes raisons. Ce que je crois devoir à la mémoire de M. de Clèves serait faible s'il n'était soutenu par l'intérêt de mon repos ; et les raisons de mon repos ont besoin d'être soutenues de celles de mon devoir. Mais, quoique je me défie de moi-même, je crois que je ne vaincrai jamais mes scrupules et je n'espère pas aussi de surmonter l'inclination que j'ai pour vous. Elle me rendra malheureuse et je me priverai de votre vue, quelques violence qu'il m'en coûte. Je vous conjure, par tout le pouvoir que j'ai sur vous, de ne chercher aucune occasion de me voir. Je suis dans un état qui me fait des crimes de tout ce qui pourrait être permis dans un autre temps, et la seule bienséance interdit tout commerce entre nous. »

M. de Nemours se jeta à ses pieds et s'abandonna à tous les divers mouvements dont il était agité. Il lui fit voir, et par ses paroles, et par ses pleurs, la plus vite et la plus tendre passion dont un cœur ait jamais été touché. Celui de Mme de Clèves n'était pas insensible et, regardant ce prince avec des yeux un peu grossis par les larmes :

« Pourquoi faut-il, s'écria-t-elle, que je vous puisse accuser de la mort de M. de Clèves ? Que n'ai-je commencé à vous connaître depuis que je suis libre, ou pourquoi ne vous ai-je pas connu devant que d'être engagée ? Pourquoi la destinée nous sépare-t-elle par un obstacle si invincible ?

— Il n'y a point d'obstacle, Madame, reprit M. de Nemours. Vous seule vous opposez à mon bonheur ; vous seule vous imposez une loi que la vertu et la raison ne vous sauraient imposer.

— Il est vrai, répliqua-t-elle, que je sacrifie beaucoup à un devoir qui ne subsiste que dans mon imagination. Attendez ce que le temps pourra faire. M. de Clèves ne fait encore que d'expirer, et cet objet funeste est trop proche pour me laisser des vues claires et distinctes. Ayez cependant le plaisir de vous être fait aimer d'une personne qui n'aurait rien aimé si elle ne vous avait jamais vu ; croyez que les sentiments que j'ai pour vous seront éternels et qu'ils subsisteront, quoi que je fasse. Adieu, lui dit-elle ; voici une conversation qui me fait honte ; rendez-en compte à M. le Vidame ; j'y consens, et je vous en prie. »

Elle sortit en disant ces paroles, sans que M. de Nemours pût la retenir.

Marie, Comtesse d'Aulnoy - gravé par Basan. (B.N.)

Madame d'Aulnoy (1650-1704)

Née au château de Barneville en 1650, Marie Catherine Le Jumel passa son enfance en Normandie. Le 8 mars 1666, elle épouse François de la Motte de trente ans son aîné, qui avait été au service du duc de Vendome et avait acquis la baronnie d'Aulnoy en Brie. En 1669 Madame d'Aulnoy fut accusée d'avoir organisé un complot dans le but de compromettre son mari. Il fut en effet emprisonné pour trahison sur l'ordre de Colbert sur le témoignage de deux gentilshommes normands, Courboyer et Bonnenfant, qui semblent avoir été à la solde de Mme d'Aulnoy et de sa mère, Mme de Gadagne ; quand la chose fut découverte, les deux femmes s'enfuient dans un couvent. Entre 1673 et 1675 Mme d'Aulnoy voyage en Flandres et en Angleterre, puis rejoint sa mère en Espagne en 1679.

Elle rentre définitivement en France en 1685 et ouvre un salon dans le quartier de Saint-Sulpice à Paris. Elle écrit alors ses *MÉMOIRES DE LA COUR D'ESPAGNE*, en 1690, puis un roman, *HIPPOLYTE, COMTE DE DOUGLAS*, et l'année suivante *RELATION DU VOYAGE D'ESPAGNE*, ainsi que *JEAN DE BOURBON, PRINCE DE CARENCY*. Ses *NOUVELLES ESPAGNOLES* sont bien accueillies en 1692, de même que ses *MÉMOIRES SUR LA COUR D'ANGLETERRE*, qui paraissent en 1695.

Mais Mme d'Aulnoy reste surtout célèbre pour ses *CONTES DE FÉES* qui comprennent *LES FÉES A LA MODE*, en 1696 et les *ILLUSTRES FÉES* en 1697. Impliquée dans une ténébreuse affaire en 1699, elle meurt à Paris le 13 janvier 1705.

Indications bibliographiques

Carette, née Bouvet : *La Comtesse d'Aulnoy*. Paris : Société d'Éditions Littéraires et artistiques. Paul Ollendorf. 1902.
Mitchell, J.T. : *A thematic analysis of Mme d'Aulnoy's Contes de Fées*. University of Miss. Romance Monographs. 1978.
Roche Mason, J. : *En marge de l'Oiseau bleu*. Paris : l'Artisan du Livre. 1930.

LA BELLE AUX CHEVEUX D'OR

Il y avait une fois la fille d'un roi qui était si belle, qu'il n'y avait rien de si beau au monde ; et, à cause qu'elle était si belle, on la nommait la Belle aux cheveux d'or ; car ses cheveux étaient plus fins que l'or, et blonds par merveille, tout frisés, qui lui tombaient jusque sur les pieds. Elle allait toujours couverte de ses cheveux bouclés, avec une couronne de fleurs sur la tête, et des habits brodés de diamants et de perles ; tant il y a qu'on ne pouvait la voir sans l'aimer.

Il y avait un jeune roi de ses voisins qui n'était point marié, et qui était bien riche. Quand il eut appris tout ce qu'on disait de la Belle aux cheveux d'or, bien qu'il ne l'eut point encore vue, il se prit à l'aimer si fort, qu'il en perdait le boire et le manger, et il se résolut de lui envoyer un ambassadeur, pour la demander en mariage. Il fait faire un carosse magnifique à son ambassadeur, il lui donna plus de cent chevaux et cent laquais, et lui recommanda bien de lui amener la princesse.

Quand il eut pris congé du roi et qu'il fut parti, toute la cour ne parlait d'autre chose ; et le roi, qui ne doutait pas que la Belle aux cheveux d'or ne consentit à ce qu'il souhaitait, lui faisait déjà faire de belles robes et des meubles admirables. Pendant que les ouvriers étaient occupés à travailler, l'ambassadeur arrive chez la Belle aux cheveux d'or lui fit son petit message ; mais, soit qu'elle ne fut pas ce jour-là de bonne humeur, ou que le compliment ne lui semblât pas à son gré, elle répondit à l'ambassadeur qu'elle remerciait le roi, et qu'elle n'avait point envie de se marier.

L'ambassadeur partit de la cour de cette princesse, bien triste de ne la pas amener avec lui ; il rapporta tous les présents qu'il lui avait portés de la part du roi, car elle était fort sage et savait bien qu'il ne faut pas que les filles reçoivent rien des garçons ; aussi elle ne voulait jamais accepter les beaux diamants et le reste ; et, pour ne pas mécontenter le roi, elle prit seulement un quarteron d'épingles d'Angleterre.

Quand l'Ambassadeur arriva à la grande ville du roi, où il était attendu si impatiemment, chacun s'affligea de ce qu'il n'amenait point la Belle aux cheveux d'or, et le roi se mit à pleurer comme un enfant ; on le consolait sans en pouvoir venir à bout.

Il y avait un jeune garçon à la cour qui était beau comme le soleil, et le mieux fait de tout le royaume ; à cause de sa bonne grâce et de son esprit, on le nommait Avenant. Tout le monde l'aimait, hors les envieux, qui étaient fâchés que le roi lui fit du bien, et qu'il lui confiat tous les jours ses affaires.

Avenant se trouva avec des personnes qui parlaient du retour de l'ambassadeur, et qui disaient qu'il n'y avait rien qui vaille ; il leur dit, sans y prendre trop garde ; « Si le roi m'avait envoyé vers la Belle aux cheveux d'or, je suis certain qu'elle serait venue avec moi. » Tout aussitôt ces méchante gens vont dire au roi : « Sire, vous ne savez pas ce que dit Avenant ? Il dit que si vous l'aviez envoyé chez la Belle aux cheveux d'or, il l'aurait ramenée. Considérez bien sa malice, il prétend être plus beau que vous, et qu'elle l'aurait tant aimé, qu'elle l'aurait suivi partout. » Voilà le roi qui se met en colère, en colère tant et tant, qu'il était hors de lui. « Ah ! dit-il, ce joli mignon se moque de mon malheur, et il se prise plus que moi ! Allons, qu'on le mette dans ma grosse tour, et qu'il y meure de faim. »

Les gardes du roi furent chez Avenant, qui ne pensait plus à ce qu'il avait dit ; ils le traînèrent en prison et lui firent mille maux. Ce pauvre garçon n'avait qu'un peu de paille pour se coucher, et il serait mort, sans une petite fontaine qui coulait dans le pied de la tour, dont il buvait un peu pour se rafraîchir ; car la faim lui avait bien desséché la bouche.

Un jour qu'il n'en pouvait plus, il disait en soupirant : « De quoi se plaint le roi ? Il n'a point de sujet qui lui soit plus fidèle que moi ; je ne l'ai jamais offensé. » Le roi par hasard passait proche de la tour, et quand il entendit la voix de celui qu'il avait tant aimé, il s'arrêta pour l'écouter, malgré ceux qui étaient avec lui, qui haïssaient Avenant, et qui disaient au roi : « A quoi vous amusez-vous, sire ? ne savez-vous pas que c'est un fripon ? » Le roi répondit : « Laissez-moi là, je veux l'écouter. » Ayant ouï ses plaintes, les larmes lui en vinrent aux yeux ; il ouvrit la porte de la tour, et l'appela. Avenant vint tout triste se mettre à genoux devant lui, et baisa ses pieds. « Que vous ai-je fait, sire, lui dit-il, pour me traiter si rudement ? — Tu t'es moqué de moi et de mon ambassadeur, dit le roi. Tu as dit que si je t'avais envoyé chez la Belle aux cheveux d'or, tu l'aurais bien amenée. — Il est vrai, sire, répondit Avenant, que je lui aurais si bien fait connaître vos grandes qualités, que je suis persuadé qu'elle n'aurait pu s'en défendre ; et en cela je n'ai rien dit qui ne vous dût être agréable. » Le roi trouva qu'effectivement il n'avait point de tort ; il regarda de travers ceux qui lui avaient dit du mal de son favori, et il l'emmena avec lui, se repentant bien de la peine qu'il lui avait faite.

Après l'avoir fait souper à merveille, il l'appela dans son cabinet et lui dit : « Avenant, j'aime toujours la Belle aux cheveux d'or, ses refus ne m'ont point rebuté ; mais je ne sais comment m'y prendre pour qu'elle veuille m'épouser : j'ai envie de t'y envoyer pour voir si tu pourras réussir. » Avenant répliqua qu'il était disposé à lui obéir en toutes choses, qu'il partirait dès le lendemain. « Oh ! dit le roi, je veux te donner un grand équipage. — Cela n'est point nécessaire, répondit-il, il ne me faut qu'un bon cheval avec des lettres de votre part. » Le roi l'embrassa ; car il était ravi de le voir sitôt prêt.

Ce fut un lundi matin qu'il prit congé du roi et de ses amis, pour aller à son ambassade tout seul, sans pompe et sans bruit. Il ne faisait que rêver aux moyens d'engager la Belle aux cheveux d'or d'épouser le roi ; il avait un écritoire dans sa poche, et quand il lui venait quelque belle pensée à mettre dans sa harangue, il descendait de cheval, et s'asseyait sous des arbres pour écrire, afin de ne rien oublier. Un matin qu'il était parti à la pointe du jour, en passant dans une grande prairie, il lui vint une pensée fort jolie ; il mit pied à terre, et se plaça contre des saules et des peupliers, qui étaient plantés le long d'une petite rivière qui coulait au bord du pré. Après qu'il eût écrit, il regarda de tous côtés, charmé de se trouver en un si bel endroit. Il aperçut sur l'herbe une grosse carpe dorée, qui baillait et qui n'en pouvait plus ; car ayant voulu attraper de petits moucherons, elle avait sauté si haut hors de l'eau, qu'elle s'était élancée sur l'herbe, où elle était prête à mourir. Avenant en eut pitié ; quoiqu'il fût jour maigre, et qu'il eut pu l'emporter pour son dîner, il fut la prendre et la remit doucement dans la rivière. Dès que ma commère la carpe sentit la fraîcheur de l'eau, elle commença à se réjouir, et se laisse couler jusqu'au fond ; puis revenant toute gaillarde au bord de la rivière : « Avenant, dit-elle, je vous remercie du plaisir que vous venez de me faire ; sans vous je serais morte, et vous m'avez sauvée ; je vous le revaudrai. » Après ce petit compliment, elle s'enfonça dans l'eau, et Avenant demeura bien surpris de l'esprit et de la grande civilité de la carpe.

Un autre jour qu'il continuait son voyage, il vit un corbeau bien embarrassé ; ce pauvre oiseau était poursuivi par un gros aigle, grand mangeur de corbeaux ; il était près de l'attraper, et il l'aurait avalé comme une lentille, si Avenant n'eut eu compassion du malheur de cet oiseau. « Voilà, dit-il, comme les plus forts opprimant les plus faibles ; quelle raison à l'aigle de manger le corbeau ? Il prend son arc qu'il portait toujours, et une flèche ; puis mirant bien l'aigle, croc, il lui décoche la flèche dans le corps, et le perce de part en part ; il tombe mort, et le corbeau ravi vint se percher sur un arbre : « Avenant, lui dit-il, vous êtes bien généreux de m'avoir secouru, moi qui ne suis qu'un misérable corbeau ; mais je n'en demeurerai point ingrat, je vous le revaudrai. »

Avenant admira le bon esprit du corbeau, et continua son chemin. En entrant dans un grand bois, si matin qu'il ne voyait qu'à peine à se conduire, il entendit un hibou qui criait en hibou désespéré : « Ouais, dit-il, voilà un hibou bien affligé, il pourrait s'être laissé prendre dans quelques filets ; » il chercha de tous côtés, et enfin il trouva de grands filets que des oiseleurs avaient tendus la nuit pour attraper les oisillons. « Quelle pitié ! dit-il, les hommes ne sont faits que pour s'entretourmenter, ou pour persécuter de pauvres animaux qui ne leur font ni tort ni dommage ; il tira son couteau, et coupa les cordelettes. Le hibou prit l'essor ; mais revenant à tire-d'ailes : « Avenant, dit-il, il n'est pas nécessaire que je vous fasse une longue harangue pour vous faire comprendre l'obligation que je vous ai, elle parle assez d'ellemême : les chasseurs allaient venir, j'étais pris, j'étais mort sans votre secours : j'ai le cœur reconnaissant, je vous le revaudrai. »

Voilà les trois plus considérables aventures qui arrivèrent à Avenant dans son voyage ; il était si pressé d'arriver, qu'il ne tarda pas à se rendre au palais de la Belle aux cheveux d'or. Tout y était admirable ; l'on y voyait les diamants entassés comme des pierres, les beaux habits, le bonbon, l'argent, c'étaient des choses merveilleuses ; et il pensait en lui-même que si elle quittait tout cela pour venir chez le roi son maître, il faudrait qu'il jouât bien de bonheur. Il prit un habit de brocart, des plumes incarnates et blanches ; il se peigna, se poudra, se lava le visage ; il mit une riche écharpe toute brodée à son cou, avec un petit panier, et dedans un beau petit chien, qu'il avait acheté en passant à Boulogne. Avenant était si bien fait, si aimable ; il faisait toutes choses avec tant de grâce, que lorsqu'il se présenta à la porte du palais, tous les gardes lui firent une grande révérence ; et l'on courut dire à la Belle aux cheveux d'or qu'Avenant, ambassadeur du roi son plus proche voisin, demandait à la voir.

Sur ce nom d'Avenant, la princesse dit : « Cela me porte bonne signification ; je gagerais qu'il est joli, et qu'il plaît à tout le monde. — Vraiment oui, Madame, lui dirent toutes ses filles d'honneur, nous l'avons vu du grenier où nous accommodions votre filasse ; et tant qu'il a demeuré sous les fenêtres, nous n'avons pu rien faire. — Voilà qui est beau, répliqua la Belle aux cheveux d'or, de vous amuser à regarder les garçons ! Ça, que l'on me donne ma grande robe de satin bleu brodée, et que l'on éparpille bien mes blonds cheveux ; que l'on me fasse des guirlandes de fleurs nouvelles ; que l'on me donne mes souliers hauts et mon éventail, que l'on me balaye ma chambre, et mon trône ; car je veux qu'il dise partout que je suis vraiment la Belle aux cheveux d'or. »

Voilà toutes les femmes qui s'empressaient de la parer comme une reine ; elles étaient si hâtées, qu'elles s'entrecognaient et n'avançaient guère. Enfin la princesse passa dans sa galerie aux grands miroirs, pour voir si rien ne lui manquait ; et puis elle monta sur son trône d'or, d'ivoire et d'ébène, qui sentait comme baume ; et elle commanda à ses filles de prendre des instruments, et de chanter tout doucement pour n'étourdir personne.

L'on conduisit Avenant dans la salle d'audience ; il demeura si transporté d'admiration, qu'il a dit depuis bien des fois qu'il ne pouvait presque parler ; néanmoins il prit courage, et fit sa harangue à merveille : il pria la princesse qu'il n'eût pas le déplaisir de s'en retourner sans elle. « Gentil Avenant, dit-elle, toutes les raisons que vous venez de me conter sont fort bonnes, et je vous assure que je serais bien aise de vous favoriser plus qu'un autre ; car il faut que vous sachiez qu'il y a un mois que je fus me promener sur la rivière avec toutes mes dames, et comme l'on me servit la collation, en ôtant mon gant, je tirai de mon doigt une bague qui tomba par malheur dans la rivière : je la chérissais plus que mon royaume : je vous laisse juger de quelle affliction cette perte fut suivie : j'ai fait serment de n'écouter jamais aucune proposition de mariage, que l'ambassadeur qui me proposera un époux ne me rapporte ma bague. Voyez à présent ce que vous avez à faire là-dessus, car quand vous me parleriez quinze jour et quinze nuits, vous ne me persuaderiez pas de changer de sentiment. »

Avenant demeura bien étonné de cette réponse ; il lui fit une profonde révérence, et la pria de recevoir le petit chien, le panier et l'écharpe ; mais elle lui repliqua qu'elle ne voulait point de présents, et qu'il songeat à ce qu'elle venait de lui dire.

Quand il fut retourné chez lui, il se coucha sans souper ; et son petit chien, qui s'appelait Cabriolle, ne voulut pas souper non plus ; il vint se mettre auprès de lui. Tant que la nuit fut longue, Avenant ne cessa point de soupirer : « Où puis-je prendre une bague tombée depuis un mois dans une grande rivière ? disait-il ? c'est toute folie de l'entreprendre. La princesse ne m'a dit cela que pour me mettre dans l'impossibilité de lui obéir ; » il soupirait et s'affligeait très fort. Cabriolle, qui l'écoutait lui dit : « Mon cher maître, je vous prie, ne désespérez point de votre bonne fortune ; vous êtes trop aimable pour n'être pas heureux ; allons dès qu'il sera jour au bord de la rivière. » Avenant, lui donna deux petits coups de la main, et ne répondit rien ; mais tout accablé de tristesse il s'endormit.

Cabriolle, voyant le jour, Cabriola tant, qu'il l'éveilla et lui dit : « Mon cher maître, habillez-vous, et sortons. » Avenant le voulu bien ; il se lève, s'habille et descend dans le jardin, et du jardin il va insensiblement au bord de la rivière, où il se promenait ses bras croisés l'un sur l'autre, ne pensant qu'à son départ, quand tout d'un coup il entendit qu'on l'appelait « Avenant, Avenant ! » Il regarde de tous côtés et ne voit personne ; il crut rêver. Il continue sa promenade : on le rappelle : « Avenant, Avenant ! — Qui m'appelle ? » dit-il. Cabriolle qui était fort petit, et qui regardait, de près dans l'eau, lui répliqua : « Ne me croyez jamais, si ce n'est une carpe dorée que j'aperçois. » Aussitôt la grosse carpe paraît, et lui dit : « Vous m'avez sauvé la vie dans le pré des aliziers, où je serais restée sans vous ; je vous promis de vous le revaloir ; tenez, cher Avenant, voici la bague de la Belle aux cheveux d'or. » Il se baissa, et la prit dans la gueule de ma commère la carpe, qu'il remercia mille fois.

Au lieu de retourner chez lui, il fut droit au palais avec le petit Cabriolle, qui était bien aise d'avoir fait venir son maître au bord de l'eau. L'on alla dire à la princesse qu'il demandait à la voir : « Hélas dit-elle, le pauvre garçon, il vient prendre congé de moi ; il a considéré que ce que je veux est impossible, et il va le dire à son maître. » L'on fit entrer Avenant, qui lui présenta sa bague et lui dit : « Madame la princesse, voilà votre commandement fait ; vous plaît-il de recevoir le roi mon maître pour époux ? » Quand elle vit sa bague, où il ne manquait rien, elle resta si étonnée, si étonnée qu'elle croyait rêver. « Vraiment, dit-elle, gracieux Avenant, il faut que vous soyez favorisé de quelque fée, car naturellement cela n'est pas possible. — Madame, dit-il, je n'en connais aucune, mais j'avais bien envie de vous obéir. — Puisque vous avez si bonne volonté, continua-t-elle, il faut que vous me rendiez un autre service, sans lequel je ne me marierai jamais. Il y a un prince, qui n'est pas éloigné d'ici, appelé Galifron, lequel s'était mis dans l'esprit de m'épouser. Il me fit déclarer son dessein avec des menaces épouvantables, que si je le refusais, il désolerait mon royaume ; mais jugez si je pouvais l'accepter, c'est un géant qui est plus haut qu'une haute tour ; il mange un homme comme un singe mange un marron. Quand il va à la campagne, il porte dans ses poches des petits canons, dont il se sert au lieu de pistolets ; et lorsqu'il parle bien haut, ceux qui sont près de lui deviennent sourds. Je lui mandai que je ne voulais point me marier, et qu'il m'excusat ; cependant il n'a point laissé de me persécuter ; il tue tous mes sujets, et avant toutes choses il faut vous battre contre lui et m'apporter sa tête. »

Avenant demeura un peu étourdi de cette proposition : il rêva quelque temps et puis il dit : « Eh bien, Madame, je combattrai Galifron, je crois que je serai vaincu ; mais je mourrai en brave homme. » La princesse resta bien étonnée : elle lui dit mille choses pour l'empêcher de faire cette entreprise. Cela ne servit de rien, il se retira pour aller chercher des armes et tout ce qu'il fallait. Quand il eut ce qu'il voulait, il remit le petit Cabriolle dans son panier, il monta sur son beau cheval, et fut dans le pays de Galifron. Il demandait de ses nouvelles à ceux qu'il rencontrait, et chacun lui disait que c'était un vrai démon, dont on n'osait approcher ; plus il entendait dire cela, plus il avait peur. Cabriolle le rassurait, et lui disait : « Mon cher maître, pendant que vous vous battrez, j'irai lui mordre les jambes ; il baissera la tête pour me chasser, et vous le tuerez. » Avenant admirait l'esprit du petit chien, mais il savait que cela ne suffirait pas.

Enfin il arriva proche du château de Galifron ; tous les chemins étaient remplis d'os et de carcasses d'hommes qu'il avait mangés ou mis en pièces. Il ne l'attendit pas longtemps, qu'il le vit venir au travers d'un bois ; sa tête passait les plus grands arbres, et il chantait d'une voix épouvantable.

> Où sont les petits enfants,
> Que je les croque à belles dents ?
> Il m'en faut tant, tant et tant,
> Que le monde n'est suffisant.

Aussitôt Avenant se mit à chanter sur le même air :

Approche, voici Avenant,
Qui t'arrachera les dents ;
Bien qu'il ne soit pas des plus grands,
Pour te battre il est suffisant.

Les rimes n'étaient pas bien régulières, mais il fit la chanson fort vite, et c'est même un miracle comme il ne la fit pas plus mal ; car il avait horriblement peur. Quand Galifron entendit ces paroles, il regarda de tous côtés, et aperçut Avenant l'épée à la main, qui lui dit deux ou trois injures pour l'irriter. Il n'en fallut pas tant, il se mit dans une colère effroyable ; et prenant une massue toute de fer, il aurait assommé du premier coup le gentil Avenant, sans un corbeau qui vint se mettre sur le haut de la tête, et avec son bec lui donna si juste dans les yeux, qu'il les creva ; son sang coulait sur son visage, il était comme un désespéré, frappant de tous côtés. Avenant l'évitait, et lui portait de grands coups d'épée qu'il enfonçait jusqu'à la garde, et qui lui faisaient mille blessures, par où il perdit tant de sang, qu'il tomba. Aussitôt Avenant lui coupa la tête, bien ravi d'avoir été si heureux ; le corbeau qui s'était perché sur un arbre, lui dit : « Je n'ai pas oublié le service que vous me rendîtes en tuant l'aigle qui me poursuivait ; je vous promis de m'en acquitter, je crois l'avoir fait aujourd'hui. C'est moi qui vous dois tout, monsieur du corbeau, répliqua Avenant, je demeure votre serviteur. » Il monta aussitôt à cheval chargé de l'épouvantable tête de Galifron.

Quand il arriva dans la ville, tout le monde le suivait et criait : « Voici le brave Avenant, qui vient de tuer le monstre », de sorte que la princesse, qui entendit bien du bruit, et qui tremblait qu'on ne lui vint apprendre la mort d'Avenant, n'osait demander ce qui lui était arrivé ; mais elle vit entrer Avenant avec la tête du géant, qui ne laissa pas de lui faire encore peur, bien qu'il n'y eut plus rien à craindre. « Madame, lui dit-il, votre ennemi est mort, vous ne refuserez plus le roi mon maître. — Ah ! si fait, dit la Belle aux cheveux d'or, je le refuserai, si vous ne trouvez moyen, avant mon départ, de m'apporter l'eau de la grotte ténébreuse.

Il y a proche d'ici une grotte profonde qui a bien six lieues de tour ; on trouve à l'entrée deux dragons qui empêchent qu'on n'y entre, ils ont du feu dans la gueule et dans les yeux ; puis lorsqu'on est dans la grotte, on trouve un grand trou dans lequel il faut descendre ; il est plein de crapauds, de couleuvres, et de serpents. Au fond de ce trou, il y a une petite cave où coule la fontaine de beauté et de santé ; c'est de cette eau que je veux absolument. Tout ce qu'on en lave devient merveilleux ; si l'on est belle, on demeure toujours belle ; si l'on est laide, on devient belle ; si l'on est jeune, on reste jeune ; si l'on est vieille, on devient jeune. Vous jugez bien, Avenant, que je ne quitterai pas mon royaume sans en emporter.

— Madame, lui dit-il, vous êtes si belle, que cette eau vous est bien inutile ; mais je suis un malheureux ambassadeur dont vous voulez la mort ; je vais vous aller chercher ce que vous désirez, avec la certitude de n'en pouvoir revenir. » La Belle aux Cheveux d'or ne changea point de dessein, et Avenant partit avec le petit chien Cabriolle, pour aller à la grotte ténébreuse chercher de l'eau de beauté. Tous ceux qu'il rencontrait sur son chemin disaient : « C'est une pitié de voir un garçon si aimable s'aller perdre de gaieté de cœur ; il va seul à la grotte, et quand il irait lui centième, il n'en pourrait venir à bout. Pourquoi la princesse ne veut-elle que des choses impossibles ? » Il continuait de marcher et ne disait pas un mot ; mais il était bien triste.

Il arriva vers le haut d'une montagne, où il s'assit pour se reposer un peu, et il laissa paître son cheval et courir Cabriolle après des mouches ; il savait que la grotte ténébreuse n'était pas loin de là, il regardait s'il ne la verrait point ; enfin il aperçut un vilain rocher noir comme de l'encre, d'où sortait une grosse fumée, et au bout d'un moment un des dragons qui jetait du feu par les yeux et par la gueule ; il avait le corps jaune et vert, des griffes et une longue queue qui faisait plus de cent tours ; Cabriolle vit tout cela et ne savait où se cacher, tant il avait peur.

Avenant, tout résolu de mourir, tira son épée, et descendit avec une fiole que la Belle aux cheveux d'or lui avait donnée pour la remplir de l'eau de beauté. Il dit à son petit chien Cabriolle : « C'est fait de moi ! je ne pourrai jamais avoir de cette eau qui est gardée par les dragons ; quand je serai mort, remplis la fiole de mon sang, et la porte à la princesse pour qu'elle voie ce qu'elle me coûte ; et puis va trouver le roi mon maître, et lui conte mon malheur. Comme il parlait ainsi, il entendit qu'on l'appelait « Avenant ! Avenant ! » Il dit : « Qui m'appelle ? » et il vit un hibou dans le trou d'un vieil arbre, qui lui dit : « Vous m'avez retiré du filet des chasseurs où j'étais pris, et vous me sauvâtes la vie : je vous promis que je vous le revaudrais, en voici le temps. Donnez-moi votre fiole ; je sais tous les chemins de la grotte ténébreuse, je vais vous quérir l'eau de beauté. » Dame ! qui fut bien aise ? Je vous le laisse à penser. Avenant lui donna vite sa fiole, et le hibou entra sans nul empêchement dans la grotte. En moins d'un quart d'heure, il revint rapporter la bouteille bien bouchée. Avenant fut ravi, il le remercia de tout son cœur ; et, remontant la montagne, il prit le chemin de la ville bien joyeux.

Il alla droit au palais, il présenta la fiole à la Belle aux cheveux d'or, qui n'eut plus rien à dire ; elle remercia Avenant, et donna ordre de préparer tout ce qu'il lui fallait pour partir ; puis elle se mit en voyage avec lui. Elle le trouvait bien aimable, et elle lui disait quelquefois : « Si vous aviez voulu, je vous aurais fait roi ; nous ne serions point partis de mon royaume ; » mais il répondait : « Je ne voudrais pas faire un si grand déplaisir à mon maître pour tous les royaumes de la terre, quoique je vous trouve plus belle que le soleil. »

Enfin, ils arrivèrent à la grande ville du roi, qui, sachant que la Belle aux cheveux d'or venait, alla au devant d'elle, et lui fit les plus beaux présents du monde. Il l'épousa avec tant de réjouissances, que l'on ne parlait d'autre chose ; mais la Belle aux cheveux d'or, qui aimait Avenant dans le fond de son cœur, n'était bien aise que quand elle le voyait, et elle le louait toujours : « Je ne serais point venue sans Avenant, disait-elle au roi ; il a fallu qu'il ait fait des choses impossibles pour mon service ; vous lui devez d'être obligé, il m'a donné de l'eau de beauté ; je ne vieillirai jamais ; je serai toujours belle. »

Les envieux qui écoutaient la reine dirent au roi : « Vous n'êtes point jaloux, et vous avez sujet de l'être ; la reine aime si fort Avenant, qu'elle en perd le boire et le manger ; elle ne fait que parler de lui et des obligations que vous lui avez, comme si tel autre que vous auriez envoyé n'en eut pas fait autant. » Le roi dit : « Vraiment, je m'en avise ; qu'on aille le mettre dans la tour avec les fers aux pieds et aux mains. » L'on prit Avenant ; et pour sa récompense d'avoir si bien servi le roi, on l'enferma dans la tour avec les fers aux pieds et aux mains. Il ne voyait personne que le geôlier, qui lui jetait un morceau de pain noir par un trou, et de l'eau dans une écuelle de terre ; pourtant son petit chien Cabriolle ne le quittait point, il le consolait, et venait lui dire toutes les nouvelles.

Quand la Belle aux cheveux d'or sut sa disgrâce, elle se jeta aux pieds du roi, et, tout en pleurs, elle le pria de faire sortir Avenant de prison. Mais plus elle le priait, plus il se fâchait, songeant : c'est qu'elle l'aime ! et il n'en voulut rien faire ; elle n'en parla plus : elle était bien triste.

Le roi s'avisa qu'elle ne le trouvait peut-être pas assez beau ; il eut envie de se frotter le visage avec de l'eau de beauté, afin que la reine l'aimât plus qu'elle ne faisait. Cette eau était dans la fiole, sur le bord de la cheminée de la chambre de la reine : elle l'avait mise là pour la regarder plus souvent ; mais une de ses femmes de chambre, voulant tuer une araignée avec un balai, jeta par malheur la fiole par terre, qui se casse, et toute l'eau fut perdue. Elle balaya vitement, et ne sachant que faire, elle se souvint qu'elle avait vu dans le cabinet du roi une fiole toute semblable, pleine d'eau claire comme était l'eau de beauté ; elle la prit adroitement sans rien dire, et la porta sur la cheminée de la reine.

L'eau qui était dans le cabinet du roi servait à faire mourir les princes et les grands seigneurs quand ils étaient criminels ; au lieu de leur couper la tête ou de les pendre, on leur frottait le visage de cette eau, ils s'endormaient et ne se réveillaient plus. Un soir donc, le roi prit la fiole et se frotta bien le visage ; puis il s'endormit et mourut. Le petit chien Cabriolle l'apprit des premiers, et ne manqua pas de l'aller dire à Avenant, qui lui dit d'aller trouver la Belle aux cheveux d'or, et de la faire souvenir du pauvre prisonnier.

Cabriolle se glissa doucement dans la presse, car il y avait grand bruit à la cour pour la mort du roi. Il dit à la reine : « Madame, n'oubliez pas le pauvre Avenant. » Elle se souvint aussitôt des peines qu'il avait souffertes à cause d'elle et de sa grande fidélité : elle sortit sans parler à personne, et fut droit à la tour, où elle ôta elle-même les fers des pieds et des mains d'Avenant ; et, lui mettant une couronne d'or sur la tête, et le manteau royal sur les épaules, elle lui dit : « Venez, aimable Avenant, je vous fais roi et vous prends pour mon époux. » Il se jeta à ses pieds et la remercia. Chacun fut ravi de l'avoir pour maître ; il se fit la plus belle noce du monde, et la Belle aux cheveux d'or vécut longtemps avec le bel Avenant, tous heureux et satisfaits.

Moralité

Si par hasard un malheureux
Te demande ton assistance,
Ne lui refuse point un secours généreux :
Un bienfait tôt ou tard reçoit sa récompense.
Quand Avenant avec tant de bonté,
Servait carpe et corbeau : quand jusqu'au hibou même,
Sans être rebuté de sa laideur extrême,
Il conservait la liberté ;
Aurait-on pu jamais le croire,
Que ces animaux, quelque jour,
Le conduiraient au comble de la gloire,
Lorsqu'il voudrait du roi servir le tendre amour ?
Malgré tous les attraits d'une beauté charmante,
Qui commençait pour lui de sentir des désirs,
Il conserve à son maître, étouffant ses soupirs,
Une fidélité constante.
Toutefois sans raison il se voit accusé :
Mais quand à son bonheur il paraît plus d'obstacle,
Le ciel lui devait un miracle
Qu'à la vertu jamais le ciel n'a refusé.

Marquise de Lambert. (B.N.)

Madame de Lambert (1647-1733)

En préface à l'édition des *ŒUVRES DE MADAME LA MARQUISE DE LAMBERT* de 1747, le Libraire de Lausanne qui a composé le recueil propose un *abrégé de sa vie*, que nous reproduisons ici :

La Marquise de Lambert qui se nommait Anne-Thérèse de Marguenat de Courcelles était fille unique d'Étienne de Marguenat, Seigneur de Courcelles, Maître ordinaire en la Chambre des Comptes, mort le 22 May 1650 et de Monique Passart, morte le 21 Juillet 1692 pour lors femme en secondes noces de François le Coigneux, Seigneur de la Rocheturpin et de Bachaumont, célèbre par son bel esprit.

Elle avait été mariée le 22 février 1666 avec Henri de Lambert, Marquis de Saint-Bris en Auxerrois, Baron de Chitry et Augy, alors capitaine au Régiment Royal, et depuis Mestre de Camp d'un Régiment de Cavalerie : fait Brigadier en 1674. Maréchal de Camp le 25 février 1677, Commandant de Fribourg en Brisgaw au mois de novembre suivant : Gouverneur de Longwi, et Lieutenant Général des Armées du Roi, au mois de juillet 1682 et enfin Gouverneur et Lieutenant Général de la Ville et Duché de Luxembourg, au mois de juin 1684, mort au mois de juillet 1686.

Elle avait eu, outre deux filles mortes en bas âge, un fils et une autre fille : le fils est Henri-François de Lambert, Marquis de St-Bris, né le 13 décembre 1677, Lieutenant Général des Armées du Roi du 30 mars 1720 et Gouverneur de la ville d'Auxerre ; autrefois Colonel du Régiment de Périgord. Il a été marié le 12 janvier 1725 avec Angélique de Larlan de Rochefort, veuve de Louis-François Du Parc, Marquis de Loemaria, Lieutenant Général des Armées du Roi, mort le 4 octobre 1709, La fille de la Marquise de Lambert était Marie-Thérèse de Lambert, qui avait été mariée en 1703 avec Louis de Beaupoil, Comte de St-Aulaire, Seigneur de la Porcherie et de la Grenellerie, Colonel Lieutenant du Régiment d'Enguin Infanterie, tué au combat de Rammersheim, dans la Haute-Alsace, le 26 août 1709 ; elle est morte le 13 juillet 1731, âgée de 52 ans, ayant laissé une fille unique, nommée Thérèse-Eulalie de Beaupoil de St-Aulaire, mariée le 7 février 1725 avec Anne-Pierre d'Harcourt, Marquis de Beuvron, Seigneur de Tourneville, Lieutenant Général pour le Roi au Gouvernement de Normandie, Gouverneur du vieux Palais de Rouen, et Mestre de Camp de Cavallerie, frère du Duc d'Harcourt.

La mère de la Marquise de Lambert épousa, comme on l'a dit, M. de Bachaumont qui, non seulement faisait fort agréablement des vers, comme tout le monde sait par le fameux Voyage dont il partagea la gloire avec la Chapelle ; mais qui, de plus, était homme de beaucoup d'esprit, et plus encore, homme de très bonne compagnie, dans un temps où la bonne et la mauvaise compagnie se mêlaient beaucoup moins, et où l'on y était bien plus difficile. Il s'affectionna à sa belle-fille, presque encore enfant, à cause des dispositions heureuses qu'il découvrit bientôt en elle ; et il s'appliqua à les cultiver tant par lui-même que par le monde choisi qui venait dans sa maison, et dont elle apprenait sa langue comme on fait la langue maternelle. Elle se dérobait souvent aux plaisirs de son âge, pour aller lire en son particulier ; et elle s'accoutuma dès lors, de son propre mouvement, à faire de petits Extraits de ce qui la frappait le plus. C'étaient déjà, ou des Réflexions fines sur le cœur humain, ou des tours d'expression ingénieux ; mais le plus souvent des Réflexions. Ce goût ne la quitta pas, ni quand elle fut obligée de représenter à Luxembourg, dont M. le Marquis de Lambert était Gouverneur, ni quand, après sa mort, elle eut à essuyer de longs et cruels procès où il s'agissait de toute sa fortune : enfin quand elle les eut conduits et gagnés avec toute la capacité d'une personne qui n'eut point eu d'autre talent ; libre enfin et maîtresse d'un bien assez considérable qu'elle avait presque conquis, elle établit dans Paris une maison où il était honorable d'être reçu. C'était la seule, à un petit nombre d'exceptions près, qui fut préservée de la maladie épidémique du Jeu ; la seule où l'on se trouva pour se parler raisonnablement les uns les autres, et même avec esprit selon l'occasion. Aussi, ceux qui avaient leurs raisons pour trouver mauvais qu'il y eut encore de la conversation quelque part, lançaient-ils, quand ils le pouvaient, quelques traits malins contre la maison de Mme de Lambert ; et Mme de Lambert elle-même, très délicate sur les discours et sur l'opinion du public, craignait quelquefois de donner trop à son goût : elle avait le soin de se rassurer, en faisant réflexion que dans cette même maison, si accusée d'esprit, elle y faisait une dépense très noble, et y recevait beaucoup plus de gens du Monde et de condition, que de gens illustres dans les Lettres.

Son extrême sensibilité sur les discours du Public fut mise à une bien plus rude épreuve. Elle s'amusait volontiers à écrire pour elle seule, et elle voulut bien lire ses Écrits à un très petit nombre d'amis particuliers ; car quoiqu'on n'écrive que pour soi, on écrit aussi un peu pour les autres sans s'en douter. Elle fit plus, elle laissa sortir ses papiers de ses mains, sous les sermens les plus forts qu'on lui fit de la fidélité la plus exacte. On viola les sermens ; des Auteurs ne crurent point qu'une modestie d'Auteur put être sincère ; ils prirent des Copies qui ne manquèrent pas d'échapper. Voilà les *AVIS D'UNE MÈRE A SON FILS, LES AVIS A SA FILLE* imprimés, et elle se croit déshonorée. Une femme de condition faire des Livres, comment soutenir cette infamie !
Le Public sentit bien cependant le mérite de ces Ouvrages, la beauté du stile, la finesse et l'élévation des sentimens, le ton aimable de vertu qui y règne partout. Il s'en fit en peu de tems plusieurs Éditions, soit en France soit ailleurs, et ils furent traduits en Anglais. Mais Mme de Lambert ne se consolait point, et on n'aurait pas la hardiesse d'assurer ici une chose si peu vraisemblable, si après ces succès, on ne lui avait vu retirer de chez un Libraire et payer au prix qu'il voulut, toute l'Édition qu'il venait de faire d'un autre Ouvrage qu'on lui avait dérobé.
Les qualités de l'Ame, plus importantes et plus rares, surpassaient encore en elle les qualités de l'esprit. Elle était née courageuse, peu susceptible d'aucune crainte, si ce n'était sur la gloire ; incapable de se rendre aux obstacles dans une entreprise nécessaire ou vertueuse. Elle n'était pas seulement ardente à servir ses Amis sans attendre leurs prières, ni l'exposition souvent humiliante de leurs besoins, mais une bonne action à faire, même en faveur des personnes indifférentes, la tentait toujours vivement, et il fallait que les circonstances fussent bien contraires, si elle n'y succombait pas. Quelques mauvais succès de ses générosités ne l'en avaient point corrigée, et elle était toujours également prête à hazarder de faire le bien. Elle fut fort infirme pendant tout le cours de sa vie. Ses dernières années furent accablées de souffrances, pour lesquel-

Enfin elle décéda à Paris le 12 juillet 1733 dans la 86ᵉ année de son âge, généralement regrettée, à cause des grandes qualités de son cœur et de son esprit. Nous avons d'elle, comme on l'a dit, un excellent Ouvrage sous ce titre : *AVIS D'UNE MÈRE A SON FILS ET A SA FILLE,* imprimé à Paris chez Ganeau en 1728 un vol. in-douze, et des *RÉFLEXIONS SUR LES FEMMES* dont il y a une Édition en Hollande.

Indication bibliographique

Reynolds, G. de : *Le XVIIᵉ siècle le classique et le baroque.* Montréal. Éditions de l'Arbre, 1944.

RÉFLEXIONS NOUVELLES SUR LES FEMMES

Il a paru depuis quelque tems des Romans faits par des Dames, dont les Ouvrages sont aussi aimables qu'elles : l'on ne peut mieux les louer. Quelques personnes, au lieu d'en examiner les grâces, ont cherché à y jeter du ridicule. Il est devenu si redoutable, ce Ridicule, qu'on le craint plus que le Déshonorant. Il a tout déplacé, et met où il lui plaît la honte et la gloire. Le laisserons-nous le maître et l'arbitre de notre réputation ? Je me demande ce qu'il est ? On ne l'a point encore défini. Il est purement arbitraire et dépend plus de la disposition qui est en nous, que de celles des objets. Il varie et relève, comme les Modes, du seul caprice. Il a pris le Savoir en aversion. A peine le pardonne-t-il à un petit nombre d'Hommes supérieurs en esprit : mais pour ce qui est des personnes du grand monde, s'ils osent savoir, on les appelle pédans. La Pédanterie cependant est un vice de l'Esprit, et le Savoir en est l'ornement. Si l'on passe aux Hommes l'amour des Lettres, on ne le pardonne pas aux Femmes. On dira que je prens un ton bien sérieux pour défendre les Enfans de la Reine de Lydie : mais qui ne serait blessé de voir attaquer des Femmes aimables, qui s'occupent innocemment, quand elles pourraient employer leur tems suivant l'usage d'à-présent ? J'attaquerai les mœurs du tems, qui sont l'ouvrage des Hommes. La honte n'est plus pour les Vices, elle se garde pour ce qui s'appelle le Ridicule. Son pouvoir s'étend plus loin qu'on ne pense. Il est dangereux de le répandre sur ce qui est bon. L'Imagination une fois frappée ne voit plus que lui.

Un Auteur Espagnol disait que le Livre de DON QUICHOTTE avait perdu la Monarchie d'Espagne, parce que le ridicule qu'il a répandu sur la valeur que cette Nation possédait autrefois dans un degré si éminent en a amolli et énervé le courage.

Molière en France a fait le même désordre, par la Comédie des *Femmes Savantes*. Depuis ce tems-là, on a attaché presque autant de honte au Savoir des Femmes qu'aux vices qui leur sont le plus défendus. Lorsqu'elles se sont vues attaquées, sur des musemens innocens, elles ont compris que, honte pour honte, il fallait choisir celle qui leur rendait davantage, et elles se sont livrées aux plaisirs.

Le désordre s'est accru par l'exemple et a été autorisé par les Femmes en dignité ; car la licence et l'impunité sont les privilèges de la Grandeur : Alexandre nous l'a appris. On vint un jour lui dire que sa Sœur aimait un jeune homme, que leur intrigue était publique ; et qu'elle se respectait peu : *Il faut bien*, dit-il, *lui laisser sa part de la Royauté, qui est la* liberté *et l'*impunité.

La société a-t-elle gagné dans cet échange du goût des Femmes ? Elles ont mis la Débauche à la place du Savoir : le Précieux qu'on leur a tant reproché, elles l'ont changé en Indécence. Par là elles se sont dégradées, et sont déchues de leur dignité : car il n'y a que la Vertu qui leur conserve leur place, et il n'y a que les Bienséances qui les maintiennent dans leurs droits. Mais plus elles ont voulu ressembler aux Hommes de ce côté, plus elles se sont avilies.

Les Hommes, par la force, plutôt que par le droit naturel, ont usurpé l'autorité sur les Femmes ; elles ne rentrent dans leur domination, que par la Beauté et par la Vertu. Si elles peuvent joindre les deux, leur empire sera plus absolu. Mais le règne de la Beauté est peu durable : on l'appelle une courte tyrannie ; elle leur donne le pouvoir de faire des malheureux, mais il ne faut pas qu'elles en abusent.

Le règne de la Vertu est pour toute la vie : c'est le caractère des choses estimables, de redoubler de prix par leur durée, et de plaire par le degré de perfection qu'elles ont, quand elles ne plaisent plus par le charme de la nouveauté. Il faut penser qu'il y a peu de tems à être belle, et beaucoup à ne l'être plus ; que quand les grâces abandonnent les Femmes, elles ne se soutiennent que par les parties essentielles, et par les qualités estimables. Il ne faut pas qu'elles espèrent allier une jeunesse voluptueuse, et une vieillesse honorable. Quand une fois la Pudeur est immolée, elle ne revient pas plus que les belles années. C'est elle qui sert leur véritable intérêt ; elle augmente leur beauté, elle en est la fleur ; elle sert d'excuse à la laideur ; elle est le charme des yeux, l'attrait des cœurs, la caution des vertus, l'union et la paix des familles.

Mais si elle est une sûreté pour les mœurs, elle est aussi l'aiguillon des désirs : sans elle, l'Amour serait sans gloire, et sans goût ; c'est sur elle que se prennent les plus flatteuses conquêtes ; elle met le prix aux faveurs. La Pudeur, enfin, est si nécessaire aux plaisirs qu'il faut la conserver, même dans les tems destinés à la perdre. Elle est aussi une coquetterie rafinée, une espèce d'enchère que les belles personnes mettent à leurs appas, une manière délicate d'augmenter leurs charmes en les cachant. Ce qu'elles dérobent aux yeux, leur est rendu par la libéralité de l'imagination. PLUTARQUE dit qu'il y avait un Temple dédié à Vénus la Voilée. *On ne saurait*, dit-il, *entourer cette Déesse de trop d'ombres, d'obscurité, et de mystères.* Mais à présent l'indécence est au point de ne vouloir plus de voile à ses faiblesses.

Les femmes pourraient dire : quelle est la tyrannie des Hommes ! Ils veulent que nous ne fassions aucun usage de notre esprit, ni de nos sentimens. Ne doit-il pas leur suffire de régler tout le mouvement de notre cœur, sans se saisir encore de notre intelligence ? Ils veulent que la bienséance soit aussi blessée quand nous ornons notre esprit, que quand nous livrons notre cœur. C'est étendre trop loin leurs droits.

Les Hommes ont un grand intérêt à rappeler les Femmes à elles-mêmes, et à leurs premiers devoirs. Le divorce que nous faisons avec nous-même est la source de tous nos égarements. Quand nous ne tenons pas à nous par des goûts solides, nous tenons à tous. C'est dans la solitude que la Vérité donne ses leçons, et où nous apprenons à rabattre du prix des choses que notre imagination fait nous surfaire. Quand nous savons nous occuper par de bonnes lectures, il se fait en nous insensiblement une nourriture solide qui coule dans les mœurs.

Il y avait autrefois des maisons où il était permis de parler et de penser ; où les Muses étaient en société avec les Grâces. On y allait prendre des leçons de politesse et de délicatesse : les plus grandes Princesses s'y honoraient du commerce des gens d'esprit.

Madame Henriette d'Angleterre, qui aurait servi de modèle aux Grâces, donnait l'exemple. Sous un visage riant, sous un air de jeunesse qui ne semblait promettre que des jeux, elle cachait un grand sens, et un esprit sérieux. Quand on traitait, ou qu'on disputait avec elle, elle oubliait son rang et ne paraissait élevée que par sa raison. Enfin l'on croyait avancer dans l'agrément et dans la perfection, qu'autant qu'on avait su plaire à Madame. Un Hôtel de Rambouillet, si honoré dans le siècle passé, serait le ridicule du nôtre. On sortait de ces maisons comme des repas de PLATON, dont l'âme était nourrie et fortifiée. Ces plaisirs spirituels et délicats ne coûtaient rien aux mœurs, ni à la fortune, car les dépenses d'esprit n'ont jamais ruiné personne. Les jours coulaient dans l'innocence et dans la paix. Mais à présent, que ne faut-il point pour l'emploi du tems, pour l'amusement d'une journée ? Quelle multitude de goûts se succèdent les uns aux autres ! La Table, le Jeu, les Spectacles. Quand le luxe et l'argent sont en crédit, le véritable honneur perd le sien.

On ne cherche plus que ces maisons où règne un luxe honteux. Ce Maître de la maison, que vous honorez, songez, en l'abordant, que souvent c'est l'Injustice et le Larcin que vous saluez. Sa Table, dites-vous, est délicate ; le goût règne chez lui. Tout est poli, tout est orné, hors l'âme du Maître. Il oublie, dites-vous, ce qu'il est. Eh, comment ne l'oublierait-il pas ? Vous l'oubliez vous-même. C'est vous qui tirez le rideau de l'oubli et de l'orgueil devant ses yeux. Voilà les inconvénients pour les deux Sexes, où conduit l'éloignement des Lettres et du Savoir ; car les Muses ont toujours été l'azile des mœurs.

Les Femmes ne peuvent-elles pas dire aux Hommes : quel droit avez-vous de nous défendre l'étude des Sciences et des Beaux Arts ? Celles qui s'y sont attachées n'y ont-elles pas réussi, et dans le sublime, et dans l'agréable ? Si les Poésies de certaines Dames avaient le mérite de l'Antiquité, vous les regarderiez avec la même admiration que les Ouvrages des Anciens, à qui vous faites justice.

Un Auteur très respectable* donne au Sexe tous les agrémens de l'imagination : *Ce qui est de goût, est*, dit-il, *de leur ressort, et elles sont Juges de la perfection de la Langue.* L'avantage n'est pas médiocre.

Or que ne doit-on pas aux agrémens de l'imagination ? C'est elle qui fait les Poètes et les Orateurs : rien ne plaît tant que ces imaginations vives, délicates, remplies d'idées riantes. Si vous joignez la force à l'agrément, elle domine, elle force l'âme et l'entraîne ; car nous cédons plus certainement à l'agrément qu'à la vérité. L'imagination est la source et la gardienne de nos plaisirs. Ce n'est qu'à elle qu'on doit l'agréable illusion des passions. Toujours d'intelligence avec le cœur, elle fait lui fournir toutes les erreurs dont il a besoin : elle a droit aussi sur le tems ; elle fait rappeler les plaisirs passés, et nous fait jouir par avance de tous ceux que l'avenir nous promet : elle nous donne de ces joyes sérieuses qui ne font rire que l'esprit ; toute l'âme est en elle, et dès qu'elle se refroidit, tous les charmes de la vie disparaissent.

Parmi les avantages qu'on donne aux Femmes, on prétend qu'elles ont un goût fin pour juger les choses d'agrément. Beaucoup de personnes ont défini le Goût. Une Dame** d'une profonde érudition a

---

* MALEBRANCHE   ** Me DACIER

prétendu que c'est *une harmonie, un accord de l'esprit et de la raison,* et qu'on en a plus ou moins, selon que cette harmonie est plus ou moins juste. Une autre personne a prétendu que l'un et l'autre, d'intelligence, forment ce que l'on appelle le *Jugement.* Ce qui fait croire que le Goût tient plus au sentiment qu'à l'esprit, c'est qu'on ne peut rendre raison de ses goûts, parce qu'on ne sait point pourquoi on les sent : mais on rend toujours raison de ses opinions et de ses connaissances. Il n'y a aucun rapport, aucune liaison nécessaire entre les goûts. Ce n'est pas la même chose entre les vérités. Je croi donc pouvoir amener toute personne intelligente à mon avis. Je ne suis jamais sûre d'amener une personne sensible à mon goût : je n'ai point d'attrait pour l'attirer à moi. Rien ne se tient dans les goûts ; tout vient de la disposition des organes, et du rapport qui se trouve entre eux et les objets. Il y a cependant une justesse de goût, comme il y a une justesse de sens. La justesse de goût juge de ce qui s'appelle agrément, sentiment, bienséance, délicatesse, ou fleur d'esprit (si on ose parler ainsi) qui fait sentir dans chaque chose la mesure qu'il faut garder. Mais comme on n'en peut donner de règle assurée, on ne peut convaincre ceux qui y font des disputes. Dès que leur sentiment ne les avertit pas, vous ne pouvez les instruire. De plus, le goût a pour objet des choses si délicates, si imperceptibles, qu'il échappe aux règles. C'est la Nature qui le donne ; il ne s'acquiert pas. Le Goût est d'une grande étendue ; il fait appercevoir d'une manière vive et prompte, sans qu'il ne coûte rien à la Raison, tout ce qu'il y a à voir dans chaque chose. C'est ce que veut dire MONTAIGNE, quand il assure que les Femmes ont un *esprit Prim-sautier.* Dans le cœur, le Goût donne des sentimens délicats ; et dans le commerce du monde, une certaine politesse attentive, qui nous apprend à ménager l'amour propre de ceux avec qui nous vivons. Je croi que le Goût dépend de deux choses ; d'un sentiment très délicat dans le cœur, et d'une grande justesse dans l'esprit. Il faut donc avouer que les Hommes ne connaissent pas la grandeur du présent qu'ils font aux Dames, quand ils leur passent l'esprit du Goût.

Ceux qui attaquent les Femmes ont prétendu que l'action de l'esprit, qui consiste à considérer un objet, était bien moins parfaite dans les Femmes, parce que le sentiment qui les domine les distrait et les entraîne. L'attention est nécessaire ; elle fait naître la lumière, pour ainsi dire, approche les idées de l'esprit et les met à sa portée : mais chez les Femmes, les idées s'offrent d'elles-mêmes, et s'arrangent plutôt par sentiment que par réflexion ; la Nature raisonne pour elles, et leur en épargne tous les frais. Je ne croi donc pas que le sentiment nuise à l'entendement ; il fournit de nouveaux esprits, qui illuminent de manière que les idées se prétendent plus vives, plus nettes, et plus démêlées ; et pour preuve de ce que je dis, toutes les passions sont éloquentes. Nous allons aussi sûrement à la vérité par la force et la chaleur des sentimens, que par l'étude et la justesse des raisonnemens et nous arrivons toujours par eux, plus vite au but dont il s'agit, que par les connaissances. La persuasion du cœur est au-dessus de celle de l'esprit, puisque souvent notre conduite en dépend ; c'est à notre imagination et à notre cœur que la Nature a remis la conduite de nos actions, et de ses mouvements.

La Sensibilité est une disposition de l'âme qu'il est avantageux de trouver dans les autres. Vous ne pouvez avoir ni humanité ni générosité, sans Sensibilité. Un seul sentiment, un seul mouvement du cœur a plus de crédit sur l'âme, que toutes les Sentences des Philosophes. La Sensibilité secourt l'esprit, et sert la vertu. On convient que les agrémens se trouvent chez les personnes de ce caractère, les grâces vives et soudaines, dont parle PLUTARQUE, ne sont que pour elles.

Une Dame* qui a été un modèle d'agrément sert de preuve à ce que j'avance. On demandait un jour à un homme d'esprit de ses amis *ce qu'elle faisait et ce qu'elle pensait dans sa retraite. Elle n'a jamais pensé,* répondit-il, *elle ne fait que sentir.* Tous ceux qui l'ont connue conviennent que c'était la plus séduisante personne du monde, et que les goûts, ou plutôt les passions, se rendaient maîtres de son imagination et de sa raison ; de manière que ses goûts étaient toujours justifiés par sa raison, et respectés par ses amis. Aucun de ceux qui l'ont connue n'a osé la condamner qu'en cessant de la voir, parce que jamais elle n'avait tort en présence. Cela prouve que rien n'est si absolu que la supériorité de l'esprit, qui vient de la sensibilité, et de la force de l'imagination ; parce que la persuasion est toujours à la suite.

Les Femmes, d'ordinaire, ne doivent rien à l'art. Pourquoi trouver mauvais qu'elles ayent un esprit qui ne leur coûte rien ? Nous gâtons toutes les dispositions que leur a données la Nature ; nous commençons par négliger leur éducation ; nous n'occupons leur esprit à rien de solide ; et le cœur en profite ; nous les destinons à plaire et elles ne nous plaisent que par leurs grâces ou par leurs vices. Il semble qu'elles ne soient faites que pour être un spectacle agréable à nos yeux. Elles ne songent donc qu'à cultiver leurs agrémens, et se laissent aisément entraîner au penchant de la Nature ; elles ne se refusent pas à des goûts qu'elles ne croyent pas avoir reçus de la Nature pour les combattre.

Mais ce qu'il y a de singulier, c'est qu'en les formant pour l'Amour, nous leur en défendons l'usage. Il faudrait prendre un parti : si nous ne les destinons qu'à plaire, ne leur défendons pas l'usage de leurs agrémens ; si vous les voulez raisonnables et spirituelles, ne les abandonnez pas quand elles n'ont que cette sorte de mérite. Mais nous leur demandons un mélange et un ménagement de ces qualités, qu'il est difficile d'attraper et de réduire à une mesure juste. Nous leur voulons de l'esprit, mais pour le cacher, l'arrêter, et l'empêcher de rien produire. Il ne saurait prendre l'essor, qu'il ne soit aussitôt rappelé par ce qu'on nomme *Bienséance*. La gloire, qui est l'âme et le soutien de toutes les productions de l'esprit, leur est refusée. On ôte à leur esprit tout objet, toute espérance : on l'abaisse ; et si j'ose me servir des termes de PLATON, *on lui coupe les ailes.* Il est bien étonnant qu'il leur en reste encore.

Les Femmes ont pour elles une grande autorité : c'est S. Evremond. Quand il a voulu donner un modèle de perfection, il ne l'a pas placé chez les Hommes. *Je crois,* dit-il, *impossible de trouver dans les Femmes la saine raison des Hommes, que dans les Hommes les agrémens des Femmes.* Je demande aux Hommes, de la part de tout le Sexe : Que voulez-vous de nous ? Vous souhaitez tous de vous unir à des personnes estimables, d'un esprit aimable et d'un cœur droit : permettez-leur donc l'usage des choses qui perfectionnent la raison. Ne voulez-vous que les grâces qui favorisent les plaisirs ? Ne vous plaignez donc pas si les Femmes étendent un peu l'usage de leurs charmes.

Mais pour donner aux choses le rang et le prix qu'elles méritent, distinguons les qualités estimables, et les agréables. Les estimables sont réelles et sont intrinsèques aux choses, et par les Loix de la Justice, ont un droit naturel sur notre estime. Les qualités agréables, qui ébranlent l'âme, et qui donnent de si douces impressions, ne sont point réelles ni propres à l'objet ; elles se doivent à la disposition de nos organes, et à la puissance de notre imagination. Cela est si vrai, qu'un même objet ne fait pas les mêmes impressions sur tous les hommes ; et que souvent nos sentimens changent, sans qu'il y ait rien de changé dans l'objet.

* Mme DE LA SABLIERE

Les qualités extérieures ne peuvent être aimables, par elles-mêmes, elles ne le sont que par les dispositions qu'elles trouvent en nous. L'Amour ne se mérite point : il échappe aux plus grandes qualités. Serait-il donc possible que le cœur ne put dépendre des loix de la Justice et qu'il ne fut soumis qu'à celles du Plaisir ? Quand les Hommes voudront, ils réuniront toutes ces qualités, et ils trouveront des Femmes aussi aimables que respectables. Ils prennent sur leur bonheur et sur leur plaisir, quand ils les dégradent. Mais de la manière dont elles se conduisent, les mœurs ont infiniment perdu, et les plaisirs n'y ont pas gagné.

Tout le monde convient qu'il est nécessaire que les Femmes se fassent estimer : mais n'avons-nous besoin que d'estime, et ne nous manquera-t-il plus rien ? Notre raison nous dira que cela doit suffire ; mais nous abandonnons aisément les droits de la raison, pour ceux du cœur. Il faut prendre la Nature comme elle est. Les qualités estimables ne plaisent qu'autant qu'elles peuvent nous devenir utiles : mais les aimables nous sont aussi nécessaires pour occuper notre cœur. Car nous avons autant de besoin d'aimer que d'estimer. On se lasse même d'admirer, si ce qu'on admire n'est aussi fait pour plaire. Ce n'est pas même assez que le Sexe nous plaise ; il semble qu'il soit obligé de nous toucher. Le mérite n'est pas brouillé avec les grâces ; lui seul a droit de les fixer : sans lui elles sont légères et fugitives. De plus la Vertu n'a jamais enlaidi personne ; et cela est si vrai, que la beauté, sans mérite et sans esprit, est insipide ; et que le mérite fait pardonner la laideur.

Je ne mets pas l'aimable Sentiment dans les qualités extérieures ; je l'étens plus loin. Les Espagnols disent que *la beauté est comme les odeurs dont l'effet est de peu de durée* : on s'y accoutume, et on ne les sent plus. Mais des mœurs, un esprit juste et fin, un cœur droit et sensible, ce sont des beautés ravissantes et toujours nouvelles. A présent nos plaisirs sont moins délicats, parce que nos mœurs sont moins pures. Examinons à qui on doit s'en prendre.

On attaque depuis longtemps la conduite des Femmes ; on prétend qu'elles n'ont jamais été si déréglées qu'à présent ; qu'elles ont banni la pureté de leur cœur, et les bienséances de leur conduite. Je ne sai si on n'a pas quelque raison. Je pourrais cependant dire qu'il y a longtemps qu'on se plaint des mêmes choses qu'un siècle peut être justifié par un autre ; et pour sauver le présent, je n'ai qu'à vous renvoyer au passé. Les mœurs se ressemblent dans tous les tems, mais elles se montrent sous des formes différentes. Comme l'usage n'a droit que sur les choses extérieures, et qu'il ne s'étend point sur les sentimens, il ne redresse pas la Nature ; il n'ôte point les besoins du cœur, et les passions sont toujours les mêmes.

Les Hommes se sont-ils acquis, par la pureté de leurs mœurs, le droit d'attaquer celle des Femmes ? En vérité, les deux Sexes n'ont rien à se reprocher : ils contribuent également à la corruption de leur Siècle. Il faut pourtant convenir que les manières ont changé. La Galenterie est bannie, et personne n'y a gagné. Les Hommes se sont séparés des Femmes, et ont perdu la politesse, la douceur, et cette fine délicatesse qui ne s'acquiert que dans leur commerce. Les Femmes aussi, ayant moins de commerce avec les Hommes, ont perdu l'envie de plaire par des manières douces et modestes ; et c'était pourtant la véritable source de leurs agrémens.

Quoique la Nation Française soit déchue de l'ancienne Galanterie, il faut pourtant convenir qu'aucune autre Nation ne l'avait ni plus poussée ni plus épurée. Les Hommes en ont fait un art de plaire ; et ceux qui s'y sont exercés, et qui y ont acquis une grande habitude, ont des règles certaines, quand ils savent s'adresser à des caractères faibles. Les Femmes se sont donné des règles pour leur résister. Comme elles jouissent d'une grande liberté en France, et qu'elles ne sont gardées que par leur pudeur et par les bienséances, elles ont su opposer leur devoir aux impressions de l'Amour. C'est des désirs et des desseins des Hommes, de la pudeur et de la retenue des Femmes, que se forme le commerce délicat qui polit l'esprit et qui épure le cœur : car l'Amour perfectionne les âmes bien nées. Il faut convenir qu'il n'y a que la Nation Française qui se soit fait un art délicat de l'Amour.

Les Espagnols et les Italiens l'ont ignoré. Comme les Femmes y sont presque enfermées, les Hommes ne mettent leur application qu'à vaincre les obstacles extérieurs ; et quand il les ont surmontés, ils n'en trouvent plus que dans la personne aimée. Mais l'Amour qui s'offre n'est guère piquant : il semble que ce soit l'ouvrage de la Nature, et non pas celui de l'Amant. En France, l'on sait faire un meilleur usage du tems. Comme le cœur est de la patrie, et que souvent même, chez les honnêtes personnes on n'a de commerce qu'avec lui, il est regardé comme la source de tous les plaisirs. C'est aussi aux Sentimens à qui nous devons tous nos *Romans*, si pleins d'esprit, et si épurés, et qui sont ignorés des Nations dont je parle. Une Espagnole en lisant les *Conversations de Clelie*, disait : *Voilà bien de l'esprit mal employé.* Dès qu'on ne sait faire qu'un usage de l'Amour, le Roman est court : en retranchant la Galanterie, vous passez sur la délicatesse de l'esprit et des sentimens. Les Espagnoles sont vives et emportées : elles sont à l'usage des sens et ne sont point à celui du cœur. C'est dans la résistance que les sentimens se fortifient, et acquièrent de nouveaux degrés de délicatesse. La passion s'éteint dès qu'elle est satisfaite ; et l'Amour sans crainte et sans désirs est sans âme.

L'Amour est le premier des plaisirs, la plus douce et la plus flatteuse de toutes les illusions : puisque ce sentiment est si nécessaire au bonheur des humains, il ne faut pas le bannir de la Société, il faut seulement apprendre à le conduire et à le perfectionner. Il y a tant d'Écoles établies pour cultiver l'esprit ; pourquoi n'en pas avoir pour cultiver le cœur ; c'est un art qui a été négligé. Les passions cependant sont des cordes qui ont besoin de la main d'un grand Maître, pour être touchées. Échape-t-on à qui fait remuer les ressorts de l'âme par ce qu'il y a de plus vif et de plus fort ?

L'Amour n'était pas décrié chez les Anciens, comme il l'est à présent. Pourquoi l'avilissons-nous ? Que ne lui laissons-nous toute sa dignité ? PLATON a un grand respect pour ce sentiment : quand il en parle, son imagination s'échauffe, son esprit s'illumine, et son stile s'embellit ; quand il parle d'un homme touché : *Cet Amant,* dit-il, *dont la personne est sacrée,* etc. Il appelle les Amans *des Amis divins et inspirés par les Dieux.*

Les anciens ne croyaient pas que le Plaisir dut être le premier objet de l'Amour. Ils étaient persuadés que la Vertu devait en être le soutien. Nous en avons banni les mœurs et la probité ; et c'est la source de tous les malheurs. La plupart des Hommes d'à présent croyent que les sermens que l'Amour a dictés n'obligent à rien. La morale et la reconnaissance ne défendent point les sens contre les amorces de la nouveauté. La plupart aiment par caprice, et changent par tempérament.

Ce que l'Amour fait souffrir, souvent n'apprend pas à s'en passer, il n'apprend qu'à le déplorer. Voyons ce que nous en pouvons faire. Examinons la conduite des Femmes dans l'Amour, et leurs différens caractères.

Il en est de bien des sortes. Il y a des Femmes qui ne cherchent et ne veulent que les plaisirs de l'Amour ; d'autres, qui joignent l'Amour et les plaisirs ; et quelques-unes qui ne reçoivent que l'Amour et qui rejettent tous les plaisirs. Je passerai légèrement sur le premier caractère. Celles-là ne cherchent dans l'Amour que les plaisirs des sens, que celui d'être fortement occupées et entraînées, et que celui d'être aimées. Enfin elles aiment l'Amour, et non pas l'Amant. Ces personnes se livrent à toutes les passions les plus ardentes. Vous les voyez occupées du Jeu, de la Table : tout ce qui porte livrée du Plaisir est bien reçu.

J'ai toujours été étonnée qu'on put associer d'autres passions à l'Amour, qu'on laissa du vide dans son cœur, et qu'après avoir tout donné on ne fut pas uniquement occupé de ce qu'on aime. Ordinairement les personnes de ce caractère perdent toutes les vertus en perdant l'innocence ; et quand leur gloire est une fois immolée, elles ne ménagent plus rien. On faisait des reproches à Madame de COURCELLES qui violait toutes les loix de la bienséance : *je veux jouir,* disait-elle, *de la perte de ma réputation.* Celles qui suivent de pareilles maximes rejettent les vertus de leur Sexe. Elles les regardent comme un usage de politique auquel elles veulent échaper. Quelques-unes croyent qu'il suffit de donner quelque dehors pour satisfaire à leur obligation, et dérober leur faiblesse. Mais il est dangereux de croire que ce qui est ignoré soit innocent. Elles rejettent les principes pour éluder des remords, et appellent du décret de tous les hommes. Toute leur vie, elles passent de faiblesse en faiblesse, et ne s'arrêtent jamais.

Dès qu'une Femme a banni de son cœur cet honneur tendre et délicat, qui doit être la règle de sa vie, tremblez pour les autres vertus. Quel privilège auront-elles pour être respectées ? Leur doit-on plus qu'à son propre honneur ? Ces caractères-là ne sont jamais des caractères aimables. Vous ne trouvez en elles ni pudeur, ni délicatesse. Elles se font une habitude de Galanterie ; elles ne savent point joindre la qualité d'Amie à celle d'Amante. Comme elles ne cherchent que les plaisirs, et non pas l'union des cœurs, elles échapent à tous les devoirs de l'amitié. Voilà l'Amour d'usage et d'à présent, et où les conduit une vie frivole et dissipée.

Il est une autre sorte de femmes galantes, qui se livrent au plaisir d'aimer, qui ont su conserver les principes de l'honneur, qui n'ont jamais rien pris sur les bienséances, qui se respectent, mais que la violence de la passion entraîne. Il en est qui ne se prêtent pas à leur faiblesse, qui y résistent, mais enfin l'Amour est le plus fort. J'ai connu une Femme de beaucoup d'esprit, à qui je faisais quelquefois de petits reproches, par l'intérêt que j'y prenais. « N'avez-vous jamais senti, me disait-elle, la force de l'Amour ? Je me sens liée, garottée, entraînée : ce sont les fautes de l'Amour : ce ne sont pas les miennes. » MONTAIGNE nous peint ces dispositions, quand il était touché. C'est un Philosophe qui parle... *Je me sentais,* dit-il, *enlevé tout vivant, et tout voyant. Je voyais ma raison et ma conscience se retirer, se mettre à part ; et le feu de mon imagination me transportait hors de moi-même.* J'ai toujours cru qu'il n'y a point d'honnête personne, qui ne doive craindre de se trouver dans cet état.

Il y a des Femmes qui ont une autre sorte d'Attachement. On ne peut les dire galantes ; cependant elles tiennent à l'Amour par les sentimens. Elles sont sensibles et tendres et elles reçoivent l'impression des passions. Mais comme elles respectent les vertus de leur Sexe, elles rejettent les engagements considérables. La Nature les a faites pour aimer. Mais comme l'usage n'a des droits que sur la conduite, et qu'il ne peut rien sur le cœur, plus leurs sentimens sont retenus, plus ils sont forts.

Ceux des Femmes galantes ne sont ni vifs ni durables : ils s'usent, comme ceux des Hommes, en les exerçant. L'habitude au plaisir les fait disparaître. Les plaisirs des sens prennent toujours sur la sensibilité des cœurs, et ce que vous en retranchez retourne aux plaisirs de la tendresse.

Mais si vous voulez trouver une imagination ardente, une âme profondément occupée, un cœur sensible et bien touché : cherchez-le chez les Femmes d'un caractère raisonnable. Si vous ne trouvez de bonheur et repos que dans l'union des cœurs : si vous êtes sensibles au plaisir d'être ardemment aimé, et que vous vouliez jouir de toutes les délicatesses de l'Amour, de ses impatiences, de ses mouvements si purs et si doux ; soyez bien persuadé qu'ils ne se trouvent que chez des personnes retenues et qui se respectent.

De plus, ne sentez-vous pas le besoin d'estimer ce que vous aimez ? Quelle paix cela ne met-il pas dans un commerce ? Dès qu'on a su vous persuader qu'on vous aime, et que vous voyez, à n'en pas douter, que c'est à la Vertu seule qu'on sacrifie, les désirs de son cœur ; cela n'établit-il pas la confiance de tout le reste ? *Les refus de chasteté,* dit MONTAIGNE, *ne déplaisent jamais.*

Les Hommes ne connaissent pas leurs intérêts, quand ils cherchent à gagner l'esprit et le cœur des personnes qu'ils aiment. Il y a un plaisir plus touchant et plus durable que la liaison des sens : c'est l'union des cœurs ; ce panchant secret qui vous porte vers ce que vous aimez, cet épanchement de l'âme, cette certitude qu'il y a une personne au monde qui ne vit que pour vous, et qui ferait tout pour vous sauver un chagrin. *L'Amour,* dit PLATON, *est entrepreneur de grandes choses : il vous conduit dans le chemin de la Vertu, et ne vous souffrira aucune faiblesse.* Voilà la marque du véritable Amour. A Lacédémone, quand un homme avait manqué, ce n'était pas lui qu'on punissait, mais la personne qui l'aimait. On la croyait coupable des fautes de la personne aimée. Ils savaient que l'Amour dont je parle est l'appui le plus sûr de la Vertu. Tous les exemples le confirment. Combien d'Amans ont demandé à combattre devant leur Maîtresse, et ont fait des choses incroyables ? Voilà le motif par lequel les honnêtes personnes se permettent d'aimer. Elles savent que, se liant à un homme de mérite, elles seront soutenues et conduites dans le chemin de la Vertu, par des principes et par des préceptes. Les Femmes entre elles ne peuvent jouir du doux plaisir de l'Amitié. Ce sont les besoins qui les unissent, et non point les sentimens : la plupart ne la connaissent pas, et n'en sont pas dignes.

Il y a un goût dans la parfaite Amitié, où ne peuvent atteindre les caractères médiocres. Les Femmes ne peuvent pas ne point sentir leur cœur. Que faire de ce fonds de sentimens, et de ce besoin qu'on a d'aimer ; et d'être aimée ? Les hommes en profitent. Mais rien n'est si précieux ni si durable que cette sorte d'Amour quand vous y avez associé la Vertu. Il met de la décence dans les pensées, dans la conduite et dans les sentimens. LE TASSE nous donne un modèle de délicatesse dans la personne d'Olynde ; il dit que *cet Amant désire beaucoup, espère peu, et ne demande rien.* Cet Amour peut se suffire à lui-même ; il est sa propre récompense.

La plupart des Hommes n'aiment que d'une manière vulgaire : ils n'ont qu'un objet. Ils proposent un terme dans l'Amour, ou ils espèrent d'arriver, après bien des mystères, ils ne se reposent que dans les plaisirs. Je suis toujours surprise qu'on ne veuille pas rafiner sur le plus délicieux sentiment que nous ayons. Ce qui s'appelle *le terme de l'Amour* est peu de chose. Pour un cœur tendre, il y a une ambition plus élevée à avoir : c'est de porter nos sentimens et ceux de la personne aimée, au dernier degré de délicatesse, et de les rendre tous les jours plus tendres : plus vifs et plus occupans. De la manière dont on se conduit, l'Amour meurt avec les désirs, et disparaît quand il n'y a plus d'espérance. Ce qu'il y a de plus touchant est ignoré. La tendresse ordinaire s'affaiblit et s'éteint. Il n'y a rien de borné dans l'Amour, que pour les âmes bornées ; mais peu d'Hommes ont l'idée de ces engagemens, et peu de femmes en sont dignes.

L'Amour agit selon les dispositions qu'il trouve : il prend le caractère des personnes qu'il occupe. Pour les cœurs qui sont sensibles à la gloire et au plaisir, comme ce sont deux sentimens qui se combattent, l'Amour les accorde : il prépare, il épure les plaisirs pour les faire recevoir aux âmes fières, et il leur donne pour objet la délicatesse du cœur et des sentimens. Il a l'art de les élever et de les ennoblir. Il inspire une hauteur dans l'esprit, qui les sauve des abaissemens de la volupté. Il les justifie par l'exemple, il les déifie par la Poésie ; enfin il fait si bien, que nous les jugeons dignes d'estime, ou tout au moins d'excuse.

Ces caractères fiers coûtent plus à l'Amour pour les assujettir. Les personnes qui ont de la gloire dans le cœur souffrent dans les engagemens ; il y a toujours une image de servitude attachée à l'Amour : la tendresse prend sur les Femmes. Pour celles qui ont été bien élevées, et à qui on a inspiré des principes, les préjugés se sont profondément gravés ; quand il faut déplacer de pareilles idées, ce n'est pas le travail d'un jour. Rarement sont-elles heureuses. Entraînées par le cœur, déchirées par leur gloire, l'un de ces sentimens ne subsiste plus qu'au dépens de l'autre. Celui-là prend toujours sur elles, et ce sont ordinairement les plus aimables conquêtes. Vous sentez l'effort et la résistance que le devoir oppose à leur tendresse. Un Amant jouit du plaisir secret de sentir tout son pouvoir. La conquête est plus grande et plus pleine ; elles ont plus à perdre : vous leur coûtez davantage.

Il y a toujours une sorte de cruauté dans l'amour. Les plaisirs de l'Amant ne se prennent que sur les douleurs de l'Amante. *L'Amour se nourrit de larmes.*

Ce qui rend les caractères plus aimables, c'est qu'il y a plus de sûreté. Quand une fois elles se sont engagées, c'est pour la vie, à moins que les mauvais procédés ne les dégagent. Elles se font un devoir de leur Amour ; elles le respectent ; elles sont fidèles et délicates ; elles ne manquent à rien. Le sentiment de gloire qui les occupe tourne au profit de l'Amour puisqu'elles en sont plus tendres, plus vives, et plus appliquées. Une Amante aimable, et qui a de la gloire dans le cœur, ne songe qu'à se faire estimer, l'Amour la perfectionne. Il faut convenir que les Femmes sont plus délicates que les Hommes en fait d'attachement. Il n'appartient qu'à elles de faire sentir par un seul mot, par un seul regard, tout un sentiment.

Les inconvénients des caractères fiers sont d'être absolus, et aisés à blesser. Comme elles sentent leur prix, elles exigent plus. Les caractères sensibles et mélancoliques trouvent des charmes et des agrémens infinis dans l'Amour, et en font sentir. Il y a des plaisirs à part pour les âmes tendres et délicates. Ceux qui ont vécu de la vie de l'Amour savent combien leur vie était animée ; et quand il vient à leur manquer, ils ne vivent plus. L'amour fait tous les biens et tous les maux ; il perfectionne les âmes bien nées ; car l'Amour dont je parle est un Censeur sévère et délicat qui ne pardonne rien. Les caractères mélancoliques y sont plus propres. Qui dit amoureux, dit triste ; mais il n'appartient qu'à l'Amour de donner des tristesses agréables.

Les personnes mélancoliques ne sont occupées que d'un sentiment ; elles ne vivent que pour ce qu'elles aiment. Désoccupées de tout, aimer est l'emploi de tout leur loisir. A-t-on trop de toutes ses heures pour les donner à ce qu'on aime ?

Opposez à ce caractère, pour en connaître le prix, celui qui lui est contraire. Voyez les Femmes du monde qui sont livrées au Jeu, aux Plaisirs et aux Spectacles ; que ne leur faut-il pas pour l'emploi du tems ? Si elles savent bien trouver la fin de la journée sans qu'elles aiment, n'est-ce pas autant de pris sur le goût principal ? Nous n'avons qu'une portion d'attention et de sentiment ; dès que nous

nous livrons aux objets extérieurs, le sentiment dominant s'affaiblit : nos désirs ne sont-ils pas plus forts et plus vifs dans la retraite ?

Il y a des plaisirs qui ne sont faits que pour les gens délicats et attentifs. L'Amour est un Dieu jaloux, qui ne souffre aucune rivalité. La plupart des Femmes prennent l'Amour comme un amusement : elles s'y prêtent et ne s'y donnent pas : elles ne connaissent point ces sentimens profonds qui occupent l'âme d'une tendre Amante.

Mademoiselle SCUDERI dit que « la mesure du mérite se tire de l'étendue du cœur et de la capacité qu'on a d'aimer ». Avec une pareille règle, le mérite des Femmes d'à présent sera léger.

Enfin, celles qui sont destinées à vivre d'une vie de sentiment, sentent que l'Amour est plus nécessaire à la vie de l'esprit, que les alimens ne le sont à celle du corps. Mais notre Amour ne saurait être heureux, qu'il ne soit réglé. Quand il ne nous coûte ni vertu, ni bienséance, nous jouissons d'un bonheur sans interruption ; nos sentimens sont profonds, nos joyes sont pures, nos espérances sont flateuses, l'imagination est agréablement remplie, l'esprit vivement occupé, et le cœur touché. Il y a dans cette sorte d'Amour des plaisirs sans douleur et une espèce d'*immensité* de bonheur qui anéantit tous les malheurs, et les fait disparaître. L'Amour est à l'âme ce que la lumière est aux yeux : il écarte les peines, comme la lumière écarte les ténèbres. Madame de LONGUEVILLE disait « que les beaux jours que donne le Soleil n'étaient que pour le peuple ; mais que la présence de ce qu'on aimait faisait les beaux jours des honnêtes gens ». Ceux qui sont destinés à une vie si heureuse sont dans le monde comme s'il n'y étaient pas, et ne s'y prêtent que pour des instans. Rien ne les intéresse que ce qu'ils sentent : rien ne les peut remplir que l'Amour.

L'esprit que l'Amour donne est vif et lumineux : il est la source des agrémens. Rien ne peut plaire à l'esprit qu'il n'ait passé par le cœur.

La différence de l'Amour aux autres plaisirs est aisée à faire à ceux qui en ont été touchés. La plupart des plaisirs ont besoin, pour être sentis, de la présence de l'objet. La Musique, la bonne chère, les Spectacles, il faut que ces plaisirs soient présens pour faire leur impression, pour rappeler l'âme à eux, et la tenir attentive. Nous avons en nous une disposition à les goûter ; mais ils sont hors de nous, ils viennent du dehors. Il n'en est pas de même de l'Amour. Il est chez nous ; il est une portion de nous-mêmes ; il ne tient pas seulement à l'objet, nous en jouissons sans lui. Cette joye de l'âme que donne la certitude d'être aimée, ces sentimens tendres et profonds, cette émotion de cœur vive et touchante, que vous donnent l'idée et le nom de la personne que vous aimez ; tous ces plaisirs sont en nous, et tiennent à notre propre sentiment. Quand votre cœur est bien touché, et que vous êtes sûre d'être aimée, tous vos plus grands plaisirs sont dans votre Amour : vous pouvez donc être heureuse par votre seul sentiment, et associer ensemble le bonheur et l'innocence.

On me dira ; voilà un terrible écart. J'en conviens. Ne puis-je pas le justifier ? Un Ancien disait que les pensées étaient les promenades de l'esprit. J'ai cru avoir le privilège en me promenant de cette manière. Les idées se sont offertes assez naturellement à moi, et de proche en proche, elles m'ont mené à plus loin que je ne devais, ni ne voulais. Voici le chemin qu'elles m'ont fait faire. J'ai été blessée que les Hommes connaissent si peu leur intérêt, que de condamner les Femmes qui savent occuper leur esprit. Les inconvénients d'une vie frivole et dissipée ; les dangers d'un cœur qui n'est soutenu d'aucun principe m'ont aussi toujours frappée. J'ai examiné si on ne pouvait pas tirer un meilleur parti des Femmes. J'ai trouvé des Auteurs respectables, qui ont cru qu'elles avaient en elles les qualités qui les pouvaient conduire à de grandes choses ; comme l'Imagination, la Sensibilité, le Goût : ce sont des présens qu'elles ont reçu de la Nature. J'ai fait des réflexions sur chacune de ces qualités. Comme la sensibilité les domine et qu'elle les porte naturellement à l'Amour ; en passant par son Temple, il lui a bien fallu payer tribu, et jeter quelques fleurs sur son Autel. J'ai cherché si on ne pouvait point se sauver des inconvénients de l'Amour, en séparant les Vices des Plaisirs, et jouir de ce qu'il a de meilleur. J'ai imaginé une Métaphysique de l'Amour ; la pratiquera qui pourra.

Voilà l'histoire de mes idées ; si vous voulez de mes égaremens. Je serai bienheureuse si ayant les défauts qu'on reproche à MONTAIGNE, je pouvais comme lui conduire ceux qui liront ce petit Écrit, dans le Pais de la Raison et du Bon Sens, quelquefois même dans celui des Fleurs et des Zéphirs.

Madame de Grafigny - gravé par Dagoty. (B.N.)

Madame de Grafigny
(1695-1758)

Françoise d'Issembourg d'Happoncourt naquit à Nancy le 13 février 1695. Son père était officier du duc de Lorraine et son grand-père le graveur Callot était fort connu. Elle épousa très jeune Hughes de Grafigny, chambellan de la cour de Lorraine, qui la rendit si malheureuse qu'elle décida de se séparer de lui en 1738. A ce moment-là, elle va passer quelques mois dans la propriété de Voltaire et les lettres qu'elle envoie à M. Devaux, lecteur du roi Stanislas, sont reprises dans le livre intitulé *VIE PRIVÉE DE VOLTAIRE ET DE MME DU CHATELET, PENDANT UN SÉJOUR DE SIX MOIS A CIREY,* qui paraîtra en 1820. Il semble que les indiscrétions de Madame de Grafigny lui aient attiré les foudres de Mme du Châtelet qui la chasse de Cirey, en février 1739. Elle décide alors d'aller à Paris. Sa première œuvre, qui paraît dans *LE RECUEIL DE CES MESSIEURS* à Amsterdam, a un titre un peu long : *LE MAUVAIS EXEMPLE PRODUIT AUTANT DE VERTUS QUE DE VICES : NOUVELLE ESPAGNOLE.* Mais elle a grand succès avec ses *LETTRES D'UNE PÉRUVIENNE,* en 1747. Il y aura plusieurs éditions révisées de ce roman épistolaire qui s'inspire de la vogue récente du roman par lettres dans le genre des *LETTRE D'UNE RELIGIEUSE PORTUGAISE* (1669). En 1749, elle achève une comédie en un acte, *ZIMAN ET ZENISE,* mais ce qui la rend surtout célèbre c'est sa tragédie en cinq actes, *CENIE,* jouée en 1750. Par contre la comédie qu'elle écrit l'année d'après, *LA FILLE D'ARISTIDE,* est un four.

Madame de Grafigny, qui vint tard à la littérature, tint un salon réputé dans le quartier de la Montagne Sainte-Geneviève. Elle mourut à Paris le 12 décembre 1758.

Indication bibliographique

Puymaigre, Th. Comte de : *Poètes et romanciers de la Lorraine* (Mme de Grafigny, pp. 97-111). Metz, Pallez et Rousseau, 1848.

LETTRE XXII

Cirey, ce lundi 26 janvier

Ma patience est à bout, mon ami ; voilà la poste arrivée et point de lettres. Il y a à présent dix jours que je ne sais ce que font mes chers amis, et dans le temps où j'ai le plus besoin de le savoir. *Desmarets* vient-il ? Mon Dieu ! ne lui est-il rien arrivé qui l'en empêche ? Question inutile et qui repasse mille fois dans ma tête. Voilà quatre lettres de retenues ; quelle tyrannie !... Je meurs d'impatience de sortir d'ici, car j'espère que les autres postes seront plus régulières. Comme je l'ai éprouvé toute ma vie, c'est une chose inouïe pour moi et qui m'est bien cruelle, puisque non seulement je ne sais ce que font les gens que j'aime, mais que je n'ose parler de mes affaires et des arrangements que j'ai dans la tête, et que je voudrais pourtant prendre de concert avec les seules personnes avec qui je puisse en communiquer. Que veulent donc ceux qui me persécutent ? S'ils sont curieux des nouvelles d'ici, ils sont bien sots s'ils ne voient pas que la certitude des lettres ouvertes retient sur les bagatelles comme sur les choses intéressantes, et qu'ils ne trouveront que la douleur d'une amie privée de la seule chose qui puisse lui faire plaisir. Ils sont bien cruels si c'est uniquement pour jouir de ma peine ! Enfin, je n'ai rien à vous mander, mon ami, je ne fais que sentir et ne saurais parler. Il faut cependant que je vous dise que Madame DU CHATELET m'a dit hier qu'elle avait mandé à M. son mari de tâcher de vous ramener. Je crois n'avoir que faire de vous arrêter ; je pense ASSEZ que vous n'en ferez rien ; que feriez-vous ici, pauvre sot ! et d'ailleurs vous auriez, sans doute, autant d'envie que moi d'avoir des nouvelles de vos amis, et apparemment que vous ne seriez pas plus heureux que je ne le suis. Restez dans votre tanière, pauvre oison, et jouissez du bien-être que vous savez si bien goûter : aimez-moi avec mes amis, et écrivez-moi si peu que vous pourrez ; pourvu que je sache que vous vivez et que vous vous souvenez de moi, je suis contente.

Voilà la bonne dame qui me trouve pleurante et furieuse ; elle me conseille de faire adresser mes lettres à M. son mari ; voici l'adresse : A M. DE CHAMPBONIN, LIEUTENANT DE CAVALERIE, AU CHAMPBONIN PAR VASSY. Vous y ferez mettre une double enveloppe d'une autre main. Cependant, vous ne m'écrirez pas plus librement, au moins, parce que j'ai toujours peur ; mais j'aurai vos lettres plus exactement, et cela me suffit. Servez-vous de mon amie, je vous en conjure, et donnez-moi des nouvelles de votre chère santé. Ce n'est que pour être sûre d'en avoir que je prends cette voie détournée ; car je ne veux pas, tant que je serai ici, que vous disiez un mot à cœur ouvert.

Bonsoir, mon ami ; je me porte mieux ; mais j'ai bien peur que le chagrin que j'ai de n'avoir point de vos nouvelles ne renouvelle mes maux.

Depuis que j'ai fini ma lettre, rêvant creux, j'ai pris mon parti ; je viens d'écrire à madame Babaud, pour lui demander à descendre chez elle et d'y avoir un lit, en attendant que je sois gîtée. Je la prie de me faire réponse promptement ; si elle ne veut pas, j'irai loger chez le Suisse des Tuileries ; trouvez-vous que j'aie bien fait ?

CÉNIE

CÉNIE (pièce nouvelle en cinq actes)

(Méricourt, neveu de Dorimond, forme le projet d'épouser Cénie, fille de Dorimond, qui lui préfère Clerval, son frère. Il en parle avec la servante, Lisette.)

ACTE I

Scène V
Méricourt, Lisette

LISETTE

Eh bien, Monsieur, j'ai vu sortir Dorimond : comment vont vos affaires ?

MERICOURT

Fort bien. Mon oncle va me proposer à Cénie.

LISETTE

Cela est bon : mais si elle vous refuse ?

MERICOURT

Elle n'oserait. A son âge on ne sait qu'obéir.

LISETTE

Elle est jeune, Monsieur ; mais son esprit...

MERICOURT

Je ne suis pas un sot, Lisette.

LISETTE

D'accord, mais elle aime Clerval.

MERICOURT

Et Dorimond m'aime.

LISETTE

Ne nous flattons pas, vous n'avez du bon homme qu'une amitié acquise à force d'art. Il aime Clerval tout naturellement, la différence est grande.

MERICOURT

Je m'attends à tout, je saurai tout parer.

LISETTE

En ce cas, mes petits avis vous sont inutiles, prenez que je n'ai rien dit.

MERICOURT

Tu te fâches, Lisette.

LISETTE

Oui, je me fâche. C'est avoir une grande habitude d'être faux que de l'être avec moi.

MERICOURT

Moi, faux ?

LISETTE

Oui, quelque mine que vous fassiez, vous n'êtes point à votre aise. J'avais imaginé un secours à vous donner, mais...

MERICOURT

Dites toujours.

LISETTE

Je m'intéresse à vous, je ne saurais m'en défendre ; et je hais complètement Madame Orphise. Si l'on pouvait faire connaître à Dorimond
certaines intrigues de votre frère, il en rabattrait sur son compte. Je
m'imagine qu'elle s'intéresse pour Clerval : quel plaisir de la contra-
rier ! ce serait un grand point.

MERICOURT

Quoi, Lisette, il y aurait du dérangement dans la conduite de Clerval !
Ah ! parlez vite.

LISETTE

Je ne sais pas bien de quoi il est question. Je vois seulement roder ici
une espèce de soldat, avec lequel votre frère a des conférences très
mystérieuses.

MERICOURT

Eh bien ce soldat ?

LISETTE

Patience. C'est un homme qu'il a ramené des Indes.

MERICOURT

Après ?

LISETTE

Je n'en sais guère plus. Jusqu'ici ils ont pris tant de précautions pour
se parler que je n'ai pu attraper que quelques mots de grâce... de
Ministre...

MERICOURT

Il faut approfondir ce mystère. Clerval est un jeune homme impru-
dent. Il pourrait s'être embarqué dans une affaire fâcheuse...

LISETTE

Dont vous voudrez le tirer sans doute ? La belle âme !

MERICOURT

Lisette !

LISETTE

Que diantre aussi, pourquoi voulez-vous m'en imposer ? Tenez voici
notre homme qui se cache. Retirez-vous, je veux le questionner.

MERICOURT

Emploie toute ton adresse à démêler cette intrigue, ma chère Lisette,
je t'en conjure.

LISETTE

Vous êtes vrai dans de certains moments. Allez.

(En fait, Clerval a obtenu la grâce royale pour ce soldat dont le nom véritable est DORSAINVILLE, que des circonstances malheureuses ont forcé à abandonner sa femme qui allait avoir une enfant quinze ans plus tôt. Orphise, la gouvernante de Cénie, tente de la convaincre que Méricourt ferait un bon mari.)

ACTE II

Scène I

ORPHISE

Le bonheur n'est pas toujours où l'on croit le voir, et la vertu a son point de vue assuré. Suivez-la, obéissez à votre père, vous trouverez en vous-même la récompense du sacrifice.

CÉNIE

Quelle récompense ! Madame, en me donnant ce conseil pensez-vous à l'horreur de s'unir à un mari que l'on ne peut aimer.

ORPHISE

Hélas ! c'est quelquefois un bonheur de n'avoir pour son époux qu'une tendresse mesurée.

CÉNIE

Je me suis fait une idée différente du mariage. Un mari qui n'est point aimé ne me paraît qu'un maître redoutable. Les vertus, les devoirs, la complaisance, rien n'est de votre choix ; tout devient tyrannique, on fléchit sous le joug, on n'a que le mérite d'un esclave obéissant. Mais, si l'on trouve dans un époux l'objet de tous ses vœux, je crois que le désir de lui plaire rend les vertus faciles, on les pratique par le sentiment, l'estime générale en est le fruit, on acquiert sans violence la seule gloire qu'il nous soit permis d'ambitionner.

ORPHISE

Hélas ! votre erreur est bien naturelle. L'expérience peut seule nous faire découvrir les peines inséparables d'un attachement trop tendre. Mais cette félicité dont l'image vous séduit dépend trop de la vie des sentiments du bonheur même de l'objet aimé pourqu'elle soit durable. La tendresse double notre sensibilité naturelle, elle multiplie des peines de détail, dont la répétition nous accable.

CÉNIE

Vous vous attendrissez : ah ! ma bonne ! Auriez-vous éprouvé des maux dont vous semblez si pénétrée ?

ORPHISE

Pardon, ma chère Cénie, s'il m'échappe des sentiments que l'état où vous allez entrer me rappelle. Je les crains pour vous.

CÉNIE

Vous croyez que je ne mérite pas encore votre confiance ? Cependant, mon cœur en serait digne.

ORPHISE

Aimable enfant, partagez plutôt la douceur que vous me faites souvent éprouver. Il est des moments... changeons de discours, votre âge n'est point celui de la tristesse.

CÉNIE

Je suis si malheureuse, que je trouve de la douceur à plaindre les infortunés.

ORPHISE

Vous m'affligez. Je voudrais que la raison vous fit envisager d'un autre œil le sort qui vous attend.

CÉNIE

Je ne le puis.

ORPHISE

Avec la fortune brillante dans laquelle vous êtes née, avez-vous pu penser que vous seriez maîtresse de votre choix ?

CÉNIE

Je m'en étais flattée.

ORPHISE

En auriez-vous fait un ?

CÉNIE

Oui, ma bonne.

ORPHISE

Quoi, Cénie ? Vous avez disposé de votre cœur ?

CÉNIE

Épargnez-moi les reproches. Je n'ai besoin que de conseils.

ORPHISE

Mes conseils vous déplairont. Je vous plains.

CÉNIE

Quoi, Madame, vous refuseriez de me conduire dans un temps...

ORPHISE

Je n'ai garde de vous abandonner. Votre heureux naturel a prévenu jusqu'ici ce que mes avis auraient pu vous inspirer : c'est de ce moment que vous avez besoin de moi, pour vous aider à soutenir avec courage le sacrifice que vous allez faire de votre goût à la vertu.

CÉNIE

N'est-il donc qu'une façon d'en avoir ?

ORPHISE

Il est des occasions malheureuses où le choix ne nous est pas permis. Dans la situation où vous êtes il ne vous reste que l'obéissance.

CÉNIE

Eh ! bien, Madame, mon père est bon ; peut-être s'il était instruit de mes sentiments il lui serait égal de me donner pour époux l'un ou l'autre de ses neveux ?

ORPHISE

C'est Clerval que vous aimez ?

CÉNIE

Oui, Madame ; condamnez-vous mon choix ? Vous estimez Clerval, vous savez, il mérite d'être aimé. Quelle comparaison !

ORPHISE

Est-il instruit de vos sentiments ?

CÉNIE

Non, Madame, au moins je ne lui en ai pas fait d'aveu.

ORPHISE

Et qu'avez-vous répondu à votre père ?

ORPHISE

Hélas ! rien du tout. La surprise et la douleur m'ont fermé la bouche. On est entré, je me suis retirée pour cacher mes larmes ; je crois cependant que mon père s'en est aperçu.

ORPHISE

Je n'en suis pas fâchée.

CÉNIE

Vous ne condamnez dont pas le dessein que j'ai de lui déclarer mes sentiments ?

ORPHISE

Je le condamne très fort. Il est permis tout au plus à une fille bien née d'avouer sa répugnance et jamais son penchant.

CÉNIE

Ah ! Clerval ! qu'allez-vous devenir ?

ORPHISE

C'est lui que vous plaignez !

CÉNIE

Oui, Madame, je puis avec courage envisager mon malheur, et je ne puis soutenir l'idée de celui où je vais le plonger.

ORPHISE

Voilà bien la confiance de votre âge. L'expérience vous apprendra que dans le cœur d'un homme l'amour même console des malheurs qu'il cause.

CÉNIE

Eh ! bien, Madame ! parlez-lui vous-même. Si vous lui trouvez la légéreté dont vous le croyez capable, quelque aversion que je sente par le parti qu'on me propose, j'obéirai aveuglement. Le voici, je vous laisse avec lui.

ACTE III

Scène III

(Pour l'obliger à l'épouser en faisant du chantage, Méricourt lit à Cénie un billet de sa défunte mère, Mélisse, adressé à Dorimond.)

MÉRICOURT. (Il lit)

Je vous ai trompé, Monsieur, et mes remords ne peuvent s'ensevelir avec moi. La disproportion de nos âges m'a fait craindre de tomber dans l'indigence, dont vous m'aviez tirée. Pour assurer ma fortune, j'ai supposé un enfant. Votre dernier voyage me facilita les moyens de faire passer Cénie pour ma fille. La mort me force à révéler mon secret. Pardonnez...
(Cénie va elle-même révéler la vérité à Dorimond qui décide de l'adopter ; mais un autre billet que produit Méricourt explique qu'Orphise est la mère de Cénie. Elles décident de se retirer dans un couvent. Clerval demande à Orphise la permission d'épouser Cénie. Elle la lui refuse.)

Madame Riccoboni. (B.N.)

Madame Riccoboni
(1713-1792)

Née à Paris le 25 octobre 1713, Marie-Jeanne Laboras de Mézière sera
actrice au Théâtre Italien, de 1734 à 1761. Elle épouse le fils de Luigi
Riccoboni, directeur de la Comédie Italienne. Son premier roman épistolaire, *LETTRES DE MISTRISS FANNI BUTLERD,* lui assure un grand suc-
cès. En fait la mode avait été lancée dix ans auparavant par *LES LETTRES
PÉRUVIENNES* de Madame Graffigny, mais Madame Riccoboni prépara
une intelligente campagne de publicité en faisant paraître dans le *MER-
CURE DE FRANCE,* de janvier 1757 : *LETTRE TRADUITE DE L'ANGLAIS.
MISTRESS FANNI A MILORD CHARLES C... DUC DE R...* qui constitue la
dernière lettre du livre publié quelques mois plus tard sous le titre, *LET-
TRES DE MISTRISS FANNI BUTLERD A MILORD CHARLES ALFRED DE
CAITOMBRIDGE, COMTE DE PLISINTE, DUC DE RASLINGTH, ÉCRITES
EN 1735, TRADUITES DE L'ANGLAIS EN 1756 PAR ADÉLAÏDE DE
VARENÇAI.* Madame Riccoboni exploite l'engouement de l'époque pour
le roman anglais, qu'elle connaît bien puisqu'elle traduira *AMÉLIE* de Fiel-
ding en 1762. Dès 1751, elle avait écrit une *SUITE A LA VIE DE
MARIANNE,* de Marivaux, et son expérience au théâtre lui donne un sens
du dialogue et de la mise en scène très présents dans ses romans.

Il semble qu'il y ait une base autobiographique à la correspondance de
Fanni Butlerd plus qu'une imitation du livre de Crébillon fils, paru en
1732, *LETTRES DE LA MARQUISE DE M*** AU COMTE DE R***.*
Quelques années après son mariage, Madame Riccoboni eut une liaison
avec le Comte de Maillebois, qui la quitta en 1745, pour faire un grand
mariage — ce qui est l'histoire de Fanni, à la différence près que les événements sont situés en Angleterre. D'ailleurs, en 1772, Madame Riccoboni confie, dans une lettre au célèbre acteur anglais, David Garrick :
« J'ai mis dans un de mes ouvrages l'événement qui a changé les premières dispositions du sort à mon égard et sans le savoir, le public s'est vivement intéressé à des malheurs qu'il a regardés comme une fiction. » En
réalité, certains avaient percé le subterfuge et Grimm, par exemple, fit ce
commentaire : « Ce sont les lettres d'une femme à son amant, qui n'ont
jamais été écrites en anglais. Elles ont été écrites très réellement, non
pour le public mais pour un amant chéri, et on le voit bien par la chaleur,
le désordre, la folie, le naturel et le tour original qui y règnent. »

Réalité et fiction vont se mêler plus étroitement encore dans l'avenir. De 1766 à 1783, Madame Riccoboni entretient une correspondance avec un jeune Écossais, Robert Liston, qui avait été son professeur d'anglais et on peut y retrouver bien des échos des *LETTRES DE FANNI BUTLERD*. Après son premier essai, Mme Riccoboni écrira une dizaine d'autres romans par lettres entre 1758 et 1786.

Elle meurt en 1792, en étant considérée comme la meilleure représentante du genre populaire qu'est devenu le roman épistolaire.

Indications bibliographiques

Crosby, E. : *Une romancière oubliée : Mme Riccoboni.* Paris, Rieder and Co., 1924.

Steward, J.H. : *The novels of Mme Riccoboni.* Chapel Hill, North Carolina Studies in the Romance Languages and Literatures, 1976.

LETTRES DE MISTRISS FANNI BUTLERD

XIIe lettre

Dimanche à minuit.

A peine sortiez-vous de chez moi, que j'ai été saisie de cette sorte de chagrin que l'on éprouve quand on a perdu une chose bien chère, & qu'on veut se dissimuler, combien on est sensible à cette perte. Seroit-il possible que vous ne puissiez-vous éloigner de moi, sans que votre absence ne me causât de la tristesse ? Vous n'en aviez point, vous ; il ne m'a pas paru que vous en eussiez. Vous m'avez dit à demain ; je pouvois vous dire aussi, je le verrai demain ; d'où vient, me suis-je dit, il n'y est plus ? hélas, il n'y est plus !... Je ne veux point vous aimer comme cela. Non, Mylord, non, je ne le veux point. J'ai de l'humeur, je boude : allons, ôtez-vous, laissez-moi... Que votre lettre est tendre ! qu'elle est vive ! qu'elle est jolie ! je l'aime... Je l'aime mieux que vous ; je vous quitte pour la relire.

XLe lettre

Lundi à trois heures.

Cette aiguille semble immobile ; elle marche pourtant : elle va d'un pas égal. Mes désirs ne peuvent hâter ni ralentir son mouvement : quand ira-t-elle sur six heures ?... J'écris pour calmer mon impatience, adoucir l'attente, vous prouver que mon cœur est sans cesse occupé de vous : j'écris pour écrire. Mon amant fait bien mieux ; il écrit pour peindre, enchanter : c'est toujours un tableau riant que la plume dessine. L'esprit, l'amour & la variété brillent dans ses lettres ; moi je dis, je vous aime, je répète, je vous aime. Il faut me le pardonner, mon cher Alfred ; c'est qu'en vérité je ne pense que cela : je ne devrois pas le dire si souvent, il faut de l'art pour conserver un cœur ; lady Charlotte le dit, & lady Charlotte fait bien ce qu'elle dit... De l'art, mon cher Alfred ? quoi, avec toi ? te cacher que je t'adore ?... ah jamais ; non, jamais !

CXVIe lettre

Samedi.

Je vous dois une réponse, Mylord, & je veux vous la faire ; mais comme j'ai renoncé à vous, à votre amour, à votre amitié, à la plus légère marque de votre souvenir, c'est dans les papiers publics que je vous l'adresse. Vous me reconnoitrez : un style qui vous fut si familier ; qui flatta tant de fois votre vanité, n'est point encore étranger pour vous ; mais vos yeux ne reverront jamais ces caractères que vous nommiez SACRES, que vous baisiez avec tant d'ardeur, qui vous étoient SI CHERS, & que vous m'avez fait remettre avec tant d'exactitude.

Vous dites dans votre dernier billet, que VOUS M'ÊTES, & ME SEREZ TOUJOURS ATTACHÉ PAR L'AMITIÉ LA PLUS TENDRE. Mille grâces, Mylord, de cet effort sublime ; je dois beaucoup sans doute à la générosité de votre cœur, si elle a pu vous défendre de la haine & du mépris pour une femme que vous avez si vivement offensée. VOUS NE MÉRITEZ PAS L'ÉPITHÈTE QUE JE VOUS DONNE : VOUS NE FUTES JAMAIS MON ENNEMI : vous avez l'audace de répéter que VOUS NE LE FUTES JAMAIS. Vous osez me prier DE NE POINT OUBLIER UN HOMME QUI ME FUT CHER. Non, Mylord, non, je ne l'oublierai jamais, un trait ineffaçable l'a gravé dans ma mémoire : mais je ne m'en souviendrai que pour détester ses artifices.

Tremblez, ingrat : je vais porter une main hardie jusqu'au fond de votre cœur, en développer les replis secrets, la perfidie, & détaillant l'horrible trahison... Mais le pourrai-je ? avilirai-je aux yeux de l'Angleterre l'objet qui sut plaire aux miens ? Non, par une touche délicate ménageant l'expression du tableau, en rendant ses traits sortans pour lui-même, mettons-les dans l'ombre pour tous les autres.

Descendez en vous-même, Mylord, osez vous interroger, vous répondre ; & de tant de qualités dont vous vous pariez, de tant de vertus dont vous vous décoriez, dites-moi quelle est celle dont vous m'avez donné des preuves ? Sincère, généreux, compatissant, libéral, ami des hommes ; rempli de cette noble fierté qui caractérise la véritable grandeur ; la bonté, la droiture, l'honneur & la vérité sembloient régler tous vos sentimens, diriger toutes vos démarches, guider tous vos mouvements ; vous le disiez, Mylord, & moi je le croyais. Eh pourquoi ne l'aurois-je pas cru ? Je ne trouvois rien dans mon cœur qui put me faire douter du vôtre.

Ne vous applaudissez pas de m'avoir trompée ; non, ne vous en applaudissez pas : le fourbe le plus habile doit bien moins à son adresse qu'à la bonne-foi de celui qui en devient la victime.

Mais comment un pair de la Grande-Bretagne a-t-il pu s'abaisser, se dégrader au point de s'imposer à lui-même une indigne contrainte ? de donner tant de soins, à qui ? quel étoit l'objet de sa feinte ? une simple citoyenne : distinguée seulement par un intérieur peu connu, méritois-je le fatal honneur d'exercer vos talens ? par quel malheur ai-je eu de vous cette odieuse préférence ? sans éclat, sans célébrité, comment ai-je pu vous inspirer le désir de me rendre malheureuse ? quel fruit avez-vous recueilli de cette triste fantaisie ? les gémissemens de mon cœur étouffes par la prudence ; mes pleurs répandues dans le sein d'une seule amie ; l'altération de ma santé attribuée à, ce mal commun dans nos climats, rien n'a servi votre vanité. On ignore encore le sujet d'une douleur si vive, si constante ; vous n'en avez point triomphé : mais qui sait après tout, ce que vous auriez fait, si un intérêt qui vous regardoit seul, ne vous eût engagé au silence ?

Mais à quel titre avez-vous pu croire qu'il vous fût permis de m'affliger ? quelle loi m'assujettissoit à votre caprice ? je ne vous cherchois pas. Tranquille dans mon obscurité, j'éloignois de moi tout ce qui pouvait troubler une vie, sinon heureuse, au moins paisible. Pourquoi votre art perfide sut-il me voiler vos desseins ? Choisie apparemment pour amuser vos désirs ; en attendant que la fortune remplit vos vœux intéressés, vous éprouviez sur mon cœur les traits dont vous vouliez blesser celui d'une femme riche, & puissante par ses alliances. Si connoissant vos vues, par une basse condescendance j'eusse bien voulu m'y prêter, je n'aurois point à me plaindre de vous. Mais feindre une passion si tendre, un respect si grand, des transports si soumis !... Vil séducteur, digne à jamais de mon éternel mépris, va, mon cœur te dédaigne ; plus noble que le tien, il n'accorde point son amitié à qui n'a pu conserver son estime ; une haine mortelle est le seul sentiment que ton ingratitude & ta fausseté peuvent lui inspirer.

Mais quoi, tromper une femme, est-ce donc enfreindre les loix de la probité ? manque-t-on à l'honneur en trahissant une maîtresse ? c'est un procédé reçu, tant d'autres l'ont fait ; il en est tant qui le font.

Oui, Mylord, il en est ; mais ce sont des lâches, qui portés par leur caractère à faire le mal, & n'osant offenser ceux qui peuvent les punir, se destinent & se bornent à désoler un sexe que le préjugé réduit à ne pouvoir ni se plaindre ni se venger.

Eh, qui êtes-vous, hommes ? d'où tirez-vous le droit de manquer avec une femme aux égards que vous vous imposez entre vous ? Quelle loi dans la nature, quelle convention dans un état autorisa jamais cette insolente distinction ? Quoi, votre parole simplement donnée, vous engage avec le dernier de vos semblables, & vos sermens réitérés ne vous lient point à l'amie que vous vous êtes choisie ! Monstres féroces, qui nous devez le bonheur & l'agrément de votre vie, vous qui ne connoissez que l'orgueil & l'amour effréné de vous-mêmes ; sans la douceur, sans l'aménité qui furent notre partage, quel seroit le vôtre ? Pensez-vous que nos mains se refusassent à laver dans le sang les outrages que nous recevons, si la bonté de notre cœur n'étouffoit en nous le désir de la vengeance ? Sur quoi fondez-vous la supériorité que vous prétendez ? sur le droit du plus fort ? Eh que ne le faites-vous donc valoir ? que n'employez-vous la force, au lieu de la séduction ? Nous saurions nous défendre ; l'habitude de résister nous apprendroit à vaincre. Ne nous élevez-vous dans la mollesse, ne nous rendez-vous foibles & timides, que pour vous réserver le plaisir cruel que goûte cette espèce de chasseur, qui tranquillement assis, voit tomber dans ses pièges l'innocente proie qu'il a conduite par la ruse à s'envelopper dans ses rets ?

Quoi, c'est le souvenir de Mylord qui m'engage à me livrer à des réflexions si dures sur ses pareils ! Qui m'eut dit que la tendresse & l'estime que j'avois pour lui me forceroient un jour à les faire ? Ah, Mylord, Mylord, est-ce bien vous qui avez détruit par votre conduite le respect que j'avois pour votre caractère ! Hélàs, trop attaché à l'erreur qu'il chérissoit, mon cœur a cherché tous les moyens de la conserver ! Ah, dans l'instant où je m'arrachois moi-même à la douceur de vous voir, portée encore à diminuer vos torts, je me serois trouvée heureuse de n'accuser de mes pleurs que l'excès de ma délicatesse ! Elle vous étonne peut-être cette délicatesse ; mais sachez, Mylord, que dans un cœur bien fait, l'amour une fois blessé l'est pour toujours. Dans l'égarement de la douleur, dans ces moments affreux, où l'âme avilie, abattue, succombe, ne meut presque plus une machine affaissée sous le poids qui l'accable, on se tourne naturellement vers la cause de son mal ; il semble que la main qui vient d'enfoncer le trait, ait seule la puissance. Situation horrible, inexprimable, dans laquelle détachée de tout, de l'univers, de soi-même, on ne tient plus qu'à l'inhumain qui vous réduit à cet état funeste ! Le cœur ne sent alors que ses pertes ; tout entier au sentiment qu'il se cache peut-être, il saisit avec avidité tout ce qui lui en offre l'image ; l'estime, l'amitié, les moindres égards lui paroissent un dédommagement du bien qu'on lui enlève ; il met un prix immense au peu qui lui reste ; semblable au malheureux qui lutte avec les flots, il s'attache à tout ce qui lui présente un foible appui.

C'est dans cette agitation terrible, dans ce désordre humiliant, que je crus pouvoir vous pardonner, vous rendre ma tendresse & ma confiance. Les reproches dont vous ne cessiez de vous accabler, m'engagèrent à supprimer ceux que j'aurois dû vous faire ; vos attentions excitèrent ma reconnoissance, vos pleurs me touchèrent ; l'amertume de ma douleur me rendit sensible à la vôtre ; je ne pus vous voir gémir à mes pieds, vous que j'adorois, sans sentir ranimer cet amour si vrai, si tendre, dont vous doutiez alors, qui vous sembloit éteint ; je vous serrai dans mes bras ; des larmes d'attendrissement, & peut-être de joie, se mêlèrent à celles que la vanité vous faisoit répandre, je crus pouvoir être heureuse encore. Mais chaque jour, chaque instant m'apprit que s'il est possible de pardonner, il ne l'est pas d'oublier ; que si la bonté du naturel peut empêcher de haïr un perfide, une juste fierté s'élève enfin contre notre foiblesse, & nous fait mépriser & l'amant qui peut nous trahir, & le penchant qui nous entraîne encore vers lui.

C'est dans la vivacité de ce penchant, c'est dans la force de mon amour que j'ai eu celle de renoncer à vous, de vous dire ; VOUS N'ÊTES PLUS CELUI QUE J'AIMOIS. J'ai préféré la douleur à la honte ; j'ai mieux aimé gémir de cet effort, que de laisser dépendre mon bonheur d'un homme qui n'étoit plus digne d'en être l'arbitre ; j'ai rompu un commerce dont je ne voyois plus que l'indécence ; le charme flatteur qui me la cachoit n'existoit plus ; je me méprisois moi-même en songeant que je vous aimois. A présent c'est vous, Mylord, vous seul que je méprise, non pour avoir quitté une femme, vous être montré plus ambitieux que sensible, non pour avoir changé de sentiment, mais parce que vous en avez feint que vous ne sentiez pas ; parce que vous avez traité durement, inhumainement votre amie, celle qui vous étoit véritablement attachée, dont vous aviez désiré la tendresse, que vous connoissiez digne de vos égards, & dont vous aviez mille fois juré de ménager la sensibilité. Je vous méprise, parce que vous vous êtes conduit avec bassesse ; qu'incapable de confiance & d'amitié, vous avez eu recours au mensonge, moyen infame, & dont un homme de votre naissance devoit rougir de faire usage. Ah, sur combien de points vous avez eu l'art de me tromper ! Pour votre propre avantage, que n'êtes-vous, Mylord, celui que mon cœur se plaisoit à chérir !

Plus sincère que vous, je ne vous promis point mon amitié ; je renonce à la vôtre. Mais qu'est-ce donc qu'un homme qu'on ne voit plus, qu'on ne verra jamais, entend par CETTE AMITIÉ qu'il ose offrir, promettre ? quelle profanation d'un nom si révéré des cœurs vertueux ? Quoi, ce sentiment si noble, don précieux de la divinité, qui rassemble, unit, intéresse, lie les humains ! se borne donc dans l'idée de Mylord à ne point nuire à ceux qu'il honore du nom d'AMIS ! Que pouvez-vous pour moi ? Vous seriez-vous flatté que je voulusse un jour vous devoir quelque chose ? Vous avez détruit ma tranquillité, est-il en vous de la faire renaître ! Le bien que vous m'avez ôté ne subsiste plus ; le ciel même, à cet égard, ne peut réparer mes pertes. L'idée fantastique qui faisoit mon bonheur, s'est évanouie pour jamais ; cette idole chérie, adorée, dénuée des ornemens dont mon imagination l'avoit embellie, ne m'offre plus qu'une esquisse imparfaite ; je rougis du culte que j'aimois à lui rendre. Ainsi mon cœur trompé par ses désirs, éclairé par ses peines, n'a joui que d'une vaine erreur. Il la regrette peut-être, mais il ne peut la recouvrer. Adieu, Mylord, pour reconnoitre en partie cette AMITIÉ si TENDRE, si SINCÈRE, que vous me CONSERVEZ ; je souhaite que vous n'en ressentiez jamais de véritable pour quelqu'un qui vous ressemble. Ce souhait doit vous convaincre que je suis capable de pardonner.

MOTION ANONYME

Motions adressées à l'Assemblée Nationale en faveur du Sexe

Les « cahiers de doléances » présentés aux États-Généraux de 1789 contenaient nombre de pamphlets écrits par des femmes anonymes réclamant le droit au travail (c'est le cas de la Plainte de la pauvre Javotte) ou des réformes dans le domaine des droits civils et des mœurs. Les pétitions et propositions présentées par les femmes entre 1789 et 1793 revendiquent principalement des changements dans le régime matrimonial, les droits de succession et l'accès à l'instruction et à la formation professionnelle.

Un autre véhicule privilégié était le journal, tel les Étrennes Nationales des Dames qui se fait l'avocat de l'égalité des droits dans tous les domaines. Des positions considérées comme extrémistes sont prises, par écrit, par les femmes. Ainsi, Théroigne de Mericourt essaie d'organiser des bataillons d'Amazones pour combattre les troupes autrichiennes mais se voit refuser l'entrée au Club des Cordeliers. En 1792, elle déclare dans un discours à la Société Fraternelle : « Montrons aux hommes que nous ne leur sommes inférieures ni en vertus ni en courage... Il est temps que les femmes sortent de la honteuse nullité où l'ignorance, l'orgueil et l'injustice des hommes les tiennent asservies depuis si longtemps. »

Le 10 mai 1793, Claire Rose Lacombe fonde le Club des Citoyennes Républicaines Révolutionnaires qui a pour but de promouvoir les théories de l'égalité politique et sexuelle. Quelques mois plus tard, un décret interdit aux femmes de participer à toute activité politique et tous les journaux féminins furent mis hors la loi.

Motion adressée à l'Assemblée Nationale en faveur du Sexe
1789

La Providence, en créant la femme, n'a donné à l'homme qu'une compagne pour coopérer avec lui, adoucir ses peines, et lui préparer des plaisirs ; cette idée de compagne et de coopérateur commun, renferme celle d'une égalité parfaite et me paraîtrait tout à fait exclusive de l'idée d'autorité. Cependant il ne s'agit point, Messieurs, de vous priver de cette supériorité que vous tenez des lois et non de la nature, mais d'en appeler à votre générosité que vous avez prouvé être une vertu si facile.

Depuis le sceptre jusqu'à la houlette, pourquoi les femmes nées pour répandre des fleurs sur la vie privée de l'homme ne reçoivent-elles de lui en récompense que des fers, des tourments, et des injustices ? La plus grande qu'il puisse commettre à leur égard, c'est de se plaindre d'elles ; s'il veut quelquefois impérieusement les soumettre, ou les faire valoir, par cet ascendant incontestable, les femmes seront donc toujours ce qu'il voudra qu'elles soient ; alors n'est-il pas prouvé que ses vertus sont à elles, et que ses torts, le plus souvent, sont les siens ?

Vouloir, Messieurs, être heureux par la liberté, c'est le propre des grandes âmes ; mais considérez que votre bonheur est absolument dépendant de celui des femmes ; le seul moyen peut-être de le rendre mutuellement inaltérable, ce serait de former un décret qui obligeât les hommes à épouser les femmes sans dot ; l'homme qui aura choisi sa compagne suivant le vœu de son cœur ne sera pas trompé par la nature s'il l'a bien consultée, et si aucun intérêt étranger n'a surpris ses dispositions.

Madame Roland - gravé par Néraudan. (B.N.)

Madame Roland
(1754-1793)

Fille d'un maître graveur, Gatien Phlipon, et de Marie Marguerite Bimont, Marie-Jeanne naquit le 17 mars 1754 à Paris. Elle montra de bonne heure de réelles dispositions pour les études : « Plutarque semblait être la véritable pâture qui me convint ; je n'oublierai jamais le carême de 1763 (j'avais alors neuf ans), ou je l'emportais à l'église en guise de Semaine sainte. » Deux ans plus tard, une tentative de viol la rendit « pénitente avant d'avoir été pécheresse » et elle se retire dans un couvent où elle rencontre les demoiselles Cannet avec qui elle échangera par la suite une volumineuse correspondance. A la suite d'une crise spirituelle provoquée par la lecture des philosophes, des doutes l'assaillent et, en 1775, lorsque meurt sa mère, Marie-Jeanne ne croit plus en Dieu. Elle se lance avec passion dans la lecture de *LA NOUVELLE HÉLOÏSE* et en conclut : « Rousseau me fit alors une impression comparable à celle que m'avait faite Plutarque à huit ans ; il sembla que c'était l'élément qui me fut propre et l'interprète de sentiments que j'avais avant lui, mais que lui seul savait m'expliquer. » De nombreux prétendants avaient demandé Marie-Jeanne en mariage auparavant, mais la fortune de son père déclinant, elle craignait de voir disparaître la possibilité d'un mariage qui lui convint lorsque le 11 janvier 1776, elle rencontra Roland de la Platière qui vint lui rendre visite quai de l'Horloge pour lui remettre une lettre de son amie Sophie Cannet. Ils se fiancent en mai 1779 et après bien des réticences de la part de Roland, qui avait alors 46 ans, ils se marient le 4 février 1780. Ils auront une fille Eudora un an plus tard.

Le premier soin de Madame Roland est d'aider son mari à rédiger des articles pour l'*ENCYCLOPÉDIE MÉTHODIQUE DE PANCKOUKE* et pour un *DICTIONNAIRE DES MANUFACTURES, ARTS ET MÉTIERS*, qui fut publié entre 1784 et 1790. A partir de 1789, les époux ne cachent pas leurs opinions politiques révolutionnaires et se mettent en relation avec les patriotes de Lyon. Deux ans plus tard Roland sera envoyé comme député extraordinaire à Paris pour demander la nationalisation des dettes de la ville. Madame Roland ouvre un salon que fréquentent Brissot et Robespierre. Roland est nommé secrétaire de la Société des Jacobins en début 92 après avoir pris parti pour Brissot et l'action violente que réclame le parti girondin. Madame Roland se charge des travaux de correspondance et de la préparation des discours de son mari. Elle l'aida sans doute à rédiger la fameuse mise en demeure du 10 juin à Louis XVI, qui chassa son ministre mais en fit ainsi un martyr, en même temps que

Clavière et Servan. Il règne à l'époque un climat de guerre civile et en septembre débutent de véritables massacres dont Madame Roland rend responsables « Robespierre et Marat ; ces gens-là s'efforcent d'agiter le peuple et de le tourner contre l'Assemblée Nationale et le Conseil ; ils ont une petite armée qu'ils soudoient à l'aide de ce qu'ils ont trouvé ou volé dans le château et ailleurs, ou de ce que leur donne Danton, qui, sous main, est le chef de cette horde ».

A la suite de dissensions les Roland décident de quitter Paris en janvier 1793, juste après que Mme Roland ait fait l'aveu à son mari de son amour pour François Buzot : « Je chéris mon mari comme une fille sensible adore un père vertueux à qui elle sacrifierait même son amant ; mais j'ai trouvé l'homme qui pouvait être cet amant, et, demeurant fidèle à mes devoirs, mon ingénuité n'a pas su cacher les sentiments que je lui soumettais. »

Le 1er juin 1793, Madame Roland est emprisonnée à l'Abbaye alors que son mari réussit à prendre la fuite et que Buzot essaie de faire se soulever la Normandie contre la Convention. Madame Roland se mit en devoir de rédiger ses *Mémoires* qu'elle confiait en cachette à ses visiteurs. Le 24 juin elle est transférée à la prison de Sainte Pélagie comme « suspecte ». Le 8 août, elle écrit : « J'ai employé les premiers temps de ma captivité à écrire ; je l'ai fait avec tant de rapidité et dans une disposition si heureuse que, avant un mois, j'avais des manuscrits de quoi faire un volume in-12. C'était sous ce titre de *NOTICES HISTORIQUES* des détails sur tous les faits et sur toutes les personnes tenant à la chose publique que ma position m'avait mise dans le cas de connaître... »

Elle venait d'apprendre que la plupart de ses cahiers, confiés à Champagneux et Bosc avaient été jetés au feu, ce qui attire ce commentaire : « J'avoue que j'aurais préféré qu'on m'y jetât moi-même. Cependant, comme il ne faut succomber à rien, je vais employer mes loisirs à jeter çà et là, négligemment, ce qui présentera à mon esprit. » Elle se mit donc à écrire ses *PORTRAITS ET ANECDOTES* en remplacement des *NOTICES* brûlées et ses *MÉMOIRES PARTICULIERS* concernant ses années de jeunesse.

Le 8 novembre, elle fut guillotinée après avoir prononcé la célèbre phrase « O liberté ! que de crimes on commet en ton nom ». Deux jours plus tard son mari se suicida.

Les manuscrits de Mme Roland furent rassemblés par Bosc et publiés pour la première fois au printemps 1795 sous le titre *APPEL A L'IMPÉRIALE POSTÉRITÉ*.

Indications bibliographiques

May, G. : *Madame Roland and the age of revolution*. New York, Columbia University Press, 1970.
Thomas, E. : *Pauline Roland. Socialisme et féminisme au xixe siècle*. Paris, M. Rivière, 1956.

MÉMOIRES PARTICULIERS

Première partie

Aux prisons de Sainte-Pélagie,
le 9 août 1793.

Fille d'artiste, femme d'un savant devenu ministre et demeuré homme de bien, aujourd'hui prisonnière, destinée peut-être à une mort violente et inopinée, j'ai connu le bonheur et l'adversité, j'ai vu de près la gloire et subi l'injustice.

Née dans un état obscur, mais de parents honnêtes, j'ai passé ma jeunesse au sein des beaux-arts, nourrie des charmes de l'étude, sans connaître de supériorité que celle du mérite, ni de grandeur que celle de la vertu.

A l'âge où l'on prend un état, j'ai perdu les espérances de fortune qui pouvaient m'en procurer un conforme à l'éducation que j'avais reçue. L'alliance d'un homme respectable a paru réparer ces revers ; elle m'en préparait de nouveaux.

Un caractère doux, une âme forte, un esprit solide, un cœur très affectueux, un extérieur qui annonçait tout cela, m'ont rendue chère à tous ceux qui me connaissent. La situation dans laquelle je me suis trouvée m'a fait des ennemis ; ma personne n'en a point ; ceux qui disent le plus de mal de moi ne m'ont jamais vue.

Il est si vrai que les choses sont rarement ce qu'elles paraissent être, que les époques de ma vie où j'ai goûté le plus de douceurs ou le plus éprouvé de chagrins sont souvent toutes contraires à ce que d'autres pourraient en juger. C'est que le bonheur tient aux affections plus qu'aux événements.

Je me propose d'employer les loisirs de ma captivité à retracer ce qui m'est personnel depuis ma tendre enfance jusqu'à ce moment ; c'est vivre une seconde fois que de revenir ainsi sur tous les pas de sa carrière, et qu'a-t-on de mieux à faire en prison que de transporter ailleurs son existence par une heureuse fiction ou par des souvenirs intéressants ?

Si l'expérience s'acquiert moins à force d'agir qu'à force de réfléchir sur ce qu'on voit et sur ce qu'on a fait, la mienne peut s'augmenter beaucoup par l'entreprise que je commence.

La chose publique, mes sentiments particuliers, me fournissaient assez, depuis deux mois de détention, de quoi penser et décrire sans me rejeter sur des temps fort éloignés ; aussi les cinq premières semaines avaient-elles été consacrées à des *NOTICES HISTORIQUES* dont le recueil n'était peut-être pas sans mérite. Elles viennent d'être anéanties, j'ai senti toute l'amertume de cette perte que je ne réparerai point ; mais je m'indignerais contre moi-même de me laisser abattre par quoi que ce soit. Dans toutes les peines que j'ai essuyées, la plus vive impression de douleur est presque aussitôt accompagnée de l'ambition d'opposer mes forces au mal dont je suis l'objet, et de le surmonter, ou par le bien que je fais à d'autres, ou par l'augmentation de mon propre courage. Ainsi, le malheur peut me poursuivre et non m'accabler ; les tyrans peuvent me persécuter, mais m'avilir ? jamais, jamais !

Mes *NOTICES* sont perdues, je vais faire des *MÉMOIRES* et, m'accommodant avec prudence à ma propre faiblesse dans un moment où je suis péniblement affectée, je vais m'entretenir de moi pour mieux m'en distraire. Je ferai mes honneurs, en bien ou en mal, avec une égale liberté ; celui qui n'ose se rendre bon témoignage à soi-même, est presque toujours un lâche qui sait et craint le mal qu'on pourrait dire de sa personne ; et celui qui hésite à avouer ses torts n'a pas la force de les soutenir, ni le moyen de les racheter. Avec cette franchise pour mon propre compte, je ne me gênerai pas sur celui d'autrui ; père, mère, amis, mari, je les peindrai tous tels qu'ils sont ou que je les ai vus.

Tant que je suis demeurée dans un état paisible et concentré, ma sensibilité naturelle enveloppait tellement mes autres qualités, qu'elle se montrait seule ou les dominait toutes. Mon premier besoin était de plaire et de faire du bien ; j'étais un peu comme ce bon M. de Gourville, dont Mme de Sévigné dit que la charité du prochain lui coupait les paroles par la moitié ; et je méritais que Sainte-Lette dît de moit qu'avec l'esprit d'aiguiser de fines épigrammes, je n'en laissais jamais échapper aucune.

Depuis que les circonstances, les orages politiques et autres ont développé l'énergie de mon caractère, je suis franche avant tout, sans regarder d'aussi près aux petites égratignures qui peuvent se faire en passant. Je ne fais pas plus d'épigrammes ; car elles supposent le plaisir de piquer par une critique, et je ne sais point m'amuser à tuer des mouches ; mais j'aime à faire justice à force de vérités, et j'énonce les plus terribles en face des intéressés, sans m'étonner, m'émouvoir, ni me fâcher, quel qu'en soit l'effet sur eux.

La première année de mon mariage se passa tout entière à Paris, où Roland était appelé par les intendants du commerce qui voulaient faire de nouveaux règlements des manufactures, règlements que Roland combattit de toutes ses forces, par les principes de liberté qu'il portait partout. Il faisait imprimer la description qu'il avait faite pour l'Académie de quelques Arts, et il mettait au net ses manuscrits sur l'Italie ; il me fit son copiste et son correcteur d'épreuves ; j'en remplissais la tâche avec une humilité dont je ne puis m'empêcher de rire lorsque je me la rappelle, et qui paraît presque inconciliable avec un esprit aussi exercé que je l'avais ; mais elle coulait de mon cœur ; je respectais si franchement mon mari que je supposais aisément qu'il voyait mieux que moi, et j'avais tant de crainte d'une ombre sur son visage, il tenait si bien à ses opinions, que je n'ai acquis qu'après assez longtemps la confiance de le contredire.

Je suivis alors un cours d'histoire naturelle et un cours de botanique ; c'était l'unique et laborieuse récréation de mes occupations de secrétaire et de ménagère, car vivant en hôtel garni, puisque notre domicile n'était point à Paris, et m'étant aperçue que la délicate santé de mon mari ne s'accommodait pas de toutes cuisines, je prenais le soin de lui préparer moi-même les plats qui lui convenaient. Nous passâmes quatre années à Amiens ; j'y fus mère et nourrice, sans cesser de partager le travail de mon mari, qui s'était chargé d'une partie considérable de la nouvelle Encyclopédie. Nous ne quittions le cabinet que pour des promenades hors de la ville ; je fis un herbier des plantes de la Picardie, et l'étude de la botanique aquatique donna lieu à l'*ART DU TOURBIER*. Des maladies fréquentes me donnèrent des inquiétudes pour la conservation de Roland ; mes soins ne lui furent pas inutiles, ce fut un nouveau lien ; il me chérissait pour mon dévouement, je m'attachais à lui par le bien que je lui faisais.

Il avait connu en Italie un jeune homme dont il estimait beaucoup l'âme douce et honnête, et qui, revenu avec lui en France où il s'adonna à l'étude de la médecine, devint notre ami particulier. C'est *LANTHENAS*, que j'aurais estimé davantage si la Révolution, cette pierre de touche des hommes, en le poussant dans les affaires, n'eut mis à découvert la faiblesse de son caractère et sa médiocrité. Il a des vertus privées, mais sans agréments séducteurs ; il convenait beaucoup à mon mari par sa douceur, il s'attacha beaucoup à nous deux ; je l'aimai, le traitai comme mon frère, je lui en donnai le nom. Son attachement, son honnêteté ne se sont de longtemps démentis. Il voulut venir demeurer avec nous, Roland l'agréait ; je m'y opposai, parce que je jugeai qu'un sacrifice aussi complet dans un homme de son âge et avec l'affection qu'il témoignait entraînait secrètement l'idée d'un retour que mes principes me défendaient et que d'ailleurs il n'eut pas obtenu de moi. C'était un bon et tendre frère, mais il ne pouvait être autre pour mon cœur, et ce sentiment me rendait d'autant plus libre et franche dans l'intimité entre nous trois. Lanthenas, apparemment comme le vulgaire, content de ce qu'il a lorsque d'autres n'obtiennent pas davantage, s'aperçut que je ne demeurais point insensible, en devint malheureux et jaloux ; rien ne rend si maussade et même injuste ; je le sentis et j'étais trop fière pour l'épargner ; il s'éloigna d'autant plus furieux, imaginant le pis ; ses opinions même prirent une nouvelle teinte ; son cœur l'empêchait d'être féroce comme les Montagnards, mais il ne voulait plus voir comme moi, et bien moins comme celui qu'il me voyait chérir ; il prétendit se mettre entre le CÔTÉ DROIT dont il blâmait les PASSIONS et le CÔTÉ GAUCHE dont il ne pouvait approuver les excès ; il fut moins que rien, et se fit mépriser des deux parts.

SOPHIE épousa, pendant mon séjour à Amiens, le chevalier de Gomiecourt, qui vivait à six lieues de là, en fermier, dans sa terre. HENRIETTE, qui avait aimé M. Roland, et à qui sa famille aurait voulu la marier, approuva hautement la préférence qu'il m'avait donnée, avec cette touchante sincérité qui honore son caractère, et cette générosité d'âme qui la fait aimer. Elle se maria au vieil DE VOUGLANS, devenu veuf, et à qui confesseur et médecin conseillèrent de reprendre femme, quoiqu'il eût soixante-quinze ans. Toutes deux sont veuves : Sophie est redevenue dévote ; sa poitrine attaquée la rend très languissante et fait craindre pour ses jours nécessaires à deux jolis enfants. Les différences de notre moral, quant au caractère et aux opinions, ont, avec l'éloignement et les affaires, relâché notre liaison, sans la rompre. Henriette, libre, toujours vive et affectueuse, est venue me voir dans ma captivité, où elle aurait voulu prendre ma place pour assurer mon salut.

Roland avait désiré, au commencement de notre mariage, que je visse peu mes bonnes amies ; je me pliai à ses vœux et je ne repris la liberté de les fréquenter davantage que lorsque le temps eut inspiré à mon mari assez de confiance pour lui ôter toute inquiétude de concurrence d'affection. C'était mal vu ; le mariage est grave et austère ; si vous ôtez à une femme sensible les douceurs de l'amitié avec des personnes de son sexe, vous diminuez un aliment nécessaire, et vous l'exposez. Que de développements à donner à cette vérité !...

Nous étions passés dans la généralité de Lyon en 1784 ; nous nous fixâmes à Villefranche, dans la maison paternelle de M. Roland, où vivaient encore sa mère, de l'âge du siècle, et son frère aîné, chanoine et conseiller. J'aurais de nombreux tableaux à faire des mœurs d'une petite ville et de leur influence ; des chagrins domestiques d'une vie compliquée avec une femme respectable par son âge, terrible par son humeur, et entre deux frères dont le cadet avait la passion de l'indépendance, et l'aîné l'habitude et les préjugés de la domination.

Durant deux mois de l'hiver, nous demeurions à Lyon, que j'ai bien connu et dont j'aurais beaucoup à dire. Ville superbe par sa situation et son matériel, florissante par ses manufactures et son commerce, intéressante par ses antiquités et ses collections, brillante par sa richesse dont l'empereur Joseph fut jaloux, et qui s'annonçait comme une magnifique capitale, aujourd'hui vaste tombeau où s'agitent les victimes d'un gouvernement cent fois plus atroce que le despotisme même sur les ruines duquel il s'est élevé.

Nous allions à la campagne dans l'automne ; et après la mort de Mme de la Platière, ma belle-mère, nous y passâmes la plus grande partie de l'année. La paroisse de Thézée, à deux lieues de Villefranche, où existe le Clos La Platière, est un pays aride par le sol, encore brillant par ses vignes et ses bois ; c'est la dernière région du vignoble avant les hautes montagnes du Beaujolais. C'est là que mes goûts simples se sont exercés dans tous les détails de l'économie champêtre et vivifiante ; c'est là que j'ai appliqué, pour le soulagement de mes voisins, quelques connaissances acquises ; je devins le médecin du village, d'autant plus chéri qu'il donnait des secours au lieu de demander des rétributions, et que le plaisir d'être utile rendait ses soins aimables. Comme l'homme des champs donne aisément sa confiance à qui lui fait du bien ! On dit qu'il n'est pas reconnaissant ; il est vrai que je ne prétendais pas que personne me fut obligé, mais on m'aimait, et, lorsque je faisais des absences, j'étais pleurée. J'ai eu aussi des scènes plaisantes, et de bonnes femmes sont quelquefois venues me chercher de trois ou quatre lieues, avec un cheval, pour me prier d'aller sauver de la mort quelqu'un d'abandonné par le médecin. J'en arrachai mon mari en 1789, dans une maladie affreuse où les ordonnances des docteurs ne l'eussent point délivré sans ma surveillance. Je passai douze jours sans dormir, sans me déshabiller, six mois dans l'inquiétude et les agitations d'une convalescence périlleuse, et je ne fus pas même indisposée, tant le cœur donne de forces et double l'activité.

La Révolution survint et nous enflamma ; amis de l'humanité, adorateurs de la liberté, nous crûmes qu'elle venait régénérer l'espèce, détruire la misère flétrissante de cette classe malheureuse sur laquelle nous nous étions si souvent attendris ; nous l'accueillîmes avec transport. Nos opinions indisposèrent à Lyon beaucoup de gens qui, habitués au calcul du commerce, ne concevaient pas que par philosophie l'on provoquât et applaudit des changements qui n'étaient bons qu'aux autres ; ils devinrent par cela seul ennemis de M. Roland ; dès lors, d'autres le prisèrent davantage. On le porta dans la municipalité de première formation ; il s'y prononça par son inflexible droiture, on le craignit, et la calomnie, d'une part, se mit en campagne, tandis que, de l'autre, l'affection ou l'impartialité le défendait. Député, pour les intérêts de la ville, auprès de l'Assemblée constituante, il vint à Paris, nous y passâmes près d'un an ; j'ai dit ailleurs comment nous y connûmes plusieurs membres de cette Assemblée et nous liâmes naturellement avec ceux qui comme nous n'aimaient pas la liberté pour eux, mais pour elle, et qui avec nous partagent aujourd'hui le sort commun à presque tous ses fondateurs, ainsi qu'aux vrais amis de l'humanité, tels que Dion, Socrate, Phocion et tant d'autres de l'antiquité, Barnevelt et Sidney dans les temps modernes.

Olympe de Gouges. (B.N.)

Olympe de Gouges (1755-1793)

Fille naturelle de Lefranc de Pompignan, poète et homme d'église, née à Montauban en 1755, veuve à seize ans, Olympe de Gouges, qui avait déclaré : « La femme a le droit de monter sur l'échafaud, elle doit avoir également le droit de monter à la Tribune », fut guillotinée le 3 novembre 1793.

Elle avait choisi dès le départ le chemin de la difficulté en écrivant des pièces de théâtre qu'il lui fut impossible de monter parce qu'elle était une femme. En 1788, elle rédigea *LE BONHEUR PRIMITIF DE L'HOMME*, pour proposer la création d'un conservatoire dramatique subventionné par l'État à l'usage exclusif des comédiennes, sorte de seconde Comédie Française, qui projeterait une nouvelle image, plus respectable, de l'actrice. En 1789, elle termine un roman, *LE PRINCE PHILOSOPHE.* Sa *DÉCLARATION DES DROITS DE LA FEMME ET DE LA CITOYENNE* (1791) est une réponse à la *DÉCLARATION DES DROITS DE L'HOMME*, adoptée par l'Assemblée Nationale en 1789. C'est aussi un document important qui réclame l'égalité des droits en pastichant l'écriture masculine.

Indication bibliographique

Duhet, P.M. : *Les Femmes et la Révolution.* Paris, Julliard, 1971.

DÉCLARATION DES DROITS DE LA FEMME ET DE LA CITOYENNE - 1791

Homme, es-tu capable d'être juste ? C'est une femme qui t'en fait la question ; tu ne lui ôteras pas du moins ce droit. Dis-moi ? qui t'a donné le souverain empire d'opprimer mon sexe ? ta force ? tes talents ? Observe le créateur dans sa sagesse ; parcours la nature dans toute sa grandeur, dont tu sembles vouloir te rapprocher, et donne-moi, si tu l'oses, l'exemple de cet empire tyrannique.

Remonte aux animaux, consulte les éléments, étudie les végétaux, jette enfin un coup d'œil sur toutes les modifications de la matière organisée ; et rends-toi à l'évidence quand je t'en offre les moyens ; cherche, fouille et distingue, si tu le peux, les sexes dans l'administration de la nature. Partout tu les trouveras confondus, partout ils coopèrent avec un ensemble harmonieux à ce chef-d'œuvre immortel.

L'homme seul s'est fagoté un principe de cette exception. Bizarre, aveugle, boursouflé de sciences et dégénéré, dans ce siècle de lumières et de sagacité, dans l'ignorance la plus crasse, il veut commander en despote sur un sexe qui a reçu toutes les facultés intellectuelles ; il prétend jouir de la révolution, et réclamer ses droits à l'égalité, pour ne rien dire de plus.

A décréter par l'Assemblée nationale dans ses dernières séances ou dans celle de la prochaine législature.

Préambule

Les mères, les filles, les sœurs, représentantes de la nation, demandent d'être constituées en assemblée nationale. Considérant que l'ignorance, l'oubli ou le mépris des droits de la femme, sont les seules causes des malheurs publics et de la corruption des gouvernements, ont résolu d'exposer dans une déclaration solennelle, les droits naturels, inaliénables et sacrés de la femme, afin que cette déclaration, constamment présente à tous les membres du corps social, leur rappelle sans cesse leurs droits et leurs devoirs, afin que les actes du pouvoir des femmes, et ceux du pouvoir des hommes pouvant être à chaque instant comparés avec le but de toute institution politique, en soient plus respectés, afin que les réclamations des citoyennes, fondées désormais sur des principes simples et incontestables, tournent toujours au maintien de la constitution, des bonnes mœurs, et au bonheur de tous.

En conséquence, le sexe supérieur en beauté comme en courage, dans les souffrances maternelles, reconnaît et déclare, en présence et sous les auspices de l'Être suprême, les Droits suivants de la Femme et de la Citoyenne.

Article premier

La femme naît libre et demeure égale à l'homme en droits. Les distinctions sociales ne peuvent être fondées que sur l'utilité commune.

I
Le but de toute association politique est la conservation des droits naturels et imprescriptibles de la Femme et de l'Homme : ces droits sont la liberté, la propriété, la sûreté, et surtout la résistance à l'oppression.

IV
La liberté et la justice consistent à rendre tout ce qui appartient à autrui ; ainsi l'exercice des droits naturels de la femme n'a de bornes que la tyrannie perpétuelle que l'homme lui oppose ; ces bornes doivent être réformées par les lois de la nature et de la raison.

VII
Nulle femme n'est exceptée ; elle est accusée, arrêtée, et détenue dans les cas déterminés par la Loi. Les femmes obéissent comme les hommes à cette Loi rigoureuse.

IX

Toute femme étant déclarée coupable, toute rigueur est exercée par la Loi.

X

Nul ne doit être inquiété pour ses opinions même fondamentales, la femme a le droit de monter sur l'échafaud ; elle doit avoir également celui de monter à la Tribune ; pourvu que ses manifestations ne troublent pas l'ordre public établi par la Loi.

XI

La libre communication des pensées et des opinions est un des droits les plus précieux de la femme, puisque cette liberté assure la légitimité des pères envers les enfants. Toute Citoyenne peut donc dire librement, je suis mère d'un enfant qui vous appartient, sans qu'un préjugé barbare la force à dissimuler la vérité ; sauf à répondre de l'abus de cette liberté dans les cas déterminés par la Loi.

XIII

Pour l'entretien de la force publique, & pour les dépenses d'administration, les contributions de la femme et de l'homme sont égales ; elle a part à toutes les corvées, à toutes les tâches pénibles ; elle doit donc avoir de même part à la distribution des places, des emplois, des charges, des dignités et de l'industrie.

XV

La masse des femmes, coalisée pour la contribution à celle des hommes, a le droit de demander compte, à tout agent public, de son administration.

XVII

Les propriétés sont à tous les sexes réunis ou séparés ; elles ont pour chacun un droit inviolable et sacré ; nul ne peut en être privé comme vrai patrimoine de la nature, si ce n'est lorsque la nécessité publique, légalement constatée, l'exige évidemment, et sous la condition d'une juste et préalable indemnité.

Postambule

Femme, réveille-toi ; le tocsin de la raison se fait entendre dans tout l'univers ; reconnais tes droits. Le puissant empire de la nature n'est plus environné de préjugés, de fanatisme, de superstition et de mensonges. Le flambeau de la vérité a dissipé tous les nuages de la sottise et de l'usurpation. L'homme esclave a multiplié ses forces, a eu besoin de recourir aux tiennes pour briser ses fers. Devenu libre, il est devenu injuste envers sa compagne. O femmes ! femmes, quand cesserez-vous d'être aveugles ? Quels sont les avantages que vous avez recueillis dans la révolution ? Un mépris plus marqué, un dédain plus signalé. Dans les siècles de corruption vous n'avez régné que sur la faiblesse des hommes. Votre empire est détruit ; que vous reste-t-il donc ? la conviction des injustices de l'homme. La réclamation de votre patrimoine, fondée sur les sages décrets de la nature ; qu'auriez-vous à redouter pour une si belle entreprise ? le bon mot du Législateur des noces de Cana ? Craignez-vous que nos Législateurs Français, correcteurs de cette morale, longtemps accrochée aux branches de la politique, mais qui n'est plus de saison, ne vous répètent : femmes, qu'y a-t-il de commun entre vous et nous ? Tout, auriez-vous à répondre. S'ils s'obstinaient, dans leur faiblesse, à mettre cette inconséquence en contradiction avec leurs principes ; opposez courageusement la force de la raison aux vaines prétentions de supériorité ; réunissez-vous sous les étendards de la philosophie ; déployez toute l'énergie de votre caractère, et vous verrez bientôt ces orgueilleux, non serviles adorateurs rampants à vos pieds, mais fiers de partager avec vous les trésors de l'Être Suprême. Quelles que soient les barrières que l'on vous oppose, il est en votre pouvoir de les affranchir ; vous n'avez qu'à le vouloir. Passons maintenant à l'effroyable tableau de ce que vous avez été dans la société ; & puisqu'il est question, en ce moment, d'une éducation nationale, voyons si nos sages législateurs penseront sainement sur l'éducation des femmes.

Les femmes ont fait plus de mal que de bien. La contrainte et la dissimulation ont été leur partage. Ce que la force leur avait ravi, la ruse leur a rendu ; elles ont eu recours à toutes les ressources de leurs charmes, et le plus irréprochable ne leur résistait pas. Le poison, le fer, tout leur était soumis ; elles commandaient au crime comme à la vertu. Le gouvernement français, surtout, a dépendu, pendant des siècles, de l'administration nocturne des femmes ; le cabinet n'avait point de secret pour leur indiscrétion ; ambassade, commandement, ministère, présidence, pontificat, cardinalat ; enfin tout ce qui caractérise la sottise des hommes, profane et sacré, tout a été soumis à la cupidité et à l'ambition de ce sexe autrefois méprisable et respecté, et depuis la révolution, respectable et méprisé.

Dans cette sorte d'antithèse, que de remarques n'ai-je point à offrir ! je n'ai qu'un moment pour les faire, mais ce moment fixera l'attention de la postérité la plus reculée. Sous l'ancien régime, tout était vicieux, tout était coupable ; mais ne pourrait-on pas apercevoir l'amélioration des choses dans la substance même des vices ? Une femme n'avait besoin que d'être belle ou aimable ; quand elle possédait ces deux avantages elle voyait cent fortunes à ses pieds. Si elle n'en profitait pas, elle avait un caractère bizarre, ou une philosophie peu commune, qui la portait aux mépris des richesses ; alors elle n'était plus considérée que comme une mauvaise tête ; la plus indécente se faisait respecter avec de l'or ; le commerce des femmes était une espèce d'industrie reçue dans la première classe, qui, désormais, n'aura plus de crédit. S'il en avait encore, la révolution serait perdue, et sous de nouveaux rapports, nous serions toujours corrompus ; cependant la raison peut-elle se dissimuler que tout autre chemin à la fortune est fermé à la femme que l'homme achète, comme l'esclave sur les côtes d'Afrique. La différence est grande ; on le sait. L'esclave commande au maître ; mais si le maître lui donne la liberté sans récompense, et à un âge où l'esclave a perdu tous ses charmes, que devient cette infortunée ? Le jouet du mépris ; les portes même de la bienfaisance lui sont fermées ; elle est pauvre et vieille, dit-on ; pourquoi n'a-t-elle pas su faire fortune ? D'autres exemples encore plus touchants s'offrent à la raison. Une jeune personne sans expérience, séduite par un homme qu'elle aime, abandonnera ses parents pour le suivre ; l'ingrat la laissera après quelques années, et plus elle aura vieilli avec lui, plus son inconstance sera inhumaine ; si elle a des enfants, il l'abandonnera de même. S'il est riche, il se croira dispensé de partager sa fortune avec ses nobles victimes. Si quelqu'engagement le lie à ses devoirs, il en violera la puissance en espérant tout des lois. S'il est marié, tout autre engagement perd ses droits. Quelles lois reste-t-il donc à faire pour extirper le vice jusque dans la racine ? Celle du partage des fortunes entre les hommes et les femmes, et de l'administration publique. On conçoit aisément que celle qui est née d'une famille riche, gagne beaucoup avec l'égalité des partages. Mais celle qui est née d'une famille pauvre, avec du mérite et des vertus ; quel est son lot ? La pauvreté et l'opprobre. Si elle n'excelle pas précisément en musique ou en peinture, elle ne peut être admise à aucune fonction publique, quand elle en aurait toute la capacité. Je ne veux donner qu'un aperçu des choses, je les approfondirai dans la nouvelle édition de tous mes ouvrages politiques que je me propose de donner au public dans quelques jours, avec des notes.

Je reprends mon texte quant aux mœurs. Le mariage est le tombeau de la confiance & de l'amour. La femme mariée peut impunément donner des bâtards à son mari, et la fortune qui ne leur appartient pas. Celle qui ne l'est pas, n'a qu'un faible droit : les lois anciennes et inhumaines lui refusaient ce droit sur le nom & sur le bien de leur père, pour ses enfants, et l'on n'a pas fait de nouvelles lois sur cette matière. Si tenter de donner à mon sexe une consistance honorable et juste, est considéré dans ce moment comme un paradoxe de ma part, et comme tenter l'impossible, je laisse aux hommes à venir la loire de traiter cette matière ; mais, en attendant, on peut la préparer par l'éducation nationale, par la restauration des mœurs et par les conventions conjugales.

FORME DU CONTRAT SOCIAL DE L'HOMME ET DE LA FEMME

Nous N et N, mus par notre propre volonté, nous unissons pour le temps de notre vie, et pour la durée de nos penchants mutuels, aux conditions suivantes : Nous entendons & voulons mettre nos fortunes en communauté, en nous réservant cependant le droit de les séparer en faveur de nos enfants, et de ceux que nous pourrions avoir d'une inclination particulière, reconnaissant mutuellement que notre bien appartient directement à nos enfants, de quelque lit qu'ils sortent, et que tous indistinctement ont le droit de porter le nom des pères et mères qui les ont avoués, et nous imposons de souscrire à la loi qui punit l'abnégation de son propre sang. Nous nous obligeons également, au cas de séparation, de faire le partage de notre fortune, et de prélever la portion de nos enfants indiquée par la loi ; et, au cas d'union parfaite, celui qui viendrait à mourir, se désisterait de la moitié de ses propriétés en faveur de ses enfants ; et si l'un mourait sans enfants, le survivant hériterait de droit, à moins que le mourant n'ait disposé de la moitié du bien commun en faveur de qui il jugerait à propos.

Voilà à peuprès la formule de l'acte conjugal dont je propose l'exécution. A la lecture de ce bizarre écrit, je vois s'élever contre moi les tartuffes, les bégueules, le clergé et toute la séquelle infernale. Mais combien il offrira aux sages de moyens moraux pour arriver à la perfectibilité d'un gouvernement heureux !

J'offre un moyen invincible pour élever l'âme des femmes ; c'est de les joindre à tous les exercices de l'homme : si l'homme s'obstine à trouver ce moyen impraticable, qu'il partage sa fortune avec la femme, non à son caprice, mais par la sagesse des lois. Le préjugé tombe, les mœurs s'épurent, et la nature reprend tous ses droits. Ajoutez-y le mariage des prêtres ; le Roi, raffermi sur son trône, et le gouvernement français ne saurait plus périr.

Madame de Staël - gravé par Hesse. (B.N.)

Mme de Staël
(1766-1817)

Fille unique de Jacques Necker, banquier genevois, qui allait devenir contrôleur général des Finances sous Louis XVI, Germaine naît à Paris, le 22 avril 1766. Dès l'enfance, elle montre des dispositions pour l'écriture de nouvelles et la position sociale de son père lui permet de rencontrer l'élite politique et philosophique de son temps : Diderot, d'Alembert, Buffon, mais aussi Franklin, Jefferson et Walpole.

En 1786 elle épouse Eric de Staël-Holstein, ambassadeur de Suède à Versailles, dont elle aura une fille Gustavine, un an plus tard. Le mariage ne fut pas heureux et dans son premier ouvrage critique, *LETTRES SUR LE CARACTÈRE ET LES ÉCRITS DE JEAN-JACQUES ROUSSEAU* (1788), Madame de Staël explique sans détour que « les jouissances de l'esprit sont faites pour calmer les orages du cœur ». Son salon de la rue du Bac attire les grands esprits politiques du moment et elle suit de près les remous provoqués par les idées libérales de son père, deux fois renvoyé par le roi. Elle assiste aux séances des États-Généraux de 1789, et lorsque son père se retire en Suisse l'année suivante, elle continue à avoir une influence sur les destinées de la France à travers son amant, Louis de Narbonne Lara, dont elle aura deux fils.

Quand la guerre éclate avec l'Autriche et que commence la Terreur, Madame de Staël cache chez elle de nombreux personnages politiquement compromis. En 1793 elle fait paraître anonymement une courageuse *DÉFENSE DE LA REINE*.

En septembre 1794 elle rencontre Benjamin Constant qui partage ses vues politiques concernant le rétablissement de l'ordre en France au moyen d'une monarchie constitutionnelle. Elle écrit deux textes en ce sens, *RÉFLEXIONS SUR LA PAIX ADRESSÉES A M. PITT ET AUX FRANÇAIS* (1794) et *RÉFLEXIONS SUR LA PAIX INTÉRIEURE* (1795). Ses prises de position la rendent suspecte au Comité de Salut Public qui l'exile en Suisse où elle termine son traité des *PASSIONS* (1796). Son mari est démis de ses fonctions et vivra séparé d'elle jusqu'à sa mort en 1802.

En juin 1797, Madame de Staël rentre à Paris pour donner naissance à la fille de Benjamin Constant, Albertine. Elle prendra part à de nombreuses intrigues politiques et soutiendra au début les ambitions de Bonaparte. En avril 1800, paraît l'ouvrage qui la fera connaître internationalement, *DE LA LITTÉRATURE CONSIDÉRÉE DANS SES RAPPORTS AVEC LES INSTITUTIONS SOCIALES* qui exalte la liberté de pensée contre toute forme de tyrannie. En 1802, elle participe au complot visant à renverser le Premier Consul et son père publie *DERNIÈRES VUES DE POLITI-QUE ET DE FINANCE* qui est une critique en règle du régime que veut instaurer le futur Napoléon.

En décembre 1802 paraît le premier roman de Madame de Staël, *DELPHINE*, dédié à « la France silencieuse » qui défend les droits de la femme au divorce, à la liberté d'expression, aux sentiments religieux en faveur du protestantisme.

A nouveau exilée, elle part, en octobre 1803, pour Weimar et Berlin avec Benjamin Constant et en profite pour prendre des notes abondantes. La mort de son père, en 1804, l'affecte profondément et elle passe l'automne à écrire *DU CARACTÈRE ET DE LA VIE DE MONSIEUR NECKER*. Puis elle voyage en Italie et en rapporte un nouveau roman, *CORINNE OU L'ITALIE* (1807) qui est à la fois autobiographique et politiquement orienté.

De retour à Coppet, en Suisse, elle reçoit les visiteurs les plus éminents et travaille sur *DE L'ALLEMAGNE*... Afin de corriger les épreuves elle s'installe à Chaumont-sur-Loire, en 1810. Aussitôt imprimé son livre est saisi sous le prétexte que le nom de Napoléon n'y figure pas. Elle se retire à Coppet et rencontre le dernier homme de sa vie, John Rocca, dont elle aura un fils en 1812, et qu'elle épousera secrètement en 1816. Elle décide de gagner l'Angleterre en passant par la Russie (elle relate ses impressions dans *DIX ANNÉES D'EXIL*) et en juin 1813 elle débarque en Angleterre, « terre de liberté » ou paraîtra enfin son *DE L'ALLEMAGNE*. La même année, à Stockholm, ses *RÉFLEXIONS SUR LE SUICIDE* sont publiées.

De retour à Paris, en mai 1814, elle rouvre son salon et partage son temps entre la France et la Suisse. Elle demande à Schlegel, le percepteur de ses enfants, de s'occuper de la publication de son dernier ouvrage, *CONSIDÉRATIONS SUR LES PRINCIPAUX EVÉNEMENTS DE LA RÉVOLUTION FRANÇAISE*, qui reste inachevé car elle meurt le 14 juillet 1817.

Dans son *JOURNAL DE JEUNESSE*, elle avait noté : « Je regrette de n'avoir pas lié mon sort à un grand homme ; c'est la seule gloire d'une femme sur la terre, mais elle l'élève à la hauteur de celui qu'elle aime. »

Indications bibliographiques

Caramashi, E. : *Le point de vue féministe dans la pensée de Mme de Staël,* in Saggi e ricerche di literatura francese, vol. 13, 1973.
D'Eaubonne, F. : *Germaine de Staël : une femme témoin de son temps.* Paris, Flammarion, 1966.
Herold, C. : *Germaine Necker de Staël.* Paris, Plon, 1962.

DE LA LITTÉRATURE

De l'invasion des peuples du Nord, de l'établissement de la religion chrétienne, et de la renaissance des lettres

Dans les siècles corrompus de l'empire romain, la licence la plus effrénée avait arraché les femmes à la servitude par la dégradation : mais c'est le christianisme qui, du moins dans les rapports moraux et religieux, leur a accordé l'égalité. Le christianisme, en faisant du mariage une institution sacrée, a fortifié l'amour conjugal, et toutes les affections qui en dérivent. Le dogme de l'enfer et du paradis annonce les mêmes peines, promet les mêmes récompenses aux deux sexes. L'Évangile qui commande des vertus privées, une destinée obscure, une humilité pieuse, offrait aux femmes autant qu'aux hommes les moyens d'obtenir la palme de la religion. La sensibilité, l'imagination, la faiblesse disposent à la dévotion. Les femmes devaient donc souvent surpasser les hommes, dans cette émulation de christianisme qui s'empara de l'Europe durant les premiers siècles de l'histoire moderne.

La religion et le bonheur domestique fixèrent la vie errante des peuples du Nord, ils s'établirent dans une contrée, ils demeurèrent en société. La législation de la vie civile se réforma selon les principes de la religion. C'est donc alors que les femmes commencèrent à être de moitié dans l'association humaine. C'est alors aussi que l'on connut véritablement le bonheur domestique. Trop de puissance déprave la bonté, altère toutes les jouissances de la délicatesse ; les vertus et les sentiments ne peuvent résister d'une part à l'exercice du pouvoir, de l'autre à l'habitude de la crainte. La félicité de l'homme s'accrut de toute l'indépendance qu'obtint l'objet de sa tendresse ; il put se croire aimé ; un être libre le choisit ; un être libre obéit à ses désirs. Les aperçus de l'esprit, les nuances senties par le cœur se multiplièrent avec les idées et les impressions de ces âmes nouvelles, qui s'essayaient à l'existence morale, après avoir longtemps langui dans la vie.

Les femmes n'ont point composé d'ouvrages véritablement supérieurs ; mais elles n'en ont pas moins éminemment servi les progrès de la littérature, par la foule de pensées qu'ont inspirées aux hommes les relations entretenues avec ces êtres mobiles et délicats. Tous les rapports se sont doublés, pour ainsi dire, depuis que les objets ont été considérés sous un point de vue tout à fait nouveau. La confiance d'un lien intime en a plus appris sur la nature morale que tous les traités et tous les systèmes qui peignaient l'homme tel qu'il se montre à l'homme, et non tel qu'il est réellement.

(*De la Littérature,* Première partie, ch. VIII)

Les femmes ont découvert dans les caractères une foule de nuances que le besoin de dominer ou la crainte d'être asservies leur a fait apercevoir : elles ont fourni au talent dramatique de nouveaux secrets pour émouvoir. Tous les sentiments auxquels il leur est permis de se livrer, la crainte de la mort, le regret de la vie, le dévouement sans bornes, l'indignation sans mesure, enrichissent la littérature d'expressions nouvelles. Les femmes n'étant point, pour ainsi dire, responsables d'elles-mêmes, vont aussi loin dans leurs paroles que les sentiments de l'âme les conduisent. La raison forte, l'éloquence mâle, peuvent choisir, peuvent s'éclairer dans ces développements où le cœur humain se montre avec abandon. De là vient que les moralistes modernes ont en général beaucoup plus de finesse et de sagacité dans la connaissance des hommes que les moralistes de l'antiquité.

Quiconque, chez les anciens, ne pouvait atteindre à la renommée, n'avait aucun motif de développement. Depuis qu'on est deux dans la vie domestique, les communications de l'esprit et l'exercice de la morale existent toujours, au moins dans un petit cercle ; les enfants sont devenus plus chers à leurs parents par la tendresse réciproque qui forme le lien conjugal ; et toutes les affections ont pris l'empreinte de cette divine alliance de l'amour et de l'amitié, de l'estime et de l'attrait, de la confiance méritée, et de la séduction involontaire.

Une sensibilité rêveuse et profonde est un des plus grands charmes de quelques ouvrages modernes ; et ce sont les femmes qui, ne connaissant de la vie que la faculté d'aimer, ont fait passer la douceur de leurs impressions dans le style de quelques écrivains. En lisant les livres composés depuis la renaissance des lettres, l'on pourrait marquer à chaque page quelles sont les idées qu'on n'avait pas avant qu'on eut accordé aux femmes une sorte d'égalité civile.

La générosité, la valeur, l'humanité, ont pris à quelques égards une acception différente. Toutes les vertus des anciens étaient fondées sur l'amour de la patrie : les femmes exercent leurs qualités d'une manière indépendante. La pitié pour la faiblesse, la sympathie pour le malheur, une élévation d'âme, sans autre but que la jouissance même de cette élévation, sont beaucoup plus dans leur nature que les vertus politiques. Les modernes, influencés par les femmes, ont facilement cédé aux liens de la philanthropie, et l'esprit est devenu plus philosophiquement libre, en se livrant à l'empire des associations exclusives.

(*De la Littérature*, Première partie, ch. IX)

Des femmes qui cultivent les lettres

L'existence des femmes en société est encore incertaine sous beaucoup de rapports. Le désir de plaire excite leur esprit ; la raison leur conseille l'obscurité ; et tout est arbitraire dans leur succès comme dans leurs revers.

Il arrivera, je le crois, une époque quelconque où des législateurs philosophes donneront une attention sérieuse à l'éducation que les femmes doivent recevoir, aux lois civiles qui les protègent, aux devoirs qu'il faut leur imposer, au bonheur qui peut leur être garanti ; mais, dans l'état actuel, elles ne sont, pour la plupart, ni dans l'ordre de la nature, ni dans l'ordre de la société. Ce qui réussit aux unes perd les autres ; les qualités leur nuisent quelquefois, quelquefois les défauts leur servent ; tantôt elles sont tout, tantôt elles ne sont rien. Leur destinée ressemble, à quelques égards, à celle des affranchis chez les empereurs ; si elles veulent acquérir de l'ascendant, on leur fait un crime d'un pouvoir que les lois ne leur ont pas donné ; si elles restent esclaves, on opprime leur destinée.

Certainement il vaut beaucoup mieux, en général, que les femmes se consacrent uniquement aux vertus domestiques ; mais ce qu'il y a de bizarre dans les jugements des hommes à leur égard, c'est qu'ils leur pardonnent plutôt de manquer à leurs devoirs que d'attirer l'attention par des talents distingués. Ils tolèrent en elles la dégradation du cœur en faveur de la médiocrité de l'esprit ; tandis que l'honnêteté la plus parfaite pourrait à peine obtenir grâce pour une supériorité véritable.

Je développerai les diverses causes de cette singularité. Je commence d'abord par examiner quel est le sort des femmes qui cultivent les lettres dans les monarchies, et quel est aussi leur sort dans les républiques. Je m'attache à caractériser les principales différences que ces deux situations politiques doivent produire dans la destinée des femmes qui aspirent à la célébrité littéraire, et je considère ensuite d'une manière générale quel bonheur la gloire peut promettre aux femmes qui veulent y prétendre.

Dans les monarchies, elles ont à craindre le ridicule, et dans les républiques la haine.

Il est dans la nature des choses que, dans une monarchie où le tact des convenances est si finement saisi, toute action extraordinaire, tout mouvement pour sortir de sa place, paraissent d'abord ridicules. Ce que vous êtes forcé de faire pour votre état, par votre position, trouve mille approbateurs ; ce que vous inventez sans nécessité, sans obligation, est d'avance jugé sévèrement. La jalousie naturelle à tous les hommes ne s'apaise que si vous pouvez vous excuser, pour ainsi dire, d'un succès par un devoir ; mais si vous ne couvrez pas la gloire même du prétexte de votre situation et de votre intérêt, si l'on vous croit pour unique motif le besoin de vous distinguer, vous importunerez ceux que l'ambition amène sur la même route que vous.

Quand une femme publie un livre, elle se met tellement dans la dépendance de l'opinion, que les dispensateurs de cette opinion lui font sentir durement leur empire.

Une partie de ces inconvénients ne peut se retrouver dans les républiques, et surtout dans une république qui aurait pour but l'avancement des lumières. Peut-être serait-il naturel que, dans un tel état, la littérature proprement dite devint le partage des femmes, et que les hommes se consacrassent uniquement à la haute philosophie.

On a dirigé l'éducation des femmes, dans tous les pays libres, selon l'esprit de la constitution qui y était établie. A Sparte, on les accoutumait aux exercices de la guerre ; à Rome, on exigeait d'elles les vertus austères et patriotiques. Si l'on voulait que le principal mobile de la république française fut l'émulation des lumières et de la philosophie, il serait très raisonnable d'encourager les femmes à cultiver leur esprit, afin que les hommes pussent s'entretenir avec elles des idées qui captiveraient leur intérêt.

Néanmoins, depuis la révolution, les hommes ont pensé qu'il était politiquement et moralement utile de réduire les femmes à la plus absurde médiocrité ; ils ne leur ont adressé qu'un misérable langage sans délicatesse comme sans esprit ; elles n'ont plus eu de motifs pour développer leur raison ; les mœurs n'en sont pas devenues meilleures.

Plusieurs avantages d'une grande importance pour la morale et le bonheur d'un pays se trouvaient perdus si l'on parvenait à rendre les femmes tout à fait insipides ou frivoles. Elles auraient beaucoup moins de moyens pour adoucir les passions furieuses des hommes ; elles n'auraient plus, comme autrefois, un utile ascendant sur l'opinion ; ce sont elles qui l'animaient dans tout ce qui tient à l'humanité, à la générosité, à la délicatesse. Il n'y a que ces êtres en dehors des intérêts politiques et de la carrière de l'ambition qui versent le mépris sur toutes les actions basses, signalent l'ingratitude, et savent honorer la disgrâce quand de nobles sentiments l'ont causée.

Éclairer, instruire, perfectionner les femmes comme les hommes, les nations comme les individus, c'est encore le meilleur secret pour tous les buts raisonnables, pour toutes les relations sociales et politiques auxquelles on veut assurer un fondement durable.

L'on ne pourrait craindre l'esprit des femmes que par une inquiétude délicate sur leur bonheur. Il est possible qu'en développant leur raison, on les éclaire sur les malheurs souvent attachés à leur destinée ; mais les mêmes raisonnements s'appliqueraient à l'effet des lumières en général sur le bonheur du genre humain, et cette question me paraît décidée.

Dès qu'une femme est signalée comme une personne distinguée, le public en général est prévenu contre elle. Le vulgaire ne juge jamais que d'après certaines règles communes, auxquelles on peut se tenir sans s'aventurer.

La gloire même peut être reprochée à une femme, parce qu'il y a contraste entre la gloire et sa destinée naturelle. L'austère vertu condamne jusqu'à la célébrité de ce qui est bien en soi, comme portant une sorte d'atteinte à la perfection de la modestie. Les hommes d'esprit, étonnés de rencontrer des rivaux parmi les femmes, ne savent les juger, ni avec la générosité d'un adversaire, ni avec l'indulgence d'un protecteur ; et dans ce combat nouveau, ils ne suivent ni les lois de l'honneur, ni celles de la bonté.

Si, pour comble de malheur, c'était au milieu des dissensions politiques qu'une femme acquit une célébrité remarquable, on croirait son influence sans bornes alors même qu'elle n'en exercerait aucune ; on l'accuserait de toutes les actions de ses amis ; on la haïrait pour tout ce qu'elle aime, et l'on attaquerait d'abord l'objet sans défense avant d'arriver à ceux que l'on pourrait encore redouter.

Un homme peut, même dans ses ouvrages, réfuter les calomnies dont il est devenu l'objet : mais pour les femmes, se défendre est un désavantage de plus ; se justifier, un bruit nouveau. Les femmes sentent qu'il y a dans leur nature quelque chose de pur et de délicat, bientôt flétri par les regards mêmes du public ; l'esprit, les talents, une âme passionnée peuvent les faire sortir du nuage qui devrait toujours les environner ; mais sans cesse elles le regrettent comme leur véritable asile.

Dans ce tableau, je n'ai encore parlé que de l'injustice des hommes envers les femmes distinguées : celle des femmes aussi n'est-elle point à craindre ? N'excitent-elles pas en secret la malveillance des hommes ? Font-elles jamais alliance avec une femme célèbre pour la soutenir, pour la défendre, pour appuyer ses pas chancelants ?

Ce n'est pas tout encore : l'opinion semble dégager les hommes de tous les devoirs envers une femme à laquelle un esprit supérieur serait reconnu : on peut être ingrat, perfide, méchant envers elle, sans que l'opinion se charge de la venger. N'EST-ELLE PAS UNE FEMME EXTRAORDINAIRE ? Tout est dit alors.

(*De la Littérature,* Seconde partie, ch. IV)

DELPHINE

M. de Lebensei à Delphine.

Cernay, ce 2 septembre 1791

C'est un grand mystère que l'amour ; peut-être est-ce un bien céleste, qu'un ange a laissé sur la terre ; peut-être est-ce une chimère de l'imagination, qu'elle poursuit jusqu'à ce que le cœur refroidi appartienne déjà plus à la mort qu'à la vie.

De quelque manière que l'on combine les institutions humaines, bien peu d'hommes, bien peu de femmes renonceront au seul bonheur qui console de vivre ; l'intime confiance, le rapport des sentiments et des idées, l'estime réciproque et cet intérêt qui s'accroît avec les souvenirs. Ce n'est pas pour les jours de délices placés par la nature au commencement de notre carrière, afin de nous dérober la réflexion sur le reste de l'existence ; ce n'est pas pour ces jours que la convenance des caractères est surtout nécessaire ; c'est pour l'époque de la vie où l'on cherche à trouver dans le cœur l'un de l'autre l'oubli du temps qui nous poursuit, et des hommes qui nous abandonnent. L'indissolubilité des mariages mal assortis prépare des malheurs sans espoir à la vieillesse : il semble qu'il ne s'agisse que de repousser les désirs des jeunes gens, et l'on oublie que les désirs repoussés des jeunes gens deviendront les regrets éternels des vieillards. La jeunesse prend soin d'elle-même, on n'a pas besoin de s'en occuper ; mais toutes les institutions, toutes les réflexions doivent avoir pour but de protéger à l'avance ces dernières années, que l'homme le plus dur ne peut considérer sans pitié, ni le plus intrépide sans effroi.

Je ne nie point tous les inconvénients du divorce, ou plutôt de la nature humaine qui l'exige ; c'est aux moralistes, c'est à l'opinion de condamner ceux dont les motifs ne paraissent pas dignes d'excuse : mais au milieu d'une société civilisée qui introduit les mariages par convenance, les mariages dans un âge où l'on n'a nulle idée de l'avenir, lorsque les lois ne peuvent punir, ni les parents qui abusent de leur autorité, ni les époux qui se conduisent mal l'un envers l'autre ; en interdisant le divorce, la loi n'est sévère que pour les victimes, elle se charge de river les chaînes, sans pouvoir influer sur les circonstances qui les rendent douces ou crueles ; elle semble dire : je ne puis assurer votre bonheur, mais je garantirai du moins la durée de votre infortune. Certes, il faudra que la morale fasse de grands progrès, avant que l'on rencontre beaucoup d'époux qui se résignent au malheur sans y échapper de quelque manière ; et si l'on y échappe, et si la société se montre indulgente en proportion de la sévérité même des institutions, c'est alors que toutes les idées de devoir et de vertu sont confondues, et que l'on vit sous l'esclavage civil comme sous l'esclavage politique, dégagé par l'opinion des entraves imposées par la loi.

Ce sont les circonstances particulières à chacun, qui déterminent si le divorce autorisé par la loi peut être approuvé par le tribunal de l'opinion et de notre propre cœur. Un divorce qui aurait pour motif des malheurs survenus à l'un des deux époux serait l'action la plus vile que la pensée put concevoir ; car les affections du cœur, les liens de famille ont précisément pour but de donner à l'homme des amis indépendants de ses succès ou de ses revers, et de mettre au moins quelques bornes à la puissance du hasard sur sa destinée. Les Anglais, cette nation morale, religieuse et libre, les Anglais ont dans la liturgie du mariage une expression qui m'a touché : JE L'ACCEPTE, disent réciproquement la femme et le mari, IN HEALTH AND IN SICKNESS, FOR BETTER AND FOR WORSE ; DANS LA SANTÉ COMME DANS LA MALADIE, DANS SES MEILLEURES CIRCONSTANCES, COMME DANS SES PLUS FUNESTES. La vertu, si même il en faut pour partager l'infortune, quand on a partagé le bonheur ; la vertu n'exige alors qu'un dévouement tellement conforme à une nature généreuse, qu'il lui serait tout à fait impossible d'agir autrement. Mais les Anglais, dont j'admire, sous presque tous les rapports, les institutions civiles, religieuses et politiques, les Anglais ont eu tort de n'admettre le divorce que pour cause d'adultère : c'est rendre l'indépendance au vice, et n'enchaîner que la vertu ; c'est méconnaître les oppositions les plus fortes, celles qui peuvent exister entre les caractères, les sentiments et les principes.

La religion catholique est la seule qui consacre l'indissolubilité du mariage ; mais c'est parce qu'il est dans l'esprit de cette religion d'imposer la douleur à l'homme sous mille formes différentes, comme le moyen le plus efficace pour son perfectionnement moral et religieux.

La religion protestante, beaucoup plus rapprochée du pur esprit de l'Évangile que la religion catholique, ne se sert de la douleur ni pour effrayer ni pour enchaîner les esprits.

De quelles bizarreries les hommes n'ont-ils pas été capables ? Le Créateur les avait préservés de la cruauté par la sympathie, le fanatisme leur a fait braver cet instinct de l'âme en leur persuadant que celui qui en avait doué leur nature leur commandait de l'étouffer. Un désir vif d'être heureux anime tous les hommes ; des hypocrites ont représenté ce désir comme la tentation du crime. Ils ont ainsi blasphémé Dieu, car toute la création repose sur le besoin du bonheur. Sans doute on pourrait abuser de cette idée comme de toutes les autres, en la faisant sortir de ses limites. Il y a des circonstances où les sacrifices sont nécessaires ; ce sont toutes celles où le bonheur des autres exige que vous vous immoliez vous-même à eux : mais c'est toujours dans le but d'une plus grande somme de félicité pour tous, que quelques-uns ont a souffrir ; et le moyen de la nature, au moral comme au physique, ce sont les jouissances de la vie.

Si ces principes sont vrais, peut-on croire que la Providence exige des hommes de supporter la plus amère des douleurs en les condamnant à rester liés pour toujours à l'objet qui les rend profondément infortunés ? Ce supplice serait-il ordonné par la bonté suprême ? Et la miséricorde divine l'exigerait-elle pour expiation d'une erreur ?

Dieu a dit : IL NE CONVIENT PAS QUE L'HOMME SOIT SEUL ; cette intention bienfaisante ne serait pas remplie s'il n'existait aucun moyen de se séparer de la femme insensible ou stupide, ou coupable, qui n'entrerait jamais en partage de vos sentiments ni de vos pensées ! Qu'il est insensé, celui qui a osé prononcer qu'il existait des liens que le désespoir ne pouvait pas rompre ! La mort vient au secours des souffrances physiques quand on n'a plus la force de les supporter, et les institutions sociales feraient de cette vie la prison d'Hugolin, qui n'avait point d'issue ! Ses enfants y périrent avec lui ;

les enfants aussi souffrent autant que leurs parents quand ils sont ren-
fermés avec eux dans le cercle éternel de douleurs, que forme une
union mal assortie et indissoluble.

Les moralistes qui ont écrit contre le divorce, en s'appuyant de
l'intérêt des enfants, ont tout à fait oublié que si la possibilité du
divorce est un bonheur pour les hommes, elle est un bonheur aussi
pour les enfants, qui seront des hommes à leur tour. On considère les
enfants en général comme s'ils devaient toujours rester tels ; mais les
enfants actuels sont des époux futurs ; et vous sacrifiez leur vie à leur
enfance, en privant, à cause d'eux, l'âge viril d'un droit qui peut-être
un jour les aurait sauvés du désespoir.

Il est vrai que le divorce, paraissant à quelques personnes le résultat
d'une révolution qu'elles détestent, leur déplaît sous ce rapport beau-
coup plus que sous tous les autres ; et comme les haines politiques se
dirigent plutôt contre un homme que contre une femme, il se peut que
Léonce soit blamé plus vivement que vous, en adoptant une résolution
que l'esprit de parti réprouvrait. Mais s'il faut une sorte de raison har-
die dans les femmes, pour se déterminer à devenir l'objet des juge-
ments du public, il ne doit rien en coûter à un homme sensible, pour
assurer la gloire et la félicité de celle que son amour a pu
compromettre.

DE L'ALLEMAGNE

Un héros allemand

J'ai pris un Anglais pour héros de *CORINNE* et l'on a trouvé peut-être avec raison que je n'avais pas peint un homme égal à la femme dont il était aimé. Ce n'est pas assurément que la nation anglaise ne put offrir d'admirables modèles de tout ce qu'il y a de noble et de généreux dans ce monde. Mais je voulais faire ressortir les malheurs qu'entraînent de certaines qualités dans une femme et quel malheur pourrait-il y avoir pour une femme si elle était parfaitement aimée d'un homme digne d'elle ? Il m'est venu depuis l'idée de faire un roman qui eût uniquement pour but de peindre le caractère d'un homme dans toute sa perfection et dans toute sa force et de choisir l'idéal de cet homme parmi les Allemands.

En effet, ce qu'on peut leur reprocher comme nation, cette absence même de préjugés en faveur d'eux-mêmes se prête singulièrement à l'entendue de l'esprit. On pourrait se représenter un caractère fier sans être sévère, qui ne blâmât rien d'après les règles reçues, mais seulement d'après l'impulsion du cœur. Une religion qui mît l'âme en communication intime avec le ciel et fît reconnaître ses adeptes par les saintes impulsions de la piété et de la fierté, une générosité sans mélange de considérations humaines, qui se sentît toujours attirée par le malheur comme par un trait divin qui recommande l'homme à son semblable, une délicatesse qui épargnât toutes les peines à la femme la plus sensible, c'est-à-dire à celle qui devine tout dans la morale et pressent le changement du cœur lors même qu'il croit encore être resté le même ; une bravoure intrépide réunie à la plus timide inquiétude pour ce qu'on aime. Je ne sais quelle combinaison de force et de douceur, qui fait du même homme le protecteur inébranlable et l'ami subjugué de la femme qu'il a choisie ; une soumission au devoir qui garantit l'indépendance envers les autorités de la terre, l'audace contre le danger, mais une sorte d'indifférence pour toutes les prospérités de la vie qui semble annoncer qu'on vaut mieux que tout ce que les hommes peuvent donner, enfin une imagination rêveuse, inquiète et poétique, qui donne le besoin d'être consolé alors même qu'on est heureux et fait craindre sans cesse de n'être pas ainsi, parce qu'on éprouve trop le besoin de ce bonheur pour ne pas redouter de s'en voir privé. Quels seraient les défauts d'un tel homme, pourrait-on me dire ? Il serait irritable et susceptible, il souffrirait de la vie, il se senti-rait blessé par les rapports avec les hommes, il serait mal sur cette terre et cependant il aurait de tels moments de jouissance qu'il ne se résignerait pas à y renoncer et sans cesse il chercherait s'il y a quelque part une idée, un sentiment, une carrière, une femme qui pût suffire à son cœur. S'il était né dans un pays tel que l'Angleterre, toutes ses facultés se tourneraient vers un but positif, mais dans le vague des ins-titutions et des destinées, il ne pourrait atteindre qu'à des vertus pri-vées et serait agité par le reste de ses facultés dont il aurait de la peine à se servir selon son choix. Quels seraient aussi, pourrait-on me demander, les agréments réunis à ces qualités ? Je dirai qu'un Fran-çais ne peut être selon moi parfaitement aimable si ses études ne l'ont pas initié dans les pensées et les mœurs étrangères, je crois aussi qu'un Allemand a tout à fait besoin d'être sorti de son pays par la réflexion ou par les voyages pour avoir cette flexibilité qui répand du charme dans les rapports de la société et cette dignité qui les anoblit. Les Alle-mands sont trop raides et pas assez fermes et c'est le contraire qui est tout à la fois aimable et imposant. Le héros tel que je le conçois ne mettra pas d'importance à tout ce qui est accidentel, particulier ou local, il jugera les hommes par le foyer de leur âme, il verra prompte-ment s'il y a dans le regard une étincelle d'enthousiasme, si cette voix se brise en racontant une action généreuse, si l'on ne souille pas la parole en s'en servant pour dénaturer ce qui est juste et vrai, il par-donnera tous les défauts de cette faible nature humaine qui ne peut même porter ce qu'elle a de bon en soi, sans chanceler et tressaillir ; mais dès qu'il apercevra de la fausseté, de la bassesse, tous les torts qui viennent, non de l'excès des qualités, mais de leur absence, il s'éloignera de ces hommes qui peuvent être sur cette terre des instru-ments de la divinité, mais qui n'ont plus en eux la trace de son image.

L'homme dans sa perfection est le premier des êtres, mais il tient à tant de rapports politiques et privés, sa vie est tellement compliquée par les événements extérieurs qu'il est d'autant plus rare et plus admi-rable quand il conserve au milieu de tous ses combats, un caractère vraiment idéal.

Enfin, l'indépendance même de sa destinée lui rend les affections du cœur beaucoup moins nécessaires et quand il a besoin d'être aimé, bien qu'il pût y échapper par mille intérêts divers, c'est alors qu'on trouve en lui ce qui constitue vraiment la beauté de l'âme. La réunion des qualités opposées qui se modifient l'une par l'autre et sont combi-nées comme les lois de la nature pour produire une noble direction par l'équilibre d'une double force, je crois qu'il y a dans la nation alle-mande les traits purs de ce tableau, mais il faudrait que les institutions les réunissent, que les hommes de lettres acquissent la science du monde et les hommes du monde la connaissance des lettres, que les facultés en soient un but, sans qu'une méthode trop sévère leur impo-sât des chaînes, qu'on eût de grands motifs d'émulation sans que l'arbitraire s'introduisit dans les choix, que la règle pût céder à la gloire sans offenser la justice, que la société ne fût point une classifi-cation mais un mélange, que la fierté, loin d'isoler les hommes entre eux, les rapprochât par les besoins de mériter les suffrages et d'appuyer le rang par le succès et le succès par la considération. Il se peut que beaucoup de ces souhaits ne soient pas encore accomplis. Mais s'il est vrai que quelques Allemands vont plus loin que personne dans tout ce qu'ils se proposent par la persévérance et la sagacité, pourquoi la nation entière ne participerait-elle pas à ces qualités que les individus n'obtiennent que par l'emploi heureux d'une disposition qui, sous quelques rapports, est commune à tous.

(*De l'Allemagne,* Première partie, ch. VI)

Madame Desbordes-Valmore. (B.N.)

Marceline Desbordes-Valmore (1786-1859)

Née à Douai le 20 juin 1786, Marceline Desbordes eut une enfance malheureuse. Son père fit faillite en 1786. En 1797, mère et fille quittent Douai pour se rendre à la Guadeloupe, dans le but de se mettre sous la protection du mari d'une riche cousine. Quand elles y arrivent, en 1801, les indigènes sont en révolte, le cousin par alliance est mort et la fièvre jaune emporte Mme Desbordes. Marceline réussit à rentrer à Dunkerque en 1802, et rejoint son père et ses deux sœurs à Douai. Elle fait ses débuts au théâtre de la ville dans le *PHILINTE DE MOLIÈRE*, comédie de Fabre d'Églantine, préférant la vie de comédienne à celle de couturière. En 1803, elle est engagée au Théâtre des Arts à Rouen. Deux ans plus tard, elle joue à l'Opéra Comique *JULIE OU LE POT DE FLEURS*.

En 1807, elle a du succès à Bruxelles au Théâtre de la Monnaie et publie ses premiers vers dans *le journal hebdomadaire*. En 1808, elle rencontre H. de Latouche, dont elle aura plus tard un fils, en 1810, et qui l'abandonnera l'année d'après. Ils reprendront des relations orageuses et intermittentes. Marceline reprend le théâtre en 1813 et travaille à l'Odéon. Son poème, *JE VOUS ÉCRIS,* paraît dans *LE Chansonnier des Grâces*. Plusieurs autres sont publiés dans l'*Almanach des Muses*, en 1815. Son fils et son père meurent à quelques mois d'intervalle. En septembre 1817, elle épouse un acteur du Théâtre de la Monnaie, François Prosper Lanchantin dit Valmore. Ils auront plusieurs enfants. Ils travaillent ensemble en Belgique et en France, à Paris, puis à Lyon.

Marceline publie des nouvelles en prose en 1820, *VEILLÉES DES ANTILLES* et en 1822 *POÉSIES*.

En 1823, la famille s'installe à Bordeaux pour quatre ans, et Marceline renonce au théâtre. Elle écrit *ÉLÉGIES* et *POÉSIES NOUVELLES*.

Prosper Valmore poursuit sa carrière d'acteur et Marceline le suit à Lyon, à Rouen, à Paris. En 1833, elle publie *PLEURS* et deux romans, *L'ATELIER D'UN PEINTRE* et *RAILLERIE DE L'AMOUR*. Des contrefaçons belges de ses œuvres se font de plus en plus nombreuses. Marceline vit principalement des pensions versées par l'état. En 1837 son mari est nommé administrateur de l'Odéon, et elle fait la connaissance de Sainte-Beuve. En 1839, elle fait paraître *PAUVRES FLEURS* et un autre roman *VIOLETTE*. En 1840, elle termine ses *CONTES EN VERS POUR LES ENFANTS, CONTES EN PROSE,* et *LIVRES DES MÈRES ET DES*

ENFANTS, qui feront d'elle la « poétesse de la famille ». Ses vers sur l'*Inondation de Lyon* sont vendus au profit des sinistrés. *BOUQUETS ET PRIÈRES* a un assez grand succès en 1843. Marceline compose des nouvelles, *HUIT FEMMES,* qu'elle publie chez Chlendowski, en 1845. En 1848, dans *LES ANGES DE LA FAMILLE,* elle mélange prose et vers. Ce recueil lui vaudra le prix Laroche-Lambert, en 1854. En 1855, elle publie *JEUNES TÊTES ET JEUNES CŒURS.* Elle meurt en 1859 après avoir reçu un prix de l'Académie française. Ses poésies inédites et sa Correspondance intime seront publiées à titre posthume. La musicalité de certains vers de Marceline Desbordes-Valmore attira des commentaires élogieux, de la part de Verlaine. Elle fut l'une des premières à célébrer l'amitié féminine prenant pour base ses relations personnelles avec Albertine Gantier, Pauline Duchambge et Caroline Branchu.

Indications bibliographiques

Bertrand, M. : *Œuvres poétiques de Marceline Desbordes-Valmore.* Presses Universitaires de Grenoble, 1979.
Jasenas, E. : *Marceline Desbordes-Valmore devant la critique.* Genève, Droz, 1962.
Lacher, W. : *L'amour et le divin.* Marceline Desbordes-Valmore. Anna de Noailles. D.H. Lawrence. C. Morgan. Genève, Perret Gentil, 1961.

LA PROMENADE D'AUTOMNE

Te souvient-il, ô mon âme, ô ma vie !
D'un jour d'automne et pâle et languissant ?
Il semblait dire un adieu gémissant
Aux bois qu'il attristait de sa mélancolie.
Les oiseaux dans les airs ne chantaient plus l'espoir,
Une froide rosée enveloppait leurs ailes,
Et, rappelant au nid leurs compagnes fidèles,
Sur des rameaux sans fleurs ils attendaient le soir.

Seule, je m'éloignais d'une fête bruyante,
Je fuyais tes regards, je cherchais ma raison.
Mais la langueur des champs, leur tristesse attrayante,
A ma langueur secrète ajoutait leur poison.
Sans but et sans espoir suivant ma rêverie,
Je portais, au hasard, un pas timide et lent.
L'Amour m'enveloppa de ton ombre chérie,
Et, malgré la saison, l'air me parut brûlant.
Je voulais, mais en vain, par un effort suprême,
En me sauvant de toi me sauver de moi-même.
Mon œil voilé de pleurs, à la terre attaché,
Par un charme invincible en fut comme arraché.
A travers les brouillards, une image légère
Fit palpiter mon sein de tendresse et d'effroi ;
Le soleil reparaît, l'environne, l'éclaire,
Il entr'ouvre les cieux... Tu parus devant moi.
Je n'osai te parler ; interdite, rêveuse,
Enchaînée et soumise à ce trouble enchanteur,
Je n'osai te parler : pourtant j'étais heureuse ;
Je devinai ton âme, et j'entendis mon cœur.

Mais quand ta main pressa ma main tremblante,
Quand un frisson léger fit tressaillir mon corps,
Quand mon front se couvrit d'une rougeur brûlante,
Dieu ! qu'est-ce donc que je sentis alors ?
J'oubliai de te fuir, j'oubliai de te craindre,
Pour la première fois ta bouche osa se plaindre,
Ma douleur à la tienne osa se révéler,
Et mon âme vers toi fut prête à s'exhaler !
Il m'en souvient ! T'en souvient-il, ma vie,
De ce tourment délicieux,
De ces mots arrachés à ta mélancolie :
« Ah ! si je souffre, on souffre aux cieux ! »

Des bois nul autre aveu ne troubla le silence.
Ce jour fut de nos jours le plus beau, le plus doux ;
Prêt à s'éteindre enfin il s'arrêta sur nous,
Et sa fuite à mon cœur présagea ton absence !
L'âme du monde éclaira notre amour ;
Je vis ses derniers feux mourir sous un nuage ;
Et dans nos cœurs brisés, désunis sans retour,
Il n'en reste plus que l'image.

(*Poésies*, 1830)

A PAULINE DUCHAMBGE

En ce temps-là je montais dans ta chambre
Causer une heure, et pleurer, et chanter ;
Car nous chantions pour étourdir décembre,
Et puis nos pleurs coulaient de nous quitter.

Je te cherchais, comme par la campagne
Quelque hirondelle, échappée aux autans,
Monte rapide au toit d'une compagne,
Lui raconter ses secrets palpitants.

Tout ce qui tient dans un sort d'hirondelle,
L'orage en haut, la moisson sans chaleur,
Un nid qui tombe, un message infidèle,
Un rendez-vous brisé par l'oiseleur.

Nous disions tout, l'une à l'autre sincère,
Larme pour larme et le cœur dans le cœur.
Si le bonheur est de croire, ô ma chère,
Qu'un toit si simple abrita de bonheur !

Et d'où venaient nos plaintes racontées,
Nos chants furtifs entravés de longs pleurs,
Nos peurs d'enfants gravement écoutées ?
C'est que notre âge avait toutes ses fleurs !

Qui regardait sous mon aîle blessée
Le dard... celui qui me fait mal encor ?
Qui doucement essuyait ma pensée
Du rêve amer qui fait aimer la mort ?

Comme aujourd'hui, c'était toi, mon autre âme,
Lueur vivante éclairant mon chemin,
Ange gardien sous ton voile de femme
A qui Dieu dit : « Tenez-la par la main ! »

Ô jours d'hier ! ô jeunesse envolée
Avant notre âme, autre oiseau gémissant,
Ouvrant à Dieu son aile d'exilée
Rougie au plomb qu'on lui tire en passant !

Posée à peine aux lieux où sonne l'heure,
Sais-tu quel seuil mon pied triste a tenté ?
Tout seuil de Christ où chaque âme qui pleure
A droit d'asile et d'hospitalité.

Le front baigné de soleil et de bise,
Sans droit ni place au banquet étranger,
Je me sauvais dans les bras d'une église,
Seuls bras ouverts au malheur passager.

J'allais suspendre une heure à ces vieux dômes
Ou Dieu s'enferme et dit à tous : « Entrez ! »
Ou le plain-chant des sonores fantômes
Crie en tout temps ; « Frères, quand vous voudrez ! »

J'allais verser nos humbles harmonies
Sur le sommeil étouffé des prisons,
Berçant, calmant les âcres insomnies,
Avec l'amour qui bat dans tes chansons.

J'étais, je suis la voyageuse encore,
Lasse d'absence et de tous les séjours,
Que de ta chambre indigente et sonore
L'écho tourmente et rappelle toujours.

Mon sort lancé vers l'étoile inconnue
Serrait sa chaîne à chaque mouvement ;
Mes yeux rêveurs et mouillés sous la nue
A ton rideau retournaient tristement.

Charme aimanté ! lampe qui se consume !
Cœur oppressé de chants mélodieux !
Oh ! sous ta cendre où l'ange se rallume,
M'attendras-tu pour nous enfuir aux cieux ?

J'irai te prendre, attends ! pauvre et chérie,
Dernier reflet de mon lointain doré,
Replie encor ton aile endolorie :
Toi, si tu meurs, je crois que je mourrai !

(Pauvres Fleurs, 1839)

A CELLES QUI PLEURENT

Vous surtout que je plains si vous n'êtes chéries,
Vous surtout qui souffrez, je vous prends pour mes sœurs ;
C'est à vous qu'elles vont mes lentes rêveries,
Et de mes pleurs chantés les amères douceurs.

Prisonnière en ce livre une âme est contenue.
Ouvrez, lisez : comptez les jours que j'ai soufferts.
Pleureuses de ce monde où je passe inconnue,
Rêvez, sur cette cendre et trempez-y vos fers.

Chantez ! un chant de femme attendrit la souffrance.
Aimez ! plus que l'amour la haine fait souffrir.
Donnez ! la charité relève l'espérance :
Tant que l'on peut donner on ne veut pas mourir !

Si vous n'avez le temps d'écrire aussi vos larmes,
Laissez-les de vos yeux descendre sur ces vers.
Absoudre, c'est prier. Prier, ce sont nos armes.
Absolvez de mon sort les feuillets entr'ouverts !

Pour livrer sa pensée au vent de la parole,
S'il faut avoir perdu quelque peu sa raison,
Qui donne son secret est plus tendre que folle :
Méprise-t-on l'oiseau qui répand sa chanson ?

(Bouquets et Prières, 1843)

A CAROLINE BRANCHU

12 avril 1843

Mon amie et sœur, je t'aime de m'avoir écrit sans attendre ma réponse. Ton âme a des instincts pleins de lumière. Solitaire comme tu es, et malade souvent, tu me vois à travers l'absence, et tu as deviné le profond abattement où je me trouve. Tu es toujours toi-même au milieu de tout ce qui change. Je te sais si bien que l'on viendrait me dire : « Elle ne vous aime plus », que mon oreille seule serait offensée de ces paroles. Elles ne descendraient pas jusqu'à mon cœur, et rien n'altérera dans cette vie ni dans l'autre le charme de t'avoir connue et d'avoir été consolée par ton amitié divine. Oui, Caroline, tu aurais bien fait de venir, si tu l'avais pu, relever tes idées à force d'être tendres. Il te fallait une vie d'amour, parce que ton âme en est faite. Trop de recueillement te dévore, et tu ne pourras jamais végéter, mais te dévorer au bucher de ta mémoire. Femme, fille, mère et amie, tu as été complète partout. Je ne dis rien de l'artiste ; l'étais-tu autrement qu'avec tes passions sublimes ? Va ! je t'ai comprise aussi, moi, fourmi dans l'herbe, je t'éprouvais jusqu'au fond de mon intelligence voilée alors, et je savais pourquoi Garat, qui t'écoutait, l'oreille béante et les mains tendues, pleurait comme on doit pleurer en écoutant à la porte du ciel. Il n'y a pas, ici, un mot de ce qu'ils appellent ironiquement *de la poésie*. Je parle de Madame à Caroline ; qu'elle me laisse essayer de dire ce que nous disons quelquefois avec Augier. Si tu savais comme celui-là aussi t'a comprise ! Un de nos rêves, c'est d'aller te voir en même temps, pour nous embrasser tous trois à la fois comme frère et sœur. C'est là une joie dont on a soif, quand on est à moitié mort d'avoir pleuré de la méchanceté ou de la folie humaine.

Ton bon frère Valmore en est stupéfait encore. Il ne comprend que ce qui est droit, affectueux et simple.

LES ROSES DE SAADI

J'ai voulu ce matin te rapporter des roses ;
Mais j'en avais tant pris dans mes ceintures closes
Que les nœuds trop serrés n'ont pu les contenir.

Les nœuds ont éclaté. Les roses envolées
Dans le vent, à la mer s'en sont toutes allées.
Elles ont suivi l'eau pour ne plus revenir.

La vague en a paru rouge et comme enflammée.
Ce soir, ma robe encore en est toute embaumée...
Respires-en sur moi l'odorant souvenir.

(Poésies inédites, 1860)

Comtesse de Ségur. (B.N.)

La Comtesse de Ségur
(1799-1874)

Fille du comte Rostopchine et de Catherine Protassow, élevée par sa tante à la Cour de l'Impératrice Catherine de Russie, Sophie est la troisième enfant d'une famille de cinq. Son père, ministre des Affaires étrangères de l'Empereur Paul Ier, tombe en disgrâce après l'assassinat de ce dernier en 1801, et se retire à Voronovo avec sa famille, pour y mener la vie d'un grand seigneur russe de l'époque. Sa femme se convertit au catholicisme en 1806 suivie par ses sœurs et dix ans plus tard par sa fille Sophie. Nommé gouverneur général de Moscou, en 1807, le comte Rostopchine reste en place jusqu'en 1812, moment où il décide de l'incendie de Moscou pour faire échec aux armées françaises. En 1814, il quitte la vie politique et sur les conseils de ses médecins va prendre les eaux en Allemagne. En 1816, il arrive à Paris, y est particulièrement bien reçu si l'on en croit sa correspondance ; il demande à sa famille de venir l'y rejoindre à l'automne 1817. De sa deuxième fille, Sophie, il avait écrit à un ami qu'« ayant la santé d'une campagnarde robuste, elle remplit les fonctions de bouffon. Elle est remplie d'intelligence et aime inventer des histoires auxquelles personne ne comprend rien ». Ayant fait une fois une faute en copiant dans un livre, elle s'imagina de corriger le livre même ; mais l'encre fit une tache et son crime fut ainsi découvert. Sa mère lui disant un jour qu'on ne pouvait déchiffrer son écriture, elle lui répondit : « Mais qu'avez-vous besoin de lire ce que j'écris, vous avez tant de livres ! »

On peut donc voir que *LES MALHEURS DE SOPHIE*, que la future Madame de Ségur écrira pour sa petite-fille Elisabeth Fresneau, en 1864, ont une base autobiographique certaine. En juillet 1819 Sophie Rostopchine épouse le comte Eugène de Ségur et reçoit comme cadeau de son père le domaine des Nouettes en Normandie. Elle y demeure lorsqu'elle n'est pas à Paris et se consacre à la vie de famille. Elle se rendra célèbre par une vingtaine d'ouvrages pour les enfants, chaque livre étant dédié à l'un ou l'autre de ses petits-enfants ou neveux. Ainsi, en 1858, *LES VACANCES* sont pour son petit-fils Jacques de Pitray : Très cher enfant, tu es encore trop petit pour être le petit Jacques des VACANCES, mais tu seras, j'en suis sûre, aussi bon, aussi aimable, aussi généreux et aussi brave que lui. Plus tard, sois excellent comme Paul et, plus tard encore, sois vaillant, dévoué, et chrétien comme M. de Rosbourg. C'est le vœu de ta grand-mère, qui t'aime et qui te bénit. » Quelques années plus tard, elle s'excuse auprès de sa petite-fille Marie-Thérèse de Ségur en écrivant pour elle *JEAN-QUI-GROGNE et JEAN-QUI-RIT* : « Chère petite, tu as attendu longtemps ton livre c'est qu'il y avait bien des frères, des cousins, des cousines d'un âge plus respectable que le tien... »

Le véritable but de tous ses ouvrages est de montrer la voie de la sagesse par l'exemple. La préface aux *MALHEURS DE SOPHIE* explique « Chère enfant, tu me dis souvent : Oh ! grand-mère, que je vous aime ! vous êtes si bonne ! Grand-mère n'a pas toujours été bonne, et il y a bien des enfants qui ont été méchants comme elle et qui se sont corrigés comme elle. Voici des histoires vraies d'une petite fille que grand-mère a beaucoup connue dans son enfance : elle était colère, elle est devenue douce ; elle était gourmande, elle est devenue sobre ; elle était menteuse, elle est devenue sincère ; elle était voleuse, elle est devenue honnête ; enfin, elle était méchante, elle est devenue bonne. Grand-mère a tâché de faire de même. Faites comme elle, mes chers petits enfants ; cela vous sera facile, à vous qui n'avez pas tous les défauts de Sophie. »

Chaque chapitre du livre illustre un défaut que l'expérience amène à corriger sous forme de douce alternance de dialogue et de récit. A la fin du livre la narratrice annonce en quelque sorte la suite au prochain numéro. « Si vous désirez savoir ce que devint Sophie, demandez à vos mamans de vous faire lire *LES PETITES FILLES MODÈLES*, où vous retrouverez Sophie. Si vous voulez savoir ce qu'est devenu Paul, vous le saurez en lisant *LES VACANCES*, où vous le retrouverez. »

La Comtesse de Ségur, née Rostopchine, fut la toute première à inventer cette sorte de feuilleton pour les enfants qui s'adresse certes à une classe privilégiée, mais intègre la critique sociale aux recommandations vertueuses, en particulier dans l'*AUBERGE DE L'ANGE GARDIEN*, et *UN BON PETIT DIABLE* (1865). Elle écrivit aussi *LA BIBLE D'UNE GRAND-MÈRE*, l'*ÉVANGILE D'UNE GRAND-MÈRE*, et les *ACTES DES APÔTRES*. Elle mourut en 1874.

Indications bibliographiques

Gobillot, R. : *La Comtesse de Ségur, sa vie, son œuvre.* Alençon, imprimerie alençonnaise, 1924.
Guérande, P. : *Le petit monde de la Comtesse de Ségur.* Paris, les Seize, 1964.
Ségur, A.H.P. Comte de : *Vie du Comte Rostopchine.* Paris, Bray & Retaux, 1871.

LES PETITES FILLES MODÈLES

Poires volées

Quelques jours après l'aventure des hérissons, Mme de Fleurville avait à dîner quelques voisins, parmi lesquels elle avait engagé Mme Fichini et Sophie.

Camille et Madeleine n'étaient jamais élégantes, leur toilette était simple et propre. Les jolis cheveux blonds et fins de Camille et les cheveux châtain clair de Madeleine, doux comme de la soie, étaient partagés en deux touffes bien lissées, bien nattées et rattachées au-dessus de l'oreille par de petits peignes : lorsqu'on avait du monde à dîner, on y ajoutait un nœud en velours noir. Leurs robes étaient en percale blanche tout unie ; un pantalon à petits plis et des brodequins en peau complétaient cette simple toilette. Marguerite était habillée de même ; seulement ses cheveux noirs, au lieu d'être relevés, tombaient en boucles sur son joli petit cou blanc et potelé. Toutes trois avaient le cou et les bras nus quand il faisait chaud ; le jour dont nous parlons, la chaleur était étouffante.

Quelques instants avant l'heure du dîner, Mme Fichini arriva avec une toilette d'une élégance ridicule pour la campagne. Sa robe de soie lilas clair était garnie de trois amples volants bordés de ruches, de dentelles, de velours ; son corsage était également bariolé de mille enjolivures qui le rendaient aussi ridicule que sa jupe ; l'ampleur de cette jupe était telle, que Sophie avait été reléguée sur le devant de la voiture, au fond de laquelle s'étalaient majestueusement Mme Fichini et sa robe. La tête de Sophie paraissait seule au milieu de cet amas de volants qui la couvraient. La calèche était découverte ; la société était sur le perron. Mme Fichini descendit, triomphante, grasse, rouge, bourgeonnée. Ses yeux étincelaient d'orgueil satisfait ; elle croyait devoir être l'objet de l'admiration générale avec sa robe de mère Gigogne, ses gros bras nus, son petit chapeau à plumes de mille couleurs couvrant ses cheveux roux, et son cordon de diamants sur son front bourgeonné. Elle vit avec une satisfaction secrète les toilettes simples de toutes ces dames : Mmes de Fleurville et de Rosbourg avaient des robes de taffetas noir uni ; aucune coiffure n'ornait leurs cheveux, relevés en simples bandeaux et nattés par-derrière ; les dames du voisinage étaient les unes en mousseline unie, les autres en soie légère ; aucune n'avait ni volants, ni bijoux, ni coiffure extraordinaire. Mme Fichini ne se trompait pas en pensant à l'effet que ferait sa toilette ; elle se trompa seulement sur la nature de l'effet qu'elle devait produire ; au lieu d'être de l'admiration, ce fut une pitié moqueuse.

— Me voici, chères dames, dit-elle en descendant de voiture et en montrant son gros pied chaussé de souliers de satin lilas pareil à la robe, et à bouffettes de dentelle ; me voici avec Sophie comme saint Roch et son chien.

Sophie, masquée d'abord par la robe de sa belle-mère, apparut à son tour, mais dans une toilette bien différente ; elle avait une robe de grosse percale faite comme une chemise attachée à la taille avec un cordon blanc ; elle tenait ses deux mains étalées sur son ventre.

— Faites la révérence, mademoiselle, lui dit Mme Fichini. Plus bas donc ! A quoi sert le maître de danse que j'ai payé tout l'hiver dix francs la leçon et qui vous a appris à saluer, à marcher et à avoir de la grâce ? Quelle tournure a cette sotte avec ses mains sur son ventre !

— Bonjour, ma petite Sophie, dit Mme de Fleurville ; va embrasser tes amies. Quelle belle toilette vous avez, madame ! ajouta-t-elle pour détourner les pensées de Mme Fichini de sa belle-fille. Nous ne méritons pas de pareilles élégances avec nos toilettes toutes simples.

— Comment donc, chère dame ! vous valez bien la peine qu'on s'habille. Il faut bien user ses vieilles robes à la campagne.

Et Mme Fichini voulut prendre place sur un fauteuil, près de Mme de Rosbourg ; mais la largeur de sa robe, la raideur de ses jupons repoussèrent le fauteuil au moment où elle s'asseyait, et l'élégante Mme Fichini tomba par terre...

Un rire général salua cette chute, rendue ridicule par le ballonnement de tous les jupons, qui restèrent bouffants, faisant un énorme cerceau au-dessus de Mme Fichini, et laissant à découvert deux grosses jambes dont l'une gigotait avec emportement, tandis que l'autre restait immobile, dans toute son ampleur.

Mme de Fleurville, voyant Mme Fichini étendue sur le plancher, comprima son envie de rire, s'approcha d'elle et lui offrit son aide pour la relever ; mais ses efforts furent impuissants, et il fallut que deux voisins, MM. de Vortel et de Plan, lui vinssent en aide.

A trois ils parvinrent à relever Mme Fichini ; elle était rouge, furieuse, moins de sa chute que des rires excités, par cet accident, et se plaignait d'une foulure à la jambe.

Sophie se tint prudemment à l'écart, pendant que sa belle-mère recevait les soins de ces dames ; quand le mouvement fut calme et que tout fut rentré dans l'ordre, elle demanda tout bas à Camille de s'éloigner.

— Pourquoi veux-tu t'en aller, dit Camille ; nous allons dîner à l'instant.

Sophie, sans répondre, écarta un peu ses mains de son ventre, et découvrit une énorme tache de café au lait.

Sophie, très *bas*. — Je voudrais laver cela.

Camille, *bas*. — Comment as-tu pu faire cette tache en voiture ?

Sophie, *bas*. — Ce n'est pas en voiture, c'est ce matin à déjeuner : j'ai renversé mon café sur moi.

Camille, *bas*. — Pourquoi n'as-tu pas changé de robe pour venir ici ?

Sophie, *bas*. — Maman ne veut pas : depuis que je suis tombée dans la mare, elle veut que j'aie des robes faites comme des chemises, et que je les porte pendant trois jours.

Camille, *bas*. — Ta bonne aurait dû au moins laver cette tache et repasser ta robe.

Sophie, *bas*. — Maman le défend ; ma bonne n'ose pas.

Camille appelle tout bas Madeleine et Marguerite ; toutes quatre s'en vont. Elles courent dans leur chambre ; Madeleine prend de l'eau, Marguerite du savon : elles lavent, elles frottent avec tant d'activité que la tache disparaît ; mais la robe reste mouillée, et Sophie continue à y appliquer ses mains jusqu'à ce que tout soit sec. Elles rentrent toutes au salon au moment où l'on allait se mettre à table. Mme Fichini boite un peu ; elle est enchantée de l'intérêt qu'elle croit inspirer, et ne fait pas attention à Sophie, qui en profite pour manger comme quatre.

Après dîner, toute la société va se promener. On se dirige vers le potager ; Mme de Fleurville fait admirer une poire d'espèce nouvelle, d'une grosseur et d'une saveur remarquables. Le poirier qui la produisait était tout jeune et n'en avait que quatre.

Tout le monde s'extasiait sur la grosseur extraordinaire de ces poires.

— Je vous engage, Mesdames et Messieurs, à venir les manger dans huit jours ; elles auront encore grossi et seront mûres à point, dit Mme de Fleurville.

Chacun accepta l'invitation ; on continua la revue des fruits et des fleurs.

Sophie suivait avec Camille, Madeleine et Marguerite. Les belles poires la tentaient ; elle aurait bien voulu les cueillir et les manger ; mais comment faire ? Tout le monde la verrait... « Si je pouvais rester toute seule en arrière ! se dit-elle. Mais comment pourrai-je éloigner Camille, Madeleine, et Marguerite ? Qu'elles sont ennuyeuses de ne jamais me laisser seule ! »

Tout en cherchant le moyen de rester derrière ses amies, elle sentit que sa jarretière tombait.

« Bon, voilà un prétexte. »

Et, s'arrêtant près du poirier tentateur, elle se mit à arranger sa jarretière, regardant du coin de l'œil si ses amies continuaient leur chemin.

— Que fais-tu là ? dit Camille en se retournant.

Sophie. — J'arrange ma jarretière, qui est défaite.

Camille. — Veux-tu que je t'aide ?

Sophie. — Non, non, merci ; j'aime mieux m'arranger moi-même.

Camille. — Je vais t'attendre alors.

Sophie, *avec impatience.* — Mais non, va-t'en, je t'en supplie ! tu me gênes.

Camille, surprise de l'irritation de Sophie, alla rejoindre Madeleine et Marguerite.

Aussitôt qu'elle fut éloignée, Sophie allongea le bras, saisit une poire, la détacha et la mit dans sa poche. Une seconde fois elle étendit le bras, et, au moment où elle cueillait la seconde poire, Camille se retourna et vit Sophie retirer précipitamment sa main et cacher quelque chose sous sa robe.

Camille, la sage, l'obéissante Camille, qui eut été incapable d'une si mauvaise action, ne se douta pas de celle que venait de commettre Sophie.

Camille, *riant.* — Que fais-tu donc là, Sophie ? Qu'est-ce que tu mets dans ta poche ? et pourquoi es-tu si rouge ?

Sophie, *avec colère.* — Je ne fais rien du tout, mademoiselle ; je ne mets rien dans ma poche et je ne suis pas rouge du tout.

Camille, *avec gaieté.* — Pas rouge ! Ah ! vraiment oui, tu es rouge. Madeleine, Marguerite, regardez donc Sophie : elle dit qu'elle n'est pas rouge.

Sophie, *pleurant.* — Tu ne sais pas ce que tu dis ; c'est pour me taquiner, pour me faire gronder que tu cries tant que tu peux que je suis rouge ; je ne suis pas rouge du tout. C'est bien méchant à toi.

Camille, *avec la plus grande surprise.* — Sophie, ma pauvre Sophie, mais qu'as-tu donc ? Je ne voulais certainement pas te taquiner, encore moins te faire gronder. Si je t'ai fait de la peine, pardonne-moi.

Et la bonne petit Camille courut à Sophie pour l'embrasser. En s'approchant, elle sentit quelque chose de dur et de gros qui la repoussait ; elle baissa les yeux, vit l'énorme poche de Sophie, y porta involontairement la main, sentit les poires, regarda le poirier et comprit tout.

— Ah ! Sophie, Sophie ! lui dit-elle d'un ton de reproche, comme c'est mal ce que tu as fait !

— Laisse-moi tranquille, petite espionne, répondit Sophie avec emportement ; je n'ai rien fait : tu n'as pas le droit de me gronder ; laisse-moi, et ne t'avise pas de rapporter contre moi.

— Je ne rapporte jamais, Sophie. Je te laisse ; je ne veux pas rester près de toi et de ta poche pleine de poires volées.

La colère de Sophie fut alors à son comble ; elle levait la main pour frapper Camille, lorsqu'elle réfléchit qu'une scène attirerait l'attention et qu'elle serait surprise avec les poires. Elle abaissa son bras levé, tourna le dos à Camille, et, s'échappant par une porte du potager, courut se cacher dans un massif pour manger les fruits dérobés.

Camille resta immobile, regardant Sophie qui s'enfuyait ; elle ne s'aperçut pas du retour de toute la société et de la surprise avec laquelle la regardaient sa maman, Mme de Rosbourg et Mme Fichini.

— Hélas, chère madame, s'écria Mme Fichini, deux de vos belles poires ont disparu !

Camille tressaillit et regarda le poirier, puis ces dames.

— Sais-tu ce qu'elles sont devenues, Camille ? demanda Mme de Fleurville.

Camille ne mentait jamais.

— Oui, maman, je le sais.

— Tu as l'air d'une coupable. Ce n'est pas toi qui les as prises ?

— Oh non ! maman.

— Mais alors où sont-elles ? Qui est-ce qui s'est permis de les cueillir ?

Camille ne répondit pas.

Madame de Rosbourg. — Réponds, ma petite Camille ; puisque tu sais où elles sont, tu dois le dire.

Camille, *hésitant*. — Je... Je... ne crois pas, madame... je... ne dois pas dire...

Madame Fichini, *riant aux éclats*. — Ha, ha, ha ! c'est comme Sophie, qui vole et mange mes fruits et qui ment ensuite. Ha, ha, ha ! ce petit ange qui ne vaut pas mieux que mon démon ! Ha, ha, ha ! fouettez-la, chère Madame, elle avouera.

Camille. — Non, madame, je ne fais pas comme Sophie ; je ne vole pas, et je ne mens jamais !

Madame de Fleurville. — Mais pourquoi, Camille, si tu sais ce que sont devenues ces poires, ne veux-tu pas le dire ?

Camille baissa les yeux, rougit et répondit tout bas : « Je ne peux pas. »

Mme de Rosbourg avait une telle confiance dans la sincérité de Camille, qu'elle n'hésita pas à la croire innocente ; elle soupçonna vaguement que Camille se taisait par générosité ; elle le dit tout bas à Mme de Fleurville, qui regarda longuement sa fille, secoua la tête et s'éloigna avec Mme de Rosbourg, et Mme Fichini. Cette dernière riait toujours d'un air moqueur. La pauvre Camille, restée seule, fondit en larmes.

Elle sanglotait depuis quelques instants, lorsqu'elle s'entendit appeler par Madeleine, Sophie et Marguerite.

— Camille ! Camille ! où es-tu donc ? Nous te cherchons depuis un quart d'heure.

Camille sécha promptement ses larmes, mais elle ne put cacher la rougeur de ses yeux et le gonflement de son visage.

— Camille, ma chère Camille, pourquoi pleures-tu ? lui demanda Marguerite avec inquiétude.

— Je... ne pleure pas... seulement... j'ai... j'ai... du chagrin.

Et, ne pouvant retenir ses pleurs, elle recommença à sangloter. Madeleine et Marguerite l'entourèrent de leurs bras et la couvrirent de baisers, en lui demandant avec instance de leur confier son chagrin.

Aussitôt que Camille put parler, elle leur raconta qu'on la soupçonnait d'avoir mangé les belles poires que leur maman conservait si soigneusement. Sophie, qui était restée impassible jusqu'alors, rougit, se troubla, et demanda enfin d'une voix tremblante d'émotion : « Est-ce que tu n'as pas dit... que tu savais... que tu connaissais... »

Camille. — Oh non ! je ne l'ai pas dit ; je n'ai rien dit.

Madeleine. — Comment ! est-ce que tu sais qui a pris les poires ?

Camille, *très bas*. — Oui.

Madeleine. — Et pourquoi ne l'as-tu pas dit ? Camille leva les yeux, regarda Sophie et ne répondit pas.

Sophie se troublait de plus en plus ; Madeleine et Marguerite s'étonnaient de l'embarras de Camille, de l'agitation de Sophie. Enfin Sophie, ne pouvant plus contenir son sincère repentir et sa reconnaissance envers la généreuse Camille, se jeta à genoux devant elle en sanglotant : « Pardon, oh ! pardon, Camille, bonne Camille ! J'ai été méchante bien méchante ; ne m'en veux pas. »

Marguerite regardait Sophie d'un œil enflammé de colère ; elle ne lui pardonnait pas d'avoir causé un si vif chagrin à sa chère Camille.

— Méchante Sophie, s'écria-t-elle, tu ne viens ici que pour faire du mal ; tu as fait punir un jour ma chère Camille, aujourd'hui tu la fais pleurer ; je te déteste, et cette fois-ci c'est pour tout de bon ; car, grâce à toi, tout le monde croit Camille gourmande, voleuse et menteuse. »

Sophie tourna vers Marguerite son visage baigné de larmes et lui répondit avec douceur :

— Tu me fais penser, Marguerite, que j'ai encore autre chose à faire qu'à demander pardon à Camille ; je vais de ce pas, ajouta-t-elle en se levant, dire à ma belle-mère et à ces dames que c'est moi qui a volé les poires, que c'est moi qui dois subir une sévère punition ; et que toi, bonne et généreuse Camille, tu ne mérites que des éloges et des récompenses.

— Arrête, Sophie, s'écria Camille en la saisissant par le bras ; et toi, Marguerite, rougis de ta dureté, sois touchée de son repentir.

Marguerite après une lutte visible, s'approcha de Sophie et l'embrassa, les larmes aux yeux. Sophie pleurait toujours et cherchait à dégager sa main de celle de Camille pour courir à la maison et tout avouer. Mais Camille la retint fortement et lui dit :

— Écoute-moi, Sophie, tu as commis une faute, une très grande faute ; mais tu l'as déjà réparée en partie par ton repentir. Fais-en l'aveu à Maman et à Mme de Rosbourg ; mais pourquoi le dire à ta belle-mère, qui est si sévère et qui te fouettera impitoyablement ?

— Pourquoi ? pour qu'elle ne te croit plus coupable. Elle me fouettera, je le sais ; mais ne l'aurai-je pas mérité ?

A ce moment, Mme de Rosbourg sortit de la serre à laquelle étaient adossés les enfants et dont la porte était ouverte.

— J'ai tout entendu, mes enfants, dit-elle ; j'arrivais dans la serre au moment où vous accouriez près de Camille, et c'est moi qui me charge de toute l'affaire. Je raconterai à Mme de Fleurville la vérité ; je la cacherai à Mme Fichini, à laquelle je dirai seulement que l'innocence de Camille a été reconnue par l'aveu du coupable, que je me garderai bien de nommer. Ma petite Camille, ta conduite a été belle, généreuse, au-dessus de tout éloge. La tienne, Sophie, a été bien mauvaise au commencement, belle et noble à la fin ; toi, Madeleine, tu as été trop sévère, ta tendresse pour Camille t'a rendue cruelle pour Sophie ; et toi, Marguerite, tu as été bonne et sage. Maintenant, tâchons de tout oublier et de finir gaiement la journée. Je vous ai ménagé une surprise : on va tirer une loterie ; il y a des lots pour chacune de vous.

Cette annonce dissipa tous les nuages ; les visages reprirent un air radieux, et les quatre petites filles, après s'être embrassées, coururent au salon. On les attendait pour commencer.

Sophie gagna un joli ménage et une papeterie ; Camille, un joli bureau avec une boîte de couleurs, cent gravures à enluminer, et tout ce qui est nécessaire pour dessiner, peindre et écrire.

Madeleine, quarante volumes de charmantes histoires et une jolie boîte à ouvrage avec tout ce qu'il fallait pour travailler.

Marguerite, une charmante poupée en cire et un trousseau complet dans une jolie commode.

Madame G. Sand. (B.N.)

George Sand
(1804-1876)

« Le plus grand écrivain du siècle », selon Renan, « vache à écrire » si l'on en croit Nietszche, George Sand, née Amantine-Aurore-Lucile Dupin, écrivit cent quatre-vingt volumes et quelque quarante mille lettres. Élevée par sa grand-mère paternelle à Nohant, après la mort de son père (descendant de Maurice de Saxe) lorsqu'elle avait quatre ans, elle se réfugie vite dans la création de personnages imaginaires pour échapper aux déchirements d'une enfance privée d'amour maternel, sa mère Sophie Laborde l'ayant « abandonnée » à l'âge de 7 ans pour vivre à Paris. Dans *VOYAGE EN AUVERGNE* qu'elle écrit à vingt-trois ans, elle laisse paraître ses vrais sentiments : *Ô que je vous aurais aimée, ma mère, si vous l'aviez voulu ! Mais vous m'avez trahie, vous m'avez menti, ma mère, est-il possible ? Vous m'avez menti, oh ! que vous êtes coupable ! Vous avez brisé mon cœur. Vous m'avez fait une blessure qui saignera toute ma vie.* »

De 1817 à 1820 elle fréquente le couvent des Anglaises, à Paris. On la surnomme *CALEPIN*. De retour à Nohant, elle lit Rousseau, Chateaubriand, Leibnitz et Byron.

A dix-huit ans elle épouse le lieutenant Casimir Dudevant, dont elle aura deux enfants, Maurice et Solange. Le mariage durera treize ans et se terminera par une séparation retentissante, en 1836. En 1825, George Sand a une liaison avec Aurélien de Sèze. Casimir pardonne, boit et continue à dilapider les biens de la famille. En 1830, Aurore gagne Paris. Elle est la maîtresse de Jules Sandeau. Ses liaisons successives avec les hommes en vue de l'époque (Musset, Chopin, Mérimée, etc.) la rendront scandaleusement célèbre. Et pourtant, elle écrit à Juliette Lambert : « Quand je m'examine, je vois que les deux seules passions de ma vie ont été la maternité et l'amitié. »

Ses premières expériences de journaliste sur le marché encombré de la capitale lui feront dire dans *LELIA* que « cet affreux métier d'écrivassier vous fait prendre en aversion la seule vue de l'encre et du papier ». Dès janvier 1831, un article satirique dirigé contre Louis Philippe la fait connaître. En collaboration avec Jules Sandeau, elle écrit *ROSE ET BLAN-CHE ou LA COMÉDIENNE ET LA RELIGIEUSE*, sous le nom de Jules Sand.

Le succès immédiat d'*INDIANA*, son premier roman, en 1832, lui permet de vivre de façon indépendante, ainsi qu'elle le souhaitait. Le roman suivant, *VALENTINE,* passe plus inaperçu mais en 1833, *LELIA* (« la raison humaine débattant contre la douleur et l'impuissance ») déclenche un scandale. C'est davantage un poème philosophique à la gloire de la liberté qu'un ouvrage polémique mais, taxée d'immoralité, George Sand préparera une nouvelle version, édulcorée, qui paraîtra en 1839. Sainte-Beuve reconnut les mérites de la première *LELIA* en écrivant à George Sand « ce sera votre livre de philosophie, votre vue générale sur le monde et la vie ». En 1834, paraît *JACQUES* que Balzac résume ainsi dans une lettre à Mme Hanska : « Une jeune fille naïve quitte, après six mois de mariage, un homme supérieur pour un freluquet, un homme important, passionné, amoureux, pour un dandy, sans aucune raison physiologique ou morale. » En 1837 *MAUPRAT* reprend le thème des relations entre hommes et femmes et met plus directement en cause le rôle de l'église catholique qui brime les femmes à l'intérieur de la famille. 1838 est l'année de *SPIRIDION*, roman dans lequel apparaissent des personnages exclusivement masculins et, un an plus tard, George Sand innove de façon différente, avec *GABRIEL*, un roman historique sous forme de dialogue qui raconte l'histoire d'une femme déguisée en homme.

La réception des livres de George Sand par le public fut assez inégale. *LES SEPT CORDES DE LA LYRE* — condamnation de l'art gratuit : « Tout artiste qui ne se propose pas un but noble, un but social, manque son œuvre. » — n'ayant pas eu grand succès, l'éditeur Buloz refuse de publier *LE COMPAGNON DU TOUR DE FRANCE* sous prétexte que les héros en sont des ouvriers et des artisans. S'inspirant largement de Goethe, Nodier et Hoffmann, George Sand fait paraître *CONSUELO* dans la *Revue Indépendante* entre 1842 et 1844, et le succès sera tel qu'elle y donnera une suite plus didactique, *LA COMTESSE DE RUDOLSTADT*. Les lecteurs se passionnent pour les aventures de la cantatrice de génie et d'Albert, le visionnaire qui sont adeptes de sociétés secrètes désireuses d'établir, sans violence, l'égalité sociale. Ils sont aussi rassurés par l'image de la femme consolatrice, intercesseur entre l'homme et le divin. En 1844, avec *JEANNE*, George Sand aborde pour la première fois le traitement de la paysannerie dans le roman. Elle le reprendra dans *LE MEUNIER D'ANGIBAULT*, l'année d'après. En 1846, *ISIDORA* propose une véritable charte des droits de la femme par rapport à ceux de l'homme en partant de la question de base : « La femme est-elle ou n'est-elle pas l'égale de l'homme dans les desseins et la pensée de Dieu ? » 1846 est également l'année de *LA MARE AU DIABLE*, premier roman champêtre, qui réfute la vision balzacienne selon laquelle « l'homme absolument probe et moral est, dans la classe des paysans, une exception ». *FRANÇOIS LE CHAMPI* (1847), *LA PETITE FADETTE* (1848), et *LES MAÎTRES SONNEURS* (1853) tendent vers le même but.

Les événements de 1848 interrompent pour un temps la production de romans. George Sand reconnaît ses limites et déclare : « J'ai blessé la bourgeoisie qui me lisait, je n'ai pas instruit le peuple qui ne pouvait pas me lire. » Elle décide de consacrer son temps à l'*Histoire de Ma Vie*, commencée en 1847. La préface annonce « une série de souvenirs, de professions de foi et de méditations dans un cadre où les détails auront quelque poésie et beaucoup de simplicité. »

A partir de 1853, et jusqu'à sa mort en 1876, elle va revenir au genre romanesque et écrire régulièrement deux romans par an. La légende George Sand cède la place à celle de « la bonne dame de Nohant ». Dans *Spiridion*, on peut lire : « Des contradictions ne sont pas rares chez les esprits sincères et logiques. »

Indications bibliographiques

Lubin, G. : « George Sand et la révolte des femmes contre les institutions » in *Roman et Société*. Paris, A. Colin.
Mallet, F. : *George Sand*. Paris, Grasset, 1976.

INDIANA

Dans la Préface de l'édition de 1832, George Sand écrit : « Indiana, si vous voulez absolument expliquer tout dans ce livre, c'est un type : c'est la femme, l'être faible chargé de représenter les passions comprimées, ou, si vous l'aimez mieux supprimées par les lois ; c'est la volonté aux prises avec la nécessité ; c'est l'amour heurtant son front aveugle à tous les obstacles de la civilisation. »

Indiana tressaillit. La voiture qui les conduisait s'arrêta devant la maison où elle devait retrouver son mari. Elle n'eut pas la force de monter les escaliers ; Ralph la porta jusque dans sa chambre. Tout leur domestique était réduit à une femme de service, qui était allée commenter la fuite de Madame Delmare dans le voisinage, et à Lelievre, qui, en désespoir de cause, avait été s'informer à la Morgue des cadavres apportés dans la matinée. Ralph resta donc auprès de Madame Delmare pour la soigner. Elle était en proie à de vives souffrances lorsque la sonnette, rudement ébranlée, annonça le retour du colonel. Un frisson de terreur et de haine parcourut tout son sang. Elle prit brusquement le bras de son cousin :

— Écoutez, Ralph, lui dit-elle, si vous avez un peu d'attachement pour moi, vous m'épargnerez la vue de cet homme dans l'état où je suis. Je ne veux pas lui faire pitié, j'aime mieux sa colère que sa compassion... N'ouvrez pas, ou renvoyez-le ; dites-lui que l'on ne m'a pas retrouvée...

Ses lèvres tremblaient, ses bras se contractaient avec une énergie convulsive pour retenir Ralph. Partagé entre deux sentiments contraires, le pauvre baronnet ne savait quel parti prendre. Delmare secouait la sonnette à la briser, et sa femme était mourante sur son fauteuil.

— Vous ne songez qu'à sa colère, dit enfin Ralph, vous ne songez pas à ses tourments, à son inquiétude ; vous croyez toujours qu'il vous hait... Si vous aviez vu sa douleur ce matin !...

Indiana laissa retomber son bras avec accablement, et Ralph alla ouvrir.

— Elle est ici ? cria le colonel en entrant. Mille sabords de Dieu ! j'ai assez couru pour la retrouver : je lui suis fort obligé du joli métier qu'elle me fait faire ! Le ciel la confonde ! Je ne veux pas la voir, car je la tuerais.

— Vous ne songez pas qu'elle vous entend, répondit Ralph à voix basse. Elle est dans un état à ne pouvoir supporter aucune émotion pénible. Modérez-vous.

— Vingt-cinq mille malédictions ! hurla le colonel, j'en ai bien supporté d'autres, moi, depuis ce matin. Bien m'a pris d'avoir les nerfs comme des câbles. Où est, s'il vous plaît, le plus froissé, le plus fatigué, le plus justement malade d'elle ou de moi ? Et où l'avez-vous trouvée ? que faisait-elle ? Elle est cause que j'ai outrageusement traité cette vieille folle de Carvajal, qui me faisait des réponses ambiguës et s'en prenait à moi de cette belle équipée... Malheur ! je suis éreinté !

En parlant ainsi de sa voix rauque et dure, Delmare s'était jeté sur une chaise dans l'antichmabre ; il essuyait son front baigné de sueur malgré le froid rigoureux de la saison ; il racontait en jurant ses fatigues, ses anxiétés, ses souffrances ; il faisait mille questions, et, heureusement, il n'écoutait pas les réponses, car le pauvre Ralph ne savait pas mentir, et il ne voyait rien dans ce qu'il avait à raconter qui put apaiser le colonel. Il restait assis sur une table, impassible et muet comme s'il eut été absolument étranger aux angoisses de ces deux personnes, et cependant plus malheureux de leurs chagrins qu'ellesmêmes.

Madame Delmare, en entendant les imprécations de son mari, se sentit plus forte qu'elle ne s'y attendait. Elle aimait mieux ce courroux qui la réconciliait avec elle-même, qu'une générosité qui eût excité ses remords. Elle essuya la dernière trace de ses larmes, et rassembla un reste de force qu'elle ne s'inquiétait pas d'épuiser en un jour, tant la vie lui pesait. Quand son mari l'aborda d'un air impérieux et dur, il changea tout d'un coup de visage et de ton, et se trouva contraint devant elle, maté par la supériorité de son caractère. Il essaya alors d'être digne et froid comme elle ; mais il n'en put jamais venir à bout.

— Daignerez-vous m'apprendre, madame, lui dit-il, où vous avez passé la matinée et peut-être la nuit ?

Ce PEUT-ÊTRE apprit à madame Delmare que son absence avait été signalée assez tard. Son courage s'en augmenta.

— Non, monsieur, répondit-elle, mon intention n'est pas de vous le dire.

Delmar verdit de colère et de surprise.

— En vérité, dit-il d'une voix chevrotante, vous espérez me le cacher ?

— J'y tiens fort peu, répondit-elle d'un ton glacial. Si je refuse de vous répondre, c'est absolument pour la forme. Je veux vous convaincre que vous n'avez pas le droit de m'adresser cette question.

— Je n'en ai pas le droit, mille couleuvres ! qui donc est le maître ici, de vous ou de moi ? qui donc porte une jupe et doit filer une quenouille ? Prétendez-vous m'ôter la barbe du menton ? Cela vous sied bien, femmelette !

— Je sais que je suis l'esclave et vous le seigneur. La loi de ce pays vous à fait mon maître. Vous pouvez lier mon corps, garrotter mes mains, gouverner mes actions. Vous avez le droit du plus fort, et la société vous le confirme ; mais sur ma volonté, monsieur, vous ne pouvez rien, Dieu seul peut la courber et la réduire. Cherchez donc une loi, un cachot, un instrument de supplice qui vous donne prise sur elle ! c'est comme si vous vouliez manier l'air et saisir le vide.

— Taisez-vous, sotte et impertinente créature ; vos phrases de roman nous ennuient.

— Vous pouvez m'imposer silence, mais non m'empêcher de penser.

— Orgueil imbécile, morgue de vermisseau ! vous abusez de la pitié qu'on a de vous ! Mais vous verrez bien qu'on peut dompter ce grand caractère sans se donner beaucoup de peine.

— Je ne vous conseille pas de le tenter, votre repos en souffrirait, votre dignité n'y gagnerait rien.

— Vous croyez ? dit-il en lui meurtrissant la main entre son index et son pouce.

— Je le crois, dit-elle sans changer de visage.

Ralph fit deux pas, prit le bras du colonel dans sa main de fer, et le fit ployer comme un roseau en lui disant d'un ton pacifique :

— Je vous prie de ne pas toucher à un cheveu de cette femme.

Delmare eut envie de se jeter sur lui ; mais il sentit qu'il avait tort, et il ne craignait rien tant au monde que de rougir de lui-même. Il le repoussa en se contentant de lui dire :

— Mêlez-vous de vos affaires.

Puis, revenant à sa femme :

— Ainsi, madame, lui dit-il en serrant ses bras contre la poitrine pour résister à la tentation de la frapper, vous entrez en révolte ouverte contre moi, vous refusez de me suivre à l'île Bourbon, vous voulez vous séparer ? Eh bien, mordieu ! moi aussi...

— Je ne le veux plus, répondit-elle. Je le voulais hier, c'était ma volonté ; ce ne l'est plus ce matin. Vous avez usé de violence en m'enfermant dans ma chambre : j'en suis sortie par la fenêtre pour vous prouver que ne pas régner sur la volonté d'une femme, c'est exercer un empire dérisoire. J'ai passé quelques heures hors de votre domination ; j'ai été respirer l'air de la liberté pour vous montrer que vous n'êtes pas moralement mon maître et que je ne dépends que de moi sur la terre. En me promenant, j'ai réfléchi que je devais à mon devoir et à ma conscience de revenir me placer sous votre patronage ; je l'ai fait de mon plein gré. Mon cousin m'a *accompagnée* ici, et non pas *ramenée*. Si je n'eusse pas voulu le suivre, il n'aurait pas su m'y contraindre, vous l'imaginez bien. Ainsi, monsieur, ne perdez pas votre temps à discuter avec ma conviction ; vous ne l'influencerez jamais, vous en avez perdu le droit dès que vous avez voulu y prétendre par la force. Occupez-vous du départ ; je suis prête à vous aider et à vous suivre, non pas parce que telle est votre volonté, mais parce que telle est mon intention. Vous pouvez me condamner, mais je n'obéirai jamais qu'à moi-même.

— J'ai pitié du dérangement de votre esprit, dit le colonel en haussant les épaules.

Et il se retira dans sa chambre pour mettre en ordre ses papiers, fort satisfait, au dedans de lui, de la résolution de madame Delmare, et ne redoutant plus d'obstacles ; car il respectait la parole de cette femme autant qu'il méprisait ses idées.

A PROPOS DE LA FEMME DANS LA SOCIÉTÉ POLITIQUE

Il ne m'a jamais semblé possible que l'homme et la femme fussent deux êtres absolument distincts. Il y a diversité d'organisation et non pas différence. Il y a donc égalité et non point similitude. J'admets physiologiquement que le caractère a un sexe comme le corps, mais non pas l'intelligence. Je crois les femmes aptes à toutes les sciences, à tous les arts et même à toutes les fonctions comme les hommes. Mais je crois que leur caractère qui tient à leur organisation donnera toujours en elles un certain aspect particulier à leurs manifestations dans la science, dans l'art et dans la fonction. Il n'y aurait point de mal à cela. L'art, la science et la fonction pourraient gagner à devenir le domaine des deux sexes.

Il faut que la femme conserve son sexe et ne supprime de ses habitudes et de ses occupations rien de ce qui peut le manifester. Il serait monstrueux qu'elle retranchât de sa vie et de ses devoirs, les soins de l'intérieur et de la famille. Je voudrais au contraire agrandir pour elle ce domaine que je trouve trop restreint. Je voudrais qu'elle pût s'occuper davantage de l'éducation de ses enfants, compléter celle de ses filles, et préparer celle que ses fils doivent recevoir de l'État à un certain âge. Je voudrais qu'elles fussent admises à de certaines fonctions de comptabilité patientes et minutieuses qui me paraissent ouvrages et préoccupations de femmes plus que d'hommes. Je voudrais qu'elles pussent apprendre et exercer la médecine, la chirurgie et la pharmacie. Elles me paraissent admirablement douées par la nature pour remplir ces fonctions, et la morale publique, la pudeur semble commander que les jeunes filles et les jeunes femmes ne soient pas interrogées, examinées et touchées par des hommes.

En y réfléchissant, on trouverait beaucoup d'autres fonctions auxquelles les femmes sont appelées par la nature et la Providence ; mais

174

lorsqu'il s'agit de leur attribuer des droits politiques de la même nature que ceux des hommes, il y a beaucoup à dire, pour et contre.

Les femmes doivent-elles participer un jour à la vie politique ? Oui, un jour, je le crois, avec vous, mais ce jour est-il proche ? Non, je ne le crois pas, et pour que la condition des femmes soit ainsi transformée, il faut que la société soit transformée radicalement.

Nous sommes peut-être déjà d'accord sur ces deux points. Mais il s'en présente un troisième. Quelques femmes ont soulevé cette question : Pour que la société soit transformée, ne faut-il pas que la femme intervienne politiquement dès aujourd'hui dans les affaires publiques ? J'ose répondre qu'il ne le faut pas, parce que les conditions sociales sont telles que les femmes ne pourraient pas remplir honorablement et loyalement un mandat politique.

La femme étant sous la tutelle et dans la prépondérance de l'homme par le mariage, il est absolument impossible qu'elle présente des garanties d'indépendance politique, à moins de briser individuellement et au mépris des lois et des mœurs, cette tutelle que les mœurs et les lois consacrent.

Il me paraît donc insensé, j'en demande pardon aux personnes de mon sexe qui ont cru devoir procéder ainsi, de commencer par où l'on doit finir, pour finir apparemment par où l'on eût dû commencer.

Mais voyez ce que ce commencement même exige de temps, de réflexions, de lumières nouvelles et de progrès dans les mœurs.

Serais-je même d'accord sur le point de départ avec les personnes qui se font les champions de l'affranchissement de la femme ? Je ne le crois pas, et avant tout il faudrait s'expliquer très sincèrement sur ce point essentiel.

Comment ces dames entendent-elles l'affranchissement de la femme ? Est-ce comme Saint-Simon, Enfantin ou Fourier ? Prétendent-elles détruire le mariage et proclamer la promiscuité ?

S'il en est ainsi, à la bonne heure, je les trouve très logiques, dans leurs prétentions à la vie publique, mais je déclare que je me sépare personnellement et absolument de leur cause, qui, sous cet aspect, me devient étrangère. Alors je n'ai plus rien à dire. Je ne réplique pas, je ne discute rien. Je m'éloigne, et laisse à la morale publique le soin de faire justice de cette déplorable fantaisie. Vous comprendrez, citoyens, que je ne veuille point accepter la moindre solidarité apparente avec une tentative sur laquelle je n'ai pas été consulté. Vos suffrages me deviennent une injure et je me plains à votre conscience même de les avoir réunis à mon insu.

Mais je ne crois pas qu'il en soit ainsi, ce serait, hélas ! donner par trop raison à ceux qui nous reprochent de vouloir, comme socialistes, la destruction de la famille. Non, non, les femmes qui ont soulevé imprudemment la question de leurs droits politiques, ne viennent pas au nom de Fourier briguer vos suffrages, avec cette doctrine immonde, ce dogme ésotérique de la promiscuité, caché dans les plis de leur écharpe. Si, comme je le crois, elles ne veulent pas détruire la sainteté de l'amour sur la terre, elles doivent alors se demander si elles n'ont pas fait une CAMPAGNE ÉLECTORALE un peu hasardée, et si cette tentative est bien ce qu'il fallait faire pour prouver qu'elles avaient autant de jugement et de logique que les hommes.

Pour ne pas laisser d'ambiguïté dans ces considérations que j'apporte, je dirai toute ma pensée sur ce fameux affranchissement de la femme dont on a tant parlé dans ce temps-ci. Je le crois facile et immédiatement réalisable, dans la mesure que l'état de nos mœurs comporte. Il consiste simplement à rendre à la femme les droits civils que le mariage seul lui enlève, que le célibat seul lui conserve ; erreur détestable de notre législation qui place en effet la femme dans la dépendance cupide de l'homme, et qui fait du mariage une condition d'éternelle minorité, tandis qu'elle décidait la plupart des jeunes filles à ne se jamais marier si elles avaient la moindre notion de la législation civile à l'âge où elles renoncent à leurs droits. Il est étrange que les conservateurs de l'ordre ancien accolent toujours avec affectation dans leur devise menteuse ces mots de famille et de propriété, puisque le pacte du mariage, tel qu'ils l'admirent et le proclament, brise absolument les droits de propriété de tout un sexe. Ou la propriété n'est pas une chose sacrée comme ils l'affirment, ou le mariage n'est pas une chose également sacrée, et réciproquement. Deux choses sacrées ne peuvent se détruire l'une l'autre.

Cette réforme est très possible et très prochaine, j'en ai la certitude. C'est une des premières questions dont une république socialiste aura à s'occuper, et je ne vois pas qu'elle puisse porter la moindre atteinte à la fidélité conjugale ou à la bonne harmonie domestique, à moins qu'on ne regarde l'égalité comme une condition de désordre et de discorde. Nous croyons le contraire, et l'humanité en a jugé ainsi définitivement.

On demande où sera le principe d'autorité nécessaire à l'existence de la famille, si cette autorité est partagée également entre le père et la mère. Nous disons que l'autorité ne sera pas immobilisée dans les mains de celui qui peut impunément avoir toujours tort, mais qu'elle se transportera de l'un à l'autre, suivant l'arbitrage du sentiment ou de la raison, et lorsqu'il s'agira de l'intérêt des enfants, je ne vois pas pourquoi l'on se méfierait de la sollicitude de la mère puisqu'on reconnaît que c'est elle qui a l'amour le plus vif et le plus soutenu de la progéniture.

Au reste, quand on demande comment pourra subsister une association conjugale dont le mari ne sera pas le chef absolu et juge et partie, sans appel, c'est comme quand on demande comment l'homme libre pourra se passer de MAÎTRE et la République de roi. Le principe d'autorité individuelle sans contrôle s'en va avec le droit divin, et les hommes ne sont pas généralement aussi féroces envers les femmes qu'il plaît à quelques-unes d'entre elles de le répéter à tout propos. Cela se dit une ou deux fois dans la vie, à l'occasion, mais elles seraient rien plus dans le vrai et dans la justice si elles reconnaissaient que la plupart des hommes sont très disposés en fait, au temps où nous vivons, à faire de l'égalité conjugale la base de leur bonheur. Tous ne sont pas assez logiques pour admettre en théorie cette égalité qu'ils seraient bien malheureux de pouvoir détruire dans leur intérieur, mais elle est passée dans les mœurs et l'homme qui maltraite et humilie sa compagne n'est point estimé des autres hommes. En attendant que la loi consacre cette égalité civile, il est certain qu'il y a des abus exceptionnels et intolérables de l'autorité maritale. Il est certain aussi que la mère de famille, mineure à quatre-vingts ans, est dans une situation ridicule et humiliante. Il est certain que le seul droit de despotisme attribue au mari son droit de refus de souscrire aux conditions matérielles du bonheur de la femme et des enfants, son droit d'adultère hors du domicile conjugal, son droit de meurtre sur la femme infidèle, son droit de diriger à l'exclusion de sa femme l'éducation des enfants, celui de les corrompre par de mauvais exemples ou de mauvais principes, en leur donnant ses maîtresses pour gouvernantes comme cela s'est vu dans d'illustres familles ; le droit de commander dans la maison et d'ordonner aux domestiques, aux servantes surtout d'insulter la mère de famille ; celui de chasser les parents de la femme et de lui imposer ceux du mari, le droit de la réduire aux privations de la misère tout en gaspillant avec des filles le revenu ou le capital qui lui appartiennent, le droit de la battre et de repousser ses plaintes par un tribunal si elle ne peut produire de témoins ou si elle recule devant le scandale ; enfin le droit de la déshonorer par des soupçons injustes ou de la faire punir pour des fautes réelles. Ce sont là des droits sauvages, atroces, anti-humains et les seules causes, j'ose le dire, des infidélités, des querelles, des scandales et des crimes qui ont souillé si souvent le sanctuaire de la famille, et qui le souilleront encore, ô pauvres humains, jusqu'à ce que vous brisiez à la fois l'échafaud et la chaîne du bagne pour le criminel, l'insulte et l'esclavage intérieur, la prison et la honte publique pour la femme infidèle. Jusque-là, la femme aura toujours les vices de l'opprimé, c'est-à-dire les vices de l'esclavage et ceux de vous qui ne pourront pas être tyrans, seront ce qu'ils sont aujourd'hui en si grand nombre, les esclaves ridicules de leurs esclaves vindicatifs.

Oui, la femme est esclave en principe et c'est parce qu'elle commence à ne plus l'être en fait, c'est parce qu'il n'y a plus guère de milieu pour elle entre un esclavage qui l'exaspère et une tyrannie qui avilit son époux, que le moment est venu de reconnaître en principe ses droits à l'égalité civile et de les consacrer dans les développements que l'avenir donnera, prochainement peut-être, à la constitution sociale. Puisque les mœurs en sont arrivées à ce point que la femme règne dans le plus grand nombre des familles, et qu'il y a abus dans cette autorité conquise par l'adresse, la ténacité et la ruse, il n'y a pas à craindre que la loi se trouve en avant sur les mœurs. Au contraire, selon moi, elle est en arrière.

La femme s'est corrompue dans cette usurpation de l'autorité qu'on lui déniait et qu'elle n'a pas ressaisie légitimement. L'esclave homme peut se révolter contre son maître et reprendre franchement et ouvertement sa liberté et sa dignité. L'esclave femme ne peut que tromper son maître et reprendre sournoisement et traîtreusement, une liberté et une dignité fausses et détournées de leur véritable but.

En effet, quelle est la liberté dont la femme peut s'emparer par fraude ? celle de l'adultère. Quelle est la dignité dont elle peut se targuer à l'insu de son mari ? la fausse dignité d'un ascendant ridicule pour elle comme pour lui. Il faut que cet abus cesse et que le bon mari ne soit plus le type du niais que l'on dupe et dont ses amis se moquent avec sa femme. Il faut aussi que la femme douce, loyale et pieuse, ne soit pas la dupe de son dévouement et qu'elle ne soit pas exploitée et tyrannisée. Il faut enfin que la femme coupable un jour par entraînement ne soit pas flétrie et punie publiquement, deshonorée aux yeux de ses enfants, mise dans l'impossibilité de revenir au bien, et dans la nécessité de haïr à jamais l'auteur de son châtiment et de sa honte.

Oui, l'égalité civile, l'égalité dans le mariage, l'égalité dans la famille, voilà ce que vous pouvez, ce que vous devez demander, réclamer. Mais que ce soit avec le profond sentiment de la sainteté du mariage, de la fidélité conjugale, et de l'amour de la famille...

Quelle bizarre caprice vous pousse aux luttes parlementaires vous qui ne pouviez pas seulement y apporter l'exercice de votre indépendance personnelle ? Quoi, votre mari siégera sur ce banc, votre amant peut-être sur cet autre, et vous prétendez représenter quelque chose, quand vous n'êtes pas seulement la représentation de vous-même ?

Une mauvaise loi fait de vous la MOITIÉ d'un homme, les mœurs pires que les lois en font très souvent la moitié d'un autre homme, et vous croyez pouvoir offrir une responsabilité quelconque à d'autres hommes ? à quelles ridicules attaques, à quels immondes scandales peut-être, donnerait lieu une pareille innovation ? Le bon sens la repousse, et la fierté que votre sexe devrait avoir vous fait presque un crime de songer à en braver les outrages.

Pardonnez-moi de vous parler avec cette vivacité, mon âge mûr et peut-être quelques services rendus à la cause de mon sexe par de nombreux écrits me donnent le droit de remontrance. Ne l'eussé-je pas sur vous, ce droit, auquel je ne tiens guère, je l'ai pour moi-même.

Flora Tristan. (B.N.)

Flora Tristan
(1803-1844)

Le 7 avril 1803 naît à Paris celle dont Paul Gauguin devait dire « Ma grand-mère était une drôle de bonne femme ». Fille d'un colonel espagnol, don Mariano de Tristan, et de Thérèse Laine, dont le mariage religieux ne fut jamais légalisé, Flora connaît une enfance et une adolescence difficiles après la mort de son père en 1807. Jusqu'en 1818, la mère et la fille vivent à la campagne par mesure d'économie puis s'installent dans le quartier Maubert. Deux ans plus tard Flora est engagée comme ouvrière coloriste par André Chazal, qui a ouvert un atelier de graveur lithographe. Ils se marient en février 1821 et auront trois enfants. La dernière, Aline, sera la mère de Paul Gauguin, et naîtra en 1825, année de la première rupture entre Flora et son mari. Laissant ses enfants à la garde de sa mère, Flora part pour l'Angleterre en 1826. Elle y reviendra en 1831 et 1839. En s'appuyant sur ses souvenirs et impressions elle fait paraître dans la *Revue de Paris* ses *LETTRES A UN ARCHITECTE ANGLAIS*, en 1837, et surtout en 1840, elle achève *LES PROMENADES DANS LONDRES*, qui dénotent l'influence du réformateur anglais Owen et une observation impitoyable de la société industrielle anglaise du milieu du XIXᵉ siècle. Les écrits de Flora Tristan ont pour base l'expérience personnelle et une réflexion philosophique sur les événements historiques de l'époque. Parce qu'elle a reçu en 1830 une lettre de don Pio de Tristan, frère de son père décédé, Flora Tristan décide d'aller le voir au Pérou. Elle s'embarque à bord du *Mexicain*, à Bordeaux, en avril 1833 et a une liaison avec le capitaine Zacharie Chabrié.

De retour en France l'année suivante, elle écrit une brochure *NÉCESSITÉ DE FAIRE BON ACCUEIL AUX FEMMES ÉTRANGÈRES* et en 1836 *LES COUVENTS D'AREQUIPA*, faisant largement appel à ses expériences décevantes au Pérou.

En 1838, elle fait paraître les *PÉREGRINATIONS D'UNE PARIA*, et un roman prolétarien *MÉPHIS*. Ses relations avec son mari deviennent de plus en plus difficiles au point qu'il la blesse d'une balle de revolver en septembre de la même année. Il est condamné à vingt ans de travaux forcés.

L'agitation sociale en France entraîne des répressions qui indignent Flora. Elle veut remédier à la situation en constituant une union universelle des ouvriers et ouvrières et expose ses idées dans l'*UNION OUVRIÈRE*, en 1843. Persuadée qu'il faut créer un journal pour défendre les droits du prolétariat et faire de la propagande pour voir aboutir ses idées, elle entreprend un Tour de France dans ce but. Mais le 14 novembre 1844 elle meurt à Bordeaux.

Son *JOURNAL INÉDIT* (1843-1844) nous renseigne sur sa personnalité. Mais ce n'est pas là ce qui fait l'intérêt principal de Flora Tristan. Avant d'être romancière ou critique d'art, elle fut surtout le premier grand écrivain politique de sexe féminin, contemporaine de Karl Marx, à faire la liaison entre socialisme et féminisme.

Indications bibliographiques

Baeden, J. : *La Vie de Flora Tristan.* Paris, Seuil, 1972.
Desanti, D. : *Flora Tristan. Vie et œuvre mêlées.* Paris, UGE, 1974.
Puech, J.L. : *La vie et l'œuvre de Flora Tristan.* Paris, Marcel Rivière, 1925.

L'UNION OUVRIÈRE - 1843

III : Le POURQUOI je mentionne les Femmes

Ouvriers, mes frères, vous pour lesquels je travaille avec amour, parce que vous représentez la partie la plus VIVACE, la plus NOM-BREUSE et la plus UTILE de l'humanité, et qu'à ce point de vue je trouve ma propre satisfaction à servir votre cause, je vous prie instamment de vouloir bien lire avec la plus grande attention ce chapitre, car, il faut bien vous le persuader, il y va pour vous de vos INTÉRÊTS MATÉRIELS à bien comprendre POURQUOI je mentionne toujours les femmes en les désignant par : OUVRIÈRES ou TOUTES.

Pour celui dont l'intelligence est illuminée par les rayons de l'amour divin, l'amour de l'humanité, il lui est facile de saisir l'enchaînement logique des rapports qui existent entre les causes et les effets. — Pour celui-là, toute la philosophie, toute la religion, se résument par ces deux questions : — la première : — comment on PEUT et l'on DOIT aimer Dieu et le servir EN VUE DU BIEN-ÊTRE UNIVERSEL DE TOUS ET DE TOUTES EN L'HUMANITÉ ? — La seconde : — comment on PEUT et l'on DOIT aimer et TRAITER LA FEMME, EN VUE DU BIEN-ÊTRE UNIVERSEL DE TOUS ET DE TOUTES EN L'HUMANITÉ ? Ces deux questions ainsi posées sont, selon moi, la base sur laquelle doit reposer, en vue de l'ordre naturel, tout ce qui se produit dans le monde moral et le monde matériel (l'un découle de l'autre).

Je ne crois pas que ce soit ici la place de répondre à ces deux questions. — Plus tard, si les ouvriers m'en manifestent le désir, je traiterai très volontiers avec eux métaphysiquement et philosophiquement les questions de l'ordre le plus élevé. Mais, pour le moment, il nous suffit de poser ici ces deux questions, COMME ÉTANT LA DÉCLARATION FORMELLE D'UN PRINCIPE ABSOLU.

Sans remonter directement aux causes, bornons-nous à examiner les effets.

Jusqu'à présent, la femme n'a compté pour rien dans les sociétés humaines. — Qu'en est-il résulté ? — Que le prêtre, le législateur, le philosophe l'ont traitée en VRAIE PARIA. La femme (c'est la moitié de l'humanité) a été mise HORS L'ÉGLISE, hors la LOI, hors la SOCIÉTÉ. — Pour elles, point de fonctions dans l'Église, point de représentation devant la loi, point de fonction dans l'État. — Le prêtre lui a dit : — Femme, tu es la tentation, le péché, le mal ; — tu représentes la chair, — c'est-à-dire la corruption, la pourriture. — Pleure sur ta condition, jette de la cendre sur ta tête, enferme-toi dans un cloître, et là, macère ton cœur, qui est fait pour l'amour, et tes entrailles de femme, qui sont faites pour la maternité ; et quand tu auras ainsi mutilé ton cœur et ton corps, offre-les tout sanglants et tout desséchés à ton Dieu pour la rémission du PÉCHÉ ORIGINEL commis par ta mère Ève. Puis le législateur lui a dit : — Femme, par toi-même tu n'es rien comme membre actif du corps humanitaire ; tu ne peux espérer trouver place au banquet social. — Il faut, si tu veux vivre, que tu serves d'ANNEXE à ton seigneur et maître, l'homme. — Donc, jeune fille, tu obéiras à ton père ; — mariée, tu obéiras à ton mari, veuve et vieille, on ne fera plus aucun cas de toi. — Ensuite le savant philosophe lui a dit : — Femme, il a été constaté par la science que, d'après ton organisation, tu es INFÉRIEURE à l'homme. — Or, tu n'as pas d'intelligence, pas de compréhension pour les hautes questions, pas de suite dans les idées, aucune capacité pour les sciences dites exactes, pas d'aptitude pour les travaux sérieux, — enfin, tu es un être faible de corps et d'esprit, pusillanime, superstitieux ; en un mot, tu n'es qu'un enfant capricieux, volontaire, frivole ; pendant 10 ou 15 ans de la vie tu es une gentille PETITE POUPÉE, mais remplie de défauts et de vices. — C'est pourquoi, femme, il faut que l'homme soit TON MAÎTRE et ait toute autorité sur toi.

Voilà, depuis six mille ans que le monde existe, comment les sages des sages ont jugé la RACE FEMME.

Une aussi terrible condamnation, et répétée pendant six mille ans, était de nature à frapper la foule, car la sanction du temps a beaucoup d'autorité sur la foule. — Cependant, ce qui doit nous faire espérer qu'on pourra en appeler de ce jugement, c'est que de même, pendant six mille ans, les sages des sages ont porté un jugement non moins terrible sur une autre race de l'humanité : les PROLÉTAIRES. — Avant 89, qu'était le prolétaire dans la société française ? — Un VILAIN, UN MANANT, dont on faisait une BÊTE DE SOMME TAILLABLE ET CORVÉABLE. — Puis arrive la révolution de 89, et tout à coup, voilà les sages des sages qui proclament que la PLÈBE se nomme PEUPLE, que les *vilains* et les *manants* se nomment CITOYENS. — Enfin, ils proclament en pleine assemblée nationale les DROITS DE L'HOMME.

Le prolétaire, lui pauvre ouvrier regarde jusque là comme une BRUTE, fut bien surpris en apprenant que c'était l'OUBLI ET LE MÉPRIS QU'ON AVAIT FAIT DE SES DROITS QUI AVAIENT CAUSÉ LES MALHEURS DU MONDE. — Oh ! il fut bien surpris d'apprendre qu'IL ALLAIT JOUIR DE DROITS CIVILS, POLITIQUES et SOCIAUX, et qu'enfin il devenait l'ÉGAL de son ancien seigneur et maître. — Sa surprise augmenta quand on lui apprit qu'il possédait un cerveau absolument de MÊME QUALITÉ que celui du prince royal héréditaire. — Quel changement ! — Cependant on ne tarda pas à s'apercevoir que ce SECOND jugement porté sur la RACE PROLÉTAIRE était bien plus exact que le premier, puisque à peine eut-on proclamé que les prolétaires étaient APTES à toute espèce de fonctions civiles, militaires et sociales, qu'on vit sortir de leurs rangs des généraux comme Charlemagne, Henri IV ni Louis XIV n'avaient jamais pu en recruter dans les rangs de leur orgueilleuse et brillante noblesse... Puis, comme par enchantement, il surgit en foule des rangs des prolétaires des savants, des artistes, des poètes, des écrivains, des hommes d'État, des financiers, qui jetèrent sur la France un lustre que jamais elle n'avait eu. — Alors la gloire militaire vint la couvrir comme d'une auréole ; les découvertes scientifiques l'enrichirent, les arts l'embellirent ; son commerce prit une extension immense, et en moins de 30 ans la richesse du pays TRIPLA. — La démonstration par les faits est sans replique. — Aussi tout le monde convient aujourd'hui que les hommes naissent indistinctement avec des facultés à peu près égales, et que la seule chose dont on devrait s'occuper, serait de CHERCHER A DÉVELOPPER TOUTES LES FACULTÉS DE L'INDIVIDU EN VUE DU BIEN-ÊTRE GÉNÉRAL.

Ce qui est arrivé pour les prolétaires est, il faut en convenir, de bon augure pour les femmes lorsque leur 89 aura sonné. — D'après un calcul fort simple, il est évident que la richesse de la société QUADRUPLERA dès le jour où l'on appellera les femmes (la moitié du genre humain) à apporter dans l'activité sociale leur somme d'intelligence, de force et de capacité. — Ceci est aussi facile à comprendre que 2 est le DOUBLE de 1. — Mais, hélas ! nous ne sommes pas encore là, et en attendant cet heureux 89 constatons ce qui se passe en 1843.

L'Église ayant dit que la femme était LE PÉCHÉ, le législateur que PAR ELLE-MÊME ELLE N'ÉTAIT RIEN, QU'ELLE NE DEVAIT JOUIR D'AUCUN DROIT ; le savant philosophe, que par son ORGANISATION ELLE N'AVAIT PAS D'INTELLIGENCE, on en a conclu que c'était un pauvre être déshérité de Dieu, et que les hommes et la société l'ont traitée en conséquence.

Je ne connais rien de puissant comme la logique forcée, inévitable, qui découle d'un principe posé ou de l'hypothèse qui le représente. — L'infériorité de la femme une fois proclamée et posée comme PRINCIPE, voyez quelles conséquences désastreuses il en résulte POUR LE BIEN-ÊTRE UNIVERSEL DE TOUS ET DE TOUTES EN L'HUMANITÉ.

Croyant que la femme, par son organisation, manquait de force, d'intelligence, de capacité et qu'elle était impropre aux travaux sérieux et utiles, on en a conclu TRÈS LOGIQUEMENT que ce serait perdre son temps que de lui donner une éducation rationnelle, solide, sévère, capable d'en faire un membre utile de la société. On l'a donc élevée pour être une GENTILLE POUPÉE et une esclave destinée à DISTRAIRE SON MAÎTRE et à LE SERVIR. — A la vérité, de temps à autre quelques hommes doués d'intelligence, de sensibilité, souffrant dans leurs mères, dans leurs femmes, dans leurs filles, se sont récriés contre la barbarie et l'absurdité d'un pareil ordre de choses, et ont protesté énergiquement contre une condamnation aussi inique[1]. — A plusieurs reprises la société s'est émue un moment ; mais,

_____

1. Fourier place la femme comme cœur et intelligence bien au-dessus de l'homme. — Les Saint-Simoniens de même.

poussée par la logique, elle a répondu : Eh bien ! mettons que les femmes ne soient pas ce que les sages ont cru ; supposons même qu'elles aient beaucoup de force morale et beaucoup d'intelligence : eh bien ! dans ce cas, à quoi servirait de développer leurs facultés, puisqu'elles ne trouveraient pas A LES EMPLOYER UTILEMENT dans cette société qui les repousse ? — Quel supplice plus affreux que de sentir en soi la force et la puissance d'agir, et de se voir condamné à l'inaction !

Ce raisonnement était d'une vérité irréfragable. — Aussi tout le monde de répéter : C'est vrai, les femmes souffriraient trop si l'on développait en elles les belles facultés dont Dieu les a dotées, si dès leur enfance on les élevait de manière à ce qu'elles comprissent bien leur dignité d'être et qu'elles eussent conscience de leur valeur comme membre de la société ; jamais, non, jamais elles ne pourraient supporter la condition avilissante que l'Église, la loi et les préjugés leur ont faite. Il vaut mieux les traiter comme des ENFANTS et les laisser DANS L'IGNORANCE SUR ELLES-MÊMES ; elles souffriront moins.

Suivez bien, et voyez quelle effroyable perturbation il peut résulter uniquement pour avoir accepté un FAUX PRINCIPE.

Ne voulant pas m'écarter de mon sujet, bien qu'ici l'occasion soit belle pour parler au point de vue général, je rentre dans mon cadre, la classe ouvrière.

Dans la vie des ouvriers la femme est tout. — Elle est leur unique providence. — Si elle leur manque, tout leur manque. Aussi disent-ils : « C'EST LA FEMME QUI FAIT OU DÉFAIT LA MAISON », et ceci est l'exacte vérité : c'est pourquoi on en a fait un proverbe. — Cependant quelle éducation, quelle instruction, quelle direction, quel développement moral ou physique reçoit la femme du peuple ? — Aucun — Enfant, elle est laissée à la merci d'une mère et d'une grand-mère qui, elles-mêmes, n'ont reçu aucune éducation : — l'une, selon son naturel, sera brutale et méchante, la battra et la maltraitera sans motif ; — l'autre sera faible, insouciante, et lui laissera faire toutes ses volontés. (En ceci, comme en tout ce que j'avance, je parle en général ; bien entendu j'accepte de nombreuses exceptions.) La pauvre enfant s'élèvera au milieu des contradictions les plus choquantes, — un jour irritée par les coups et les traitements injustes, — le lendemain amollie, viciée par des gâteries non moins pernicieuses.

Au lieu de l'envoyer à l'école[2], on la gardera à la maison de préférence à ses frères, parce qu'on en tire mieux parti dans le ménage, soit pour bercer les enfants, faire les commissions, soigner la soupe, etc. — A 12 ans on la met en apprentissage ; là elle continue à être exploitée par la patronne et souvent à être aussi maltraitée qu'elle l'était chez ses parents.

Rien n'aigrit le caractère, n'endurcit le cœur, ne rend l'esprit méchant comme la souffrance continuelle qu'un enfant endure par suite d'un traitement injuste et brutal. — D'abord l'injustice nous blesse, nous afflige, nous désespère ; puis lorsqu'elle se prolonge, elle

2. J'ai su, par une personne qui a passé les examens pour tenir une salle d'asile, que, par des ordres reçus de haut, les instituteurs de ces sortes d'écoles devaient s'occuper de DÉVELOPPER L'INTELLIGENCE DES GARÇONS PLUS QUE CELLE DES FIL-LES. — Généralement, tous les maîtres d'école de village agissent de même à l'égard des enfants qu'ils instruisent. Plusieurs m'ont avoué QU'ILS EN RECEVAIENT L'ORDRE. Ceci est encore une conséquence logique de la posiion inégale qu'occupent dans la société l'homme et la femme. Il y a, à ce sujet, un dire qui est proverbial : « Oh, POUR UNE FEMME, elle en sait toujours BIEN ASSEZ ! »

nous irrite, nous exaspère, et, ne rêvant plus qu'aux moyens de nous venger, nous finissons par devenir nous-mêmes durs, injustes, méchants. — Tel sera l'état normal de la pauvre jeune fille à 20 ans. — Alors elle se mariera, sans amour, mais uniquement parce qu'il faut se marier si l'on veut se soustraire à la tyrannie des parents. Qu'arrivera-t-il ? — Je suppose qu'elle ait cinq enfants ; — à son tour, elle sera tout à fait incapable d'élever convenablement ses fils et ses filles ; elle se montrera envers ses enfants aussi brutale que sa mère et sa grand-mère l'ont été envers elle[3].

Femmes de la classe ouvrière, observez bien, je vous prie, qu'en signalant ici ce qui est touchant votre ignorance et votre incapacité à élever vos enfants, je n'ai nullement l'intention de porter CONTRE VOUS et VOTRE NATURE la moindre accusation. Non, c'est la société que j'accuse de vous laisser ainsi INCULTES, vous, femmes ; vous, mères, qui auriez tant besoin, au contraire, d'être instruites et développées, afin de pouvoir à votre tour INSTRUIRE ET DÉVE-LOPPER LES HOMMES, ENFANTS CONFIÉS A VOS SOINS.

Les femmes du peuple en général sont brutales, méchantes, parfois dures. — C'est vrai ; mais d'où provient cet état de choses si peu conforme avec la nature douce, bonne, sensible, généreuse, de la femme ?

Pauvres ouvrières ! elles ont tant de sujets d'irritation ! D'abord le mari. — Il faut en convenir, il y a peu de ménages d'ouvriers qui soient heureux. — Le mari ayant reçu plus d'instruction, étant LE CHEF DE PAR LA LOI, et aussi DE PAR L'ARGENT qu'il apporte dans le ménage[4], se croit (et il l'est de fait) bien supérieur à la femme, qui, elle, n'apporte que le petit salaire de sa journée, et n'est dans la maison que la très humble servante.

Il résulte de ceci que le mari traite sa femme pour le moins avec beaucoup de dédain. — La pauvre femme, qui se sent humiliée dans chaque parole, dans chaque regard que son mari lui adresse se révolte

---

3. Les femmes du peuple se montrent très tendres mères pour les petits enfants jusqu'à ce qu'ils aient atteint l'âge de deux à trois ans. — Leur instinct de femme leur fait comprendre que l'enfant, pendant ses deux premières années, a besoin d'une sollicitude continuelle. — Mais passé cet âge, elles les brutalisent (sauf exceptions).

4. Il est à remarquer que dans tous les métiers exercés par les hommes et les femmes, on paie la journée de l'ouvrière, MOITIÉ MOINS que celle de l'ouvrier, ou, si elle travaille à la tâche son salaire est moitié moindre. Ne pouvant pas supposer une injustice aussi flagrante, la première pensée qui nous frappe est celle-ci : — A raison de ses forces musculaires, l'homme fait sans doute le DOUBLE de travail de la femme. Eh bien ! lecteur, il arrive justement le contraire. — Dans tous les métiers où il faut de l'adresse et l'agilité des doigts, les femmes font presque le DOUBLE d'ouvrage que les hommes. — Par exemple, dans l'imprimerie, POUR COMPOSER (à la vérité elles font beaucoup de fautes, mais cela tient à leur manque d'instruction) ; dans les filatures de coton, fil ou soie, pour RATTACHER LES FILS ; en un mot, dans tous les métiers où il faut une certaine légèreté de mains, les femmes excellent. — Un imprimeur me disait un jour avec une naïveté tout à fait caractéristique : — « On les paie moitié moins, c'est très juste, puisqu'elles vont plus vite que les hommes ; elles gagneraient trop si on les payait le même prix. » — Oui, on les paie, non en raison DU TRAVAIL qu'elles font, mais en raison du PEU DE DÉPENSES qu'elles font, par suite des privations qu'elles s'imposent. — Ouvriers, vous n'avez pas entrevu les conséquences désastreuses qui résulteraient pour vous d'une semblable injustice faite au détriment de vos mères, de vos sœurs, de vos femmes, de vos filles. — Qu'est-il arrivé ? Que les industriels, voyant les ouvrières travailler PLUS VITE et A MOITIÉ PRIX, congédient chaque jour les ouvriers de leurs ateliers et les remplacent par des ouvrières. — Aussi l'homme se croise les bras et meurt de faim sur le pavé ! — C'est ainsi qu'ont procédé les chefs des manufactures en Angleterre. — Une fois entré dans cette voie, on congédie les femmes pour les remplacer par des ENFANTS DE DOUZE ANS. — Économie de la MOITIÉ DU SALAIRE ! — Enfin on arrive à ne plus occuper que des enfants de SEPT OU HUIT ANS. — Laissez passer une injustice, vous êtes sûrs qu'elle en engendrera des milliers.

ouvertement ou sourdement, selon son caractère ; de là naissent des scènes violentes, douloureuses qui finissent par amener entre le MAÎTRE et la SERVANTE (on peut dire l'*esclave*, car la femme est, pour ainsi dire, la PROPRIÉTÉ du mari) un état constant d'irritation. — Cet état devient si pénible, que le mari, au lieu de rester chez lui à causer avec sa femme, se hâte de fuir, et comme il n'a point d'autre lieu où aller, il va au cabaret boire du VIN BLEU avec d'AUTRES MARIS pas plus heureux que lui, dans l'espoir de s'ÉTOURDIR[5].

Ce moyen de distraction aggrave le mal. — La femme qui attend la paye du dimanche pour faire vivre toute la famille pendant la semaine, se désespère en voyant son mari en dépenser la plus forte partie au cabaret. Alors son irritation est portée au comble, et sa brutalité, sa méchanceté redoublent. — Il faut avoir vu de près ces ménages d'ouvriers (surtout les mauvais) pour se faire une idée du malheur

---

5. Pourquoi les ouvriers vont-ils au cabaret ? — L'égoïsme a frappé les hautes classes, celles qui gouvernent, d'une cécité complète. — Elles ne comprennent pas que leur fortune, leur bonheur, LEUR SÛRETÉ, dépendent de l'amélioration morale, intellectuelle et matérielle de la classe ouvrière. Elles abandonnent l'ouvrier à la misère, à l'ignorance, pensant, selon l'ancienne maxime, que plus le peuple est BRUTE, plus il est facile à MUSELER. — Ceci était bon AVANT LA DÉCLARATION DES DROITS DE L'HOMME ; depuis, c'est commettre un grossier anachronisme, une faute grave. — Du reste, il faudrait être au moins conséquent ; si l'on croit qu'il soit d'une BONNE ET SAVANTE POLITIQUE de laisser la classe pauvre à l'état de BRUTE, alors pourquoi récriminer sans cesse contre ses vices ? — Les riches accusent les ouvriers d'être paresseux, débauchés, ivrognes ; et pour appuyer leurs accusations, ils s'écrient : « Si les ouvriers sont misérables, c'est uniquement PAR LEUR FAUTE. — Allez aux barrières, entrez dans les cabarets, vous les trouverez remplis d'OUVRIERS qui sont là à boire et perdre leur temps. » — Je crois que si les ouvriers, au lieu d'aller au cabaret, SE RÉUNISSAIENT SEPT (nombre que permettent les lois de septembre) DANS UNE CHAMBRE, POUR S'Y INSTRUIRE EN COMMUN DE LEURS DROITS ET AVISER AUX MOYENS A PRENDRE POUR LES FAIRE VALOIR LÉGALEMENT, les riches seraient plus mécontents que de voir les cabarets PLEINS.

Dans l'état actuel des choses, le cabaret est le TEMPLE de l'ouvrier ; c'est le SEUL LIEU où il puisse aller. — L'Église, il n'y croit point ; le théâtre, il n'y comprend rien. — Voilà pourquoi les cabarets SONT TOUJOURS PLEINS. — A Paris, les trois quarts des ouvriers n'ont pas même de domicile ; ils couchent en garni dans des CHAMBRES ; et ceux qui sont en ménage logent dans des GRENIERS où la place et l'air manquent, par conséquent ils sont FORCES d'en sortir, s'ils veulent exercer un peu leurs membres et raviver leurs poumons. — Vous ne voulez pas instruire le peuple, vous lui défendez de SE RÉUNIR, dans la crainte qu'il s'instruise lui-même, qu'il parle POLITIQUE, ou de DOCTRINES SOCIALES ; vous ne voulez pas qu'il lise, qu'il écrive, qu'il occupe sa pensée, dans la crainte qu'il ne se révolte !... Mais que voulez-vous donc qu'il fasse ? Si vous lui interdisez tout ce qui est du ressort de l'esprit, il est clair que, pour toute ressource, il ne lui reste que le cabaret. — Pauvres ouvriers ! — Accablés de misères et de chagrins de toutes sortes, soit dans le ménage, chez le patron, ou enfin, parce que les travaux répugnants et forcés auxquels ils sont condamnés leur irritent tellement le système nerveux, qu'ils en deviennent parfois comme fous ; et dans cet état, pour échapper à leurs souffrances, ils n'ont d'autre refuge que le cabaret. — Aussi vont-ils là, boire du VIN BLEU, médecine exécrable ! — mais qui a la vertu d'ÉTOURDIR.

En face de pareils faits, ils se rencontrent dans le monde des gens dits VERTUEUX, dits RELIGIEUX, qui confortablement établis dans leurs maisons, boivent A CHAQUE REPAS et EN ABONDANCE du bon vin de Bordeaux, du vieux Chablis, de l'excellent Champagne, — et ces gens la font de belles TARTINES MORALES contre l'ivrognerie, la débauche et l'intempérance de la classe ouvrière !...

Dans le cours des études que j'ai faites sur les ouvriers (depuis dix ans je m'en occupe), jamais je n'ai rencontré d'IVROGNE, de VRAI DÉBAUCHÉ, parmi les ouvriers HEUREUX EN MÉNAGE et JOUISSANT D'UNE CERTAINE AISANCE. — Tandis que, parmi ceux MALHEUREUX EN MÉNAGE, et plongés DANS UNE MISÈRE EXTRÊME, j'ai trouvé des IVROGNES INCORRIGIBLES.

Le cabaret n'est donc pas la CAUSE DU MAL, mais simplement l'EFFET. — La cause du mal est uniquement dans l'IGNORANCE, la MISÈRE, l'ABRUTISSEMENT où la classe ouvrière est plongée. — Instruisez le peuple, et dans vingt ans les débitants de VIN BLEU, qui tiennent cabaret aux barrières, fermeront boutique FAUTE DE CONSOMMATEURS.

En Angleterre, où la classe ouvrière est beaucoup plus ignorante et malheureuse qu'en France, les ouvriers et OUVRIÈRES poussent ce vice de l'ivrognerie jusqu'à la démence.

qu'éprouve le mari, de la souffrance qu'éprouve la femme. — Des reproches, des injures, on passe aux coups, ensuite aux pleurs, au découragement et au désespoir[6].

Après les cuisants chagrins causés par le mari, viennent ensuite les grossesses, les maladies, le manque d'ouvrage et la misère, qui est toujours là plantée à la porte comme la tête de Meduse. — Ajoutez à tout cela cette irritation incessante causée par quatre ou cinq enfants criards, turbulents, ennuyeux, qui sont à tournoyer autour de la mère, et cela dans une petite chambre d'ouvrier, où l'on n'a pas de place pour se remuer. Oh ! il faudrait être un ange descendu sur la terre pour ne pas s'irriter, ne pas devenir brutales et méchantes dans une pareille position. — Cependant, dans un tel milieu de famille, que deviennent les enfants ? Ils ne voient leur père que le soir et le dimanche. Ce père, toujours en état d'irritation ou d'ivresse ne leur parle qu'en colère, et ils ne reçoivent de lui que des injures et des coups ; entendant leur mère s'en plaindre continuellement, ils le prennent en haine, en mépris. — Quant à leur mère, ils la craignent, lui obéissent, mais ne l'aiment pas ; car l'homme est ainsi fait, il ne peut aimer ceux qui le maltraitent. — Et n'est-ce donc pas déjà un grand malheur pour un enfant de ne pas pouvoir aimer sa mère ! — S'il a du chagrin, dans le sein de qui ira-t-il pleurer ? — Si par étourderie, entraînement, il a commis quelques fautes graves, à qui pourra-t-il se confier ? N'ayant

6. Je citerai à l'appui de ce que j'avance ici, touchant la BRUTALITÉ des femmes du peuple et aussi l'EXCELLENCE DE LEUR NATURE, un fait qui est arrivé à Bordeaux en 1827, pendant mon séjour dans cette ville.
Parmi les vendeuses de légumes qui tiennent boutique en plein vent sur la place du marché, il y en avait une redoutée de toutes les bonnes, tant elle était insolente, méchante et brutale. — Le mari de cette femme était boueur, et ramassait les boues dans les rues de la ville. — Un soir il rentre, et la soupe n'était pas prête. — Une dispute s'élève entre le mari et la femme. — Des injures le mari veut en venir aux voies de fait, et il donne un soufflet à sa femme. — Celle-ci qui, en cet instant, taillait la soupe avec un grand couteau de cuisine, exaspérée par la colère, fondit sur son mari avec son couteau à la main et lui traversa le cœur. — Celui-ci tomba raide mort. — La femme fut conduite en prison.
En voyant son mari mort, cette femme si brutale, si méchante, fut saisie d'une si grande douleur, d'un si grand repentir, que malgré son crime, elle inspira à tout le monde, non seulement de la compassion, mais encore du respect. — Il fut facile d'établir que c'était le mari qui l'avait provoquée ; que le meurtre avait été commis dans un moment de colère, mais sans nulle préméditation. — Sa douleur était telle, qu'on craignait pour sa vie, et comme elle nourrissait un enfant de quatre mois, le juge d'instruction, croyant la calmer, lui dit qu'elle pouvait se tranquilliser, qu'elle serait acquittée. — Mais quelle fut la surprise de tous les assistants, lorsqu'en entendant ces paroles cette femme s'écria : « Moi, acquittée ! Ah ! monsieur le juge, qu'osez-vous dire ?... Si l'on acquittait une misérable comme moi, il n'y aurait plus aucune justice sur la terre. »
On employa tous les raisonnements pour lui faire comprendre qu'elle n'était point CRIMINELLE, puisqu'elle n'avait pas eu la PENSÉE de commettre un meurtre. — « Eh ! qu'importe la pensée ? répétait-elle, s'il y a en moi une brutalité qui me porte tantôt à estropier un de mes enfants, puis à tuer mon mari ? — Ne suis-je pas un être dangereux, incapable de vivre parmi la société ? » — Enfin, lorsqu'elle fut bien convaincue qu'elle serait acquittée, cette femme, brute, sans la moindre éducation, prit une résolution digne des hommes les plus forts de la République romaine. — Elle déclara qu'elle voulait se faire justice à elle-même et qu'elle allait SE LAISSER MOURIR DE FAIM... Et avec quelle force, quelle dignité elle exécuta cette terrible sentence de mort prononcée par elle-même ! — Sa mère, sa famille, ses sept enfants, vinrent la supplier en pleurs de consentir à vivre pour eux. — Elle rendit à sa mère son petit nourrisson en disant : « Apprenez à mes enfants à se féliciter d'avoir perdu une pareille mère, car, dans un moment de brutalité, je pourrais les tuer, comme j'ai tué leur père. » — Les juges, les prêtres, les femmes du marché, et beaucoup de personnes de la ville, allèrent auprès d'elle pour la solliciter EN SA FAVEUR. Elle fut inébranlable. — Alors, on essaya d'un autre moyen : on mit dans sa chambre des gâteaux, des fruits, du laitage, du vin, des viandes ; on alla jusqu'à faire rôtir de la volaille, qu'on lui apportait toute chaude, afin que l'odeur l'excitât à manger. — « Tout ce que vous faites là est inutile, répétait-elle avec beaucoup de sang-froid et de dignité ; une femme qui est assez brutale pour tuer le père de ses sept enfants doit mourir, et je mourrai. » Elle souffrit des tortures affreuses sans se plaindre, et le septième jour, elle expira.

aucun attrait à rester près de sa mère, l'enfant cherchera tous les prétextes pour s'éloigner de la maison maternelle. Les mauvaises sociétés sont faciles à faire, pour les filles comme pour les garçons. De la flânerie on passera au vagabondage, et souvent du vagabondage au vol.

Parmi les malheureuses qui peuplent les maisons de prostitution... et les malheureux qui gémissent aux bagnes, combien s'en trouve-t-il qui peuvent dire : — « Si nous avions eu une mère CAPABLE DE NOUS ÉLEVER, certes, nous ne serions pas ici. »

Je le répète, la femme est tout dans la vie de l'ouvrier ; comme mère, elle a action sur lui pendant toute son enfance ; c'est d'elle, et uniquement d'elle, qu'il puise les premières notions de cette science si importante à acquérir, la science de la vie, celle qui nous enseigne à vivre convenablement pour nous et pour les autres, selon le milieu où le sort nous a placés. — Comme amante, elle a action sur lui pendant toute sa jeunesse, et quelle puissante action pourrait exercer une jeune fille belle et aimée ! — Comme épouse, elle a action sur lui les trois quarts de sa vie. — Enfin comme fille, elle a action sur lui dans sa vieillesse. — Remarquez que la position de l'ouvrier est toute autre que celle de l'oisif. — Si l'enfant du riche a une mère incapable de l'élever, on le met en pension ou on lui donne une gouvernante. — Si le jeune homme riche n'a pas de maîtresse, il peut occuper son cœur et son imagination par l'étude des beaux-arts ou de la science. — Si l'homme riche n'a point d'épouse, il ne manque pas de rencontrer des distractions dans le monde. — Si le vieillard riche n'a pas de fille, il trouve quelques vieux amis ou jeunes neveux qui consentent très volontiers à venir faire sa partie de boston, tandis que l'ouvrier, auquel tous ces plaisirs sont interdits, n'a pour toute joie, pour toute consolation, que la société des femmes de sa famille, ses compagnes d'infortune. Il résulte de cette position qu'il serait de la plus haute importance au point de vue de l'amélioration INTELLECTUELLE, MORALE ET MATÉRIELLE de la classe ouvrière, que les femmes du peuple reçussent dès leur enfance une éducation rationnelle, solide, propre à développer tous les bons penchants qui sont en elles, afin qu'elles puissent devenir des ouvrières habiles dans leur métier, de bonnes mères de famille capables d'élever et de diriger leurs enfants et d'être pour eux, comme le dit LA PRESSE, DES RÉPÉTITEURS NATURELS ET GRATUITS DES LEÇONS DE L'ÉCOLE, et afin qu'elles puissent servir aussi d'AGENTS MORALISATEURS pour les hommes sur lesquels elles ont action depuis la naissance jusqu'à la mort.

Commencez-vous à comprendre, vous, hommes, qui criez au scandale avant de vouloir examiner la question, pourquoi je réclame des DROITS POUR LA FEMME ? — pourquoi je voudrais qu'elle fût placée dans la société sur un pied d'ÉGALITÉ ABSOLUE avec l'homme, et qu'elle en jouit en vertu DU DROIT LÉGAL QUE TOUT ÊTRE APPORTE EN NAISSANT ?

Je réclame des droits pour la femme, parce que je suis convaincue que TOUS LES MALHEURS DU MONDE PROVIENNENT DE CET OUBLI ET MÉPRIS QU'ON A FAIT JUSQU'ICI DES DROITS NATURELS ET IMPRESCRIPTIBLES DE L'ÊTRE FEMME. — Je réclame des droits pour la femme, parce que c'est L'UNIQUE MOYEN QU'ON S'OCCUPE DE SON ÉDUCATION, et que de l'éducation de la femme dépend celle de l'homme en général, et PARTICULIÈREMENT CELLE DE L'HOMME DU PEUPLE. — Je réclame des droits pour la femme, parce que c'est le seul moyen d'obtenir sa réhabilitation devant l'église, devant la loi et devant la société, et qu'il faut cette réhabilitation préalable pour que LES OUVRIERS SOIENT EUX-MÊMES RÉHABILITÉS. — Tous les maux de la classe ovrière se résument par ces deux mots : Misère et ignorance, ignorance et misère. — Or, pour sortir de ce dédale, je ne vois qu'un moyen : COMMENCER PAR INSTRUIRE LES FEMMES, PARCE QUE LES FEMMES SONT CHARGÉES D'ÉLEVER LES ENFANTS MÂLES ET FEMELLES.

Ouvriers, dans l'état actuel des choses, vous savez ce qui se passe dans vos ménages. Vous, homme, LE MAÎTRE AYANT DROIT, sur votre femme, vivez-vous avec elle le cœur content ? dites : êtes-vous heureux ?

Non, non : il est facile de voir qu'en dépit de votre droit, vous n'êtes ni CONTENT ni HEUREUX.

Entre le maître et l'esclave, il ne peut y avoir que la fatigue du poids de la chaîne qui les lie l'un à l'autre. — Là où l'absence de liberté se fait sentir, le bonheur ne saurait exister.

Les hommes se plaignent sans cesse de l'humeur acariâtre, du caractère rusé et sourdement méchant, que manifeste la femme dans presque toutes ses relations. — Oh ! j'aurais bien mauvaise opinion de la RACE FEMME, si dans l'état d'abjection où la loi et les mœurs les ont placées, les femmes se soumettaient au joug qui pèse sur elles sans proférer un murmure. — Grâce à Dieu, il n'en est pas ainsi ! leur protestation, et cela depuis le commencement des temps, a toujours été incessante. — Mais depuis la DÉCLARATION DES DROITS DE L'HOMME, acte solennel qui proclamait l'OUBLI ET LE MÉPRIS QUE LES HOMMES NOUVEAUX FAISAIENT D'ELLES, leur protestation a pris un caractère d'énergie, et de violence, qui prouve que l'exaspération de l'esclave est au comble.

Ouvriers, vous qui avez du bon sens et avec lesquels on peut raisonner, parce que vous n'avez pas, comme dit Fourier, l'esprit farci d'un tas de systèmes, voulez-vous supposer pour un moment que la femme est en DROIT L'ÉGALE DE L'HOMME ? eh bien ! qu'en résulterait-il ?

1) Que dès l'instant où l'on n'aurait plus à redouter les conséquences dangereuses qu'amène nécessairement, dans l'état actuel de sa servitude, le développement moral et physique des facultés de la femme, on l'instruirait avec beaucoup de soin, afin de TIRER DE SON INTELLIGENCE ET DE SON TRAVAIL LE MEILLEUR PARTI POSSIBLE.

2) Que vous, hommes du peuple, vous auriez pour mères des ouvrières habiles, gagnant de bonnes journées, instruites, bien élevées et très capables de vous instruire, de vous bien élever, vous, ouvriers, comme il convient à des hommes libres.

3) Que vous auriez pour sœurs, pour amantes, pour épouses, pour amies, des femmes instruites, bien élevées, et dont le commerce journalier serait pour vous on ne peut plus agréable ; car rien n'est plus doux, plus suave au cœur de l'homme, que la conversation des femmes lorsqu'elles sont instruites, bonnes, et causent avec sens et bienveillance.

Nous avons jeté un coup d'œil rapide sur ce qui se passe actuellement dans les ménages d'ouvriers ; examinons maintenant ce qui se passerait dans ces mêmes ménages si la femme était l'ÉGALE de l'homme.

Le mari, sachant que sa femme a des DROITS ÉGAUX AUX SIENS, ne la traiterait plus avec le dédain, le mépris qu'on montre aux inférieurs ; au contraire, il la traiterait avec ce respect et cette

7. Lisez la GAZETTE DES TRIBUNAUX. — C'est là, en face des faits, qu'il faut étudier l'état d'exaspération que manifestent aujourd'hui les femmes.

déférence qu'on accorde AUX ÉGAUX. Alors plus de sujet d'irritation pour la femme, et, une fois la cause de l'irritation détruite, la femme ne se montrera plus ni brutale, ni rusée, ni acariâtre, ni colère, ni exaspérée, ni méchante. — N'étant plus regardée dans la maison comme la SERVANTE DU MARI, mais bien comme l'ASSOCIÉE, l'AMIE, la COMPAGNE, de l'homme, naturellement elle prendra intérêt à l'association et fera tout ce qu'elle pourra pour faire fructifier le petit ménage. — Ayant des connaissances théoriques et pratiques, elle emploiera toute son intelligence à mener sa maison avec ordre, économie et entendement. — Instruite et connaissant l'utilité de l'instruction, elle mettra toute son ambition à bien élever ses enfants, elle les instruira elle-même avec amour, surveillera leurs travaux d'école, les placera en apprentissage chez de bons patrons ; enfin elle les dirigera en toutes choses avec sollicitude, tendresse et discernement. — Quel sera alors le contentement de cœur, la sécurité d'esprit, le bonheur de l'âme de l'homme, du mari, de l'ouvrier qui possédera une telle femme ! — Trouvant dans sa femme de l'intelligence, du bon sens, des vues élevées, il pourra causer avec elle sur des sujets sérieux, lui communiquer ses projets, et, de concert avec elle, travailler aux moyens d'améliorer encore leur position. — Flattée de sa confiance, elle l'aidera dans ses entreprises et affaires, soit par ses bons conseils, soit par son activité. — L'ouvrier étant lui-même instruit et bien élevé, trouvera un grand charme à instruire et à développer ses jeunes enfants. — Les ouvriers, en général, ont très bon cœur, ils aiment beaucoup les enfants. Avec quel courage cet homme travaillera toute la semaine, quand il saura qu'il doit passer le dimanche en compagnie de sa femme, qu'il aimera, de ses deux petites fillettes espiègles, caressantes, folâtres, de ses deux garçons déjà instruits et pouvant causer avec leur père sur des sujets sérieux ! Avec quelle ardeur ce père travaillera deux heures de plus chaque jour pour gagner 10 fr. en sus de sa paie ordinaire, afin de pouvoir faire cadeau à ses petites filles d'un joli bonnet, et à ses fils d'un livre, d'une gravure ou de toute autre chose qu'il saura devoir leur faire plaisir ! avec quels transports de joie ces petits cadeaux seraient reçus ! et quel bonheur pour la mère de voir cet amour réciproque entre le père et les enfants ! Il est clair que, dans cette supposition, la vie de ménage de famille, serait pour l'ouvrier ce qu'il aurait de plus désirable. — Se trouvant bien chez lui, heureux et satisfait dans la compagnie de sa bonne vieille mère, de sa jeune femme et de ses enfants, il ne lui viendrait pas à l'idée de quitter sa maison pour aller SE DISTRAIRE au cabaret, lieu de perdition où l'ouvrier perd son temps, son argent, sa santé, et abrutit son intelligence. — Avec la moitié de ce qu'un ivrogne dépense au cabaret, toute une famille d'ouvriers vivant unis, pourrait, en été, aller dîner dans les champs. Il faut si peu de chose aux gens qui savent vivre sobrement. — Là, les enfants respirant le grand air seront tout joyeux de courir avec le père et la mère, qui se feront enfants pour les amuser ; et le soir, la famille, le cœur content, les membres un peu délassés du travail de la semaine, rentrera au logis très satisfaite de la journée. — En hiver, la famille ira au spectacle. — Ces divertissements offrent un double avantage, ils instruisent les enfants en les amusant. Dans une journée passée à la campagne, une soirée passée au théâtre, que de sujets d'étude une mère intelligente peut trouver pour instruire ses enfants !

Dans les conditions que je viens de tracer, le ménage, au lieu d'être une cause de ruine pour l'ouvrier, serait au contraire une cause de bien-être. Qui ne sait combien l'amour et le contentement du cœur, triplent, quadruplent les forces de l'homme ? Nous l'avons vu par quelques rares exemples. Il est arrivé qu'un ouvrier, adorant sa famille et se mettant en tête de donner de l'éducation à ses enfants, faisait, pour atteindre ce noble but, l'ouvrage que trois hommes NON MARIÉS n'auraient pu faire. Puis le chapitre des privations. Les célibataires dépensent largement ; ils ne se refusent rien. — Que nous importe, disent-ils, après tout, nous pouvons boire et vivre joyeusement, puisque nous n'avons PERSONNE A NOURRIR. Tandis que l'homme marié qui aime sa famille, trouve de la satisfaction à se priver pour elle et vit avec une frugalité exemplaire.

Ouvriers, ce petit tableau, à peine esquissé, de la position dont jouirait la classe prolétaire si la femme était reconnue l'ÉGALE DE L'HOMME, doit vous donner à réfléchir sur le mal qui existe et sur le bien qui pourrait être. — Cela doit vous faire prendre une grande détermination.

Ouvriers, vous n'avez pas le pouvoir d'abroger les anciennes lois et d'en faire de nouvelles. — non, sans doute ; — mais vous avez le pouvoir de protester contre l'iniquité et l'absurdité des lois qui entravent le progrès de l'humanité et qui vous font souffrir, VOUS, plus particulièrement. — Vous pouvez donc, c'est même un DEVOIR SACRÉ, protester énergiquement en pensées, en paroles et en écrits, contre toutes les lois qui vous oppriment. — Or donc, tâchez de bien comprendre ceci : — La loi qui ASSERVIT LA FEMME et la PRIVE D'INSTRUCTION, vous opprime, VOUS, HOMMES PROLÉTAIRES.

Pour l'élever, l'instruire et lui apprendre la science du monde, le fils du riche a des GOUVERNANTES ET INSTITUTRICES SAVANTES, DES DIRECTRICES HABILES, et enfin, de BELLES MARQUISES, femmes élégantes, spirituelles, dont les fonctions, dans la haute société, consistent à se charger de FAIRE L'ÉDUCATION des fils de famille qui sortent du collège. — C'est une fonction très utile pour le bien-être de ces messieurs de la haute noblesse. — Ces dames leur apprennent à avoir de la politesse, du tact, de la finesse, de la souplesse dans l'esprit, de belles manières ; en un mot, elles en font des hommes qui SAVENT VIVRE, des HOMMES COMME IL FAUT. — Pour peu qu'un jeune homme ait de la capacité, s'il a le bonheur d'être sous LA PROTECTION d'une de ces femmes aimables, SA FORTUNE EST FAITE. — A trente-cinq ans il est sûr d'être ambassadeur ou ministre. — Tandis que vous, pauvres ouvriers, pour vous élever, vous instruire, vous n'avez que VOTRE MÈRE ; pour faire de vous des hommes SACHANT VIVRE, vous n'avez que les femmes de VOTRE CLASSE, vos compagnes d'ignorance et de misère[8].

8. Je viens de démontrer que l'ignorance des femmes du peuple a les conséquences les plus funestes. — Je soutiens que l'émancipation des ouvriers est IMPOSSIBLE tant que les femmes resteront dans cet état d'abrutissement. — Elles arrêtent tout progrès. — Parfois j'ai été TÉMOIN de scènes violentes entre le mari et la femme. — Souvent j'en ai été victime, en recevant les INJURES les plus grossières. — Ces pauvres créatures, ne voyant pas plus loin que LE BOUT DE LEUR NEZ, comme on dit, se mettaient en fureur après le mari, et après MOI, parce que l'ouvrier perdait QUELQUES HEURES DE SON TEMPS, à s'occuper d'IDÉES POLITIQUES OU SOCIALES. — « Qu'as-tu besoin de t'occuper des choses qui ne te REGARDENT PAS ? s'écriaient-elles, pense A GAGNER DE QUOI MANGER et laisse aller le monde comme il voudra. »

Ceci est cruel à dire, mais je CONNAIS de malheureux ouvriers hommes de cœur, d'intelligence et de bon vouloir, qui ne demanderaient pas mieux de consacrer leur dimanche et leurs petites épargnes AU SERVICE DE LA CAUSE, et qui, pour avoir la PAIX DANS LEUR MAISON, CACHENT à leur femme et à leur mère QU'ILS VIENNENT ME VOIR et QU'ILS M'ÉCRIVENT. Ces mêmes femmes m'ont en exécration, DISENT DES HORREURS DE MOI, et, sans la crainte de la PRISON, peut-être pousseraient-elles le ZÈLE jusqu'à venir M'INJURIER chez moi et me BATTRE, et tout cela, parce que je commets le grand crime, disent-elles, de mettre en tête de LEURS HOMMES des IDÉES qui les obligent à LIRE, à ÉCRIRE, à PARLER ENTRE EUX, toutes choses INUTILES qui font PERDRE DU TEMPS. » — Ceci est déplorable ! — Cependant j'en ai rencontré QUELQUES-UNES capables de comprendre les questions sociales et qui se montrent dévouées.

Ce n'est donc pas au nom de la SUPÉRIORITÉ DE LA FEMME (comme on ne manquera pas de m'en accuser) que je vous dis de réclamer des droits pour la femme ; non vraiment. — D'abord, avant de discuter SUR SA SUPÉRIORITÉ, il faut que SON INDIVIDU SOCIAL SOIT RECONNU. — Je m'appuie sur une base plus solide. — C'est au nom de VOTRE PROPRE INTÉRÊT A VOUS, HOMMES ; c'est au nom de VOTRE AMÉLIORATION, A VOUS, HOMMES ; enfin, c'est au nom du BIEN-ÊTRE UNIVERSEL DE TOUS ET DE TOUTES que je vous engage à réclamer des droits pour la femme, et, en attendant, de les lui RECONNAÎTRE au moins en PRINCIPE.

C'est donc à vous, ouvriers, qui êtes les VICTIMES de l'INÉGALITÉ DE FAIT et de l'injustice, c'est à vous qu'il appartient d'établir enfin sur la terre le règne de la justice et de l'ÉGALITÉ ABSOLUE entre la femme et l'homme.

Donnez un grand exemple au monde, exemple qui prouvera à vos oppresseurs que c'est par LE DROIT que vous voulez triompher, et non par la force brutale ; vous, cependant, 7, 10, 15 millions de prolétaires, qui pourriez disposer de cette force brutale !

Tout en réclamant pour vous la justice : prouvez que vous êtes justes, équitables ; proclamez, vous, les hommes forts, les hommes AUX BRAS NUS, que vous reconnaissez la femme pour VOTRE ÉGALE, et qu'à ce titre, vous lui reconnaissez UN DROIT ÉGAL aux bénéfices de l'UNION UNIVERSELLE DES OUVRIERS ET OUVRIÈRES.

Ouvriers, peut-être que dans trois ou quatre ans vous aurez VOTRE PREMIER PALAIS A VOUS, prêt à recevoir 600 vieillards et 600 enfants. — Eh bien ! proclamez LES DROITS DE LA FEMME, à l'ÉGALITÉ. Qu'il soit ÉCRIT dans VOTRE CHARTE qu'on admettra, dans les palais de l'UNION OUVRIÈRE, pour y recevoir l'éducation intellectuelle et professionnelle, UN NOMBRE ÉGAL de FILLES et de GARÇONS.

Ouvriers, en 91, vos pères ont proclamé l'immortelle déclaration des DROITS DE L'HOMME, et c'est à cette solennelle déclaration que vous devez d'être aujourd'hui DES HOMMES LIBRES et ÉGAUX en droit DEVANT LA LOI. — Honneur à vos pères pour cette grande œuvre ! — Mais, prolétaires, il vous reste à vous, hommes de 1843, une œuvre non moins grande à accomplir. — A votre tour, AFFRANCHISSEZ LES DERNIÈRES ESCLAVES qui restent encore dans la société française ; proclamez les DROITS DE LA FEMME, et DANS LES MÊMES TERMES que vos pères ont proclamé les vôtres, dites :

« Nous, prolétaires français, après cinquante-trois ans d'expérience, nous reconnaissons être dûement éclairés et convaincus QUE L'OUBLI ET LE MÉPRIS QU'ON A FAIT DES DROITS NATURELS DE LA FEMME SONT LES SEULES CAUSES DES MALHEURS DU MONDE, ET NOUS AVONS RÉSOLU D'EXPOSER DANS UNE DÉCLARATION SOLENNELLE, INSCRITE DANS NOTRE CHARTE, SES DROITS SACRÉS ET INALIÉNABLES. NOUS VOULONS QUE LES FEMMES SOIENT INSTRUITES DE NOTRE DÉCLARATION, AFIN QU'ELLES NE SE LAISSENT PLUS OPPRIMER ET AVILIR PAR L'INJUSTICE ET LA TYRANNIE DE L'HOMME, ET QUE LES HOMMES RESPECTENT DANS LES FEMMES, LEURS MÈRES, LA LIBERTÉ ET L'ÉGALITÉ DONT ILS JOUISSENT EUX-MÊMES.

1) *Le but de la société devant être le bonheur commun de l'homme et de la femme, l'UNION OUVRIÈRE garantit à l'homme et à la femme la jouissance de leurs droits d'ouvriers et d'ouvrières.*

2) *Ces droits sont : l'égalité à l'admission dans les PALAIS de l'UNION OUVRIÈRE, soit comme enfants, blessés ou vieillards.*

3) *Pour nous, la femme étant l'égale de l'homme, il est bien entendu que les filles recevront, quoique diverse, une instruction aussi rationnelle, aussi solide, aussi étendue en science morale et professionnelle, que les garçons.*

4) *Quant aux blessés et aux vieillards, le traitement en tout sera le même pour les femmes que pour les hommes.*

Ouvriers, soyez-en sûrs, si vous avez ASSEZ D'ÉQUITÉ, DE JUSTICE, pour inscrire dans votre Charte les quelques lignes que je viens de tracer, CETTE DÉCLARATION DES DROITS DE LA FEMME passera bientôt dans les mœurs ; des mœurs dans la loi, et avant vingt-cinq ans vous verrez inscrit en tête du livre de la loi qui régira la société française : — L'ÉGALITÉ ABSOLUE *de l'homme et de la femme.*

Alors, mes frères, et seulement alors, l'UNITÉ HUMAINE sera CONSTITUÉE.

Fils de 89, voilà l'œuvre que vos pères vous ont léguée !

Jeanne Deroin. (B.N.)

Jeanne Deroin
(1804-1894)

Née en 1805 dans une famille d'ouvriers, essentiellement autodidacte, Jeanne Deroin représente bien les préoccupations des femmes de son temps qui firent du journalisme militant et considérèrent l'écriture comme un moyen de défense. Mariée à un fonctionnaire dont elle refusa de porter le nom, mère de trois enfants, elle participa entre 1832 et 1834 à la rédaction du journal *La Femme Libre*. Depuis longtemps acquise aux idées de Saint-Simon, elle devient ardente Fouriériste et écrit des articles en ce sens pour le journal *La Voix des Femmes*, qu'elle dirige en mars 1848, avec Eugénie Niboyet et Désirée Gay. Elle écrit aussi pour l'*Opinion des Femmes* et fait partie du *Club des Femmes* — ex *Société de la Voix des Femmes* fondée par Eugénie Niboyet — dans le but de réclamer des mesures en faveur de l'instruction des femmes, l'organisation de coopératives et surtout l'égalité des droits politiques.

Jeanne Deroin insista beaucoup sur le droit de la femme au travail en dehors de la maison et fonda le *Club de l'Émancipation des Femmes*. En avril 1849, elle se porte candidate aux élections de l'Assemblé législative mais n'obtint que quinze voix sur la liste démocrate socialiste. Elle eut un rôle déterminant dans la création de l'*Union des Associations Ouvrières*.

Mais en 1851, le nouveau régime politique la fait mettre en prison pour idées subversives, puis l'exile en Angleterre où elle fondera une école pour les enfants des réfugiés politiques. Elle meurt en 1894.

Sa lettre à M. Proudhon (1849) ouvrit la voie à Juliette Lamber qui fit paraître en 1861 ses *Idées anti-proudhoniennes sur l'amour, la femme et le mariage*, et à toutes les femmes journalistes dans la seconde moitié du XIXe qui revendiquent dans la presse le droit de réponse. En 1881, Hubertine Auclert fonde *La Citoyenne*, premier journal suffragiste et anticlérical et, en 1896, le premier quotidien entièrement dirigé par des femmes, *La Fronde,* fut créé par Marguerite Durand.

LETTRE A M. PROUDHON (1849)

Monsieur,

Je sais que, préoccupé plus spécialement de questions d'économie politique, vous n'avez pas accepté toutes les conséquences des principes sur lesquels repose notre avenir social.

Vous êtes l'un des plus redoutables adversaires du principe de l'égalité qui n'admet pas d'exclusion injuste ni de privilège de sexe.

Je sais que vous ne voulez pas reconnaître le droit des femmes à l'égalité civile et politique. Ce droit qui renferme en lui l'abolition de toutes les inégalités sociales, de tous les privilèges oppressifs.

Mais je sais aussi que cette opposition de votre part est fondée sur un motif respectable. Vous craignez que l'application de ce principe ne porte une atteinte grave aux saintes lois de la morale.

S'il vous était démontré que vous êtes dans l'erreur, je crois, Monsieur, à votre loyauté, à votre sincère amour pour la vérité, et je ne doute pas que vous employeriez toute votre influence sur l'esprit du peuple, pour détruire le plus funeste des préjugés qui entravent la marche de l'humanité dans la voie du progrès.

Vous seriez vous-même le plus ferme appui, le plus ardent défenseur de cette cause sainte qui est celle de tous les faibles, de tous les opprimés.

Je vous supplie, Monsieur, d'examiner plus sérieusement tous les aspects de cette grande question, si importante à cette époque de transition où se prépare notre régénération sociale.

Permettez-moi de vous présenter quelques observations sur ce sujet. La supériorité de votre savoir et de votre intelligence est un motif de plus pour moi d'espérer qu'elles seront accueillies avec bienveillance.

Socialiste chrétienne, je dirai comme vous, Monsieur, *plutôt ménagères que courtisanes,* si je n'avais la certitude qu'un grand nombre de femmes ne deviennent courtisanes que pour échapper à la nécessité d'être ménagères.

Pauvres femmes, qui auraient peut-être été préservées de la honte si l'on eut trouvé pour elles un milieu entre la nécessité d'être ménagères ou courtisanes, et qui auraient préféré au droit au ménage le droit au travail.

A votre dilemme, Monsieur, j'en opposerai un autre qui pour moi est un axiome : esclave et prostituée, ou libre et chaste, pour la femme il n'y a point de milieu.

La prostitution est le résultat de l'esclavage des femmes, de l'ignorance et de la misère.

Ne comprimez plus l'essor de leurs plus nobles facultés ; favorisez le libre développement de leur intelligence ; donnez un noble but à leur activité, les faiblesses du cœur et les écarts de l'imagination ne seront plus à craindre.

Vous voulez resserrer les liens de la famille, et vous la divisez : l'homme au forum ou à l'atelier, la femme au foyer domestique. Séparées de leurs époux et de leurs fils, de leur père et de leurs frères, les femmes, comme dans le passé, se consoleront de leur isolement et de leur servitude en rêvant à la partie céleste, où elles auront le droit de cité, où il n'y aura plus d'inégalités ni de privilèges injustes. Abandonnées par vous à l'influence du confessional, elles vous enlaceront d'une chaîne mystérieuse, et tous vos efforts vers le progrès seront vains ; vous combattrez sans succès pour la liberté comme ces barons polonais qui refusaient d'affranchir leurs cerfs. Vous essayerez inutilement d'établir l'égalité entre les citoyens ; la société est fondée sur la famille : si la famille reste fondée sur l'inégalité, la société reprendra toujours son vieux pli, et rentrera, comme vous le dîtes, *dans l'ordre naturel des choses.* Depuis l'origine du monde il y a des esclaves et des maîtres, des opprimés et des tyrans, des privilèges de *sexe*, de race, de naissance, de caste et de fortune, et il y en aura toujours tant que vous refuserez de pratiquer la fraternité envers celles que Dieu vous a données pour sœurs et pour compagnes.

Vous demandez quelle sera la mission de la femme en dehors de la famille ? Elle viendra vous aider à rétablir l'ordre dans ce grand ménage mal administré que l'on nomme l'État, et substituer une juste répartition des produits du travail à la spoliation permanente des durs labeurs du prolétaire.

La mère de famille, digne de ce nom, aime de prédilection les faibles et les souffrants, mais elle s'occupe avec sollicitude du soin de préserver également tous ses enfants du froid et de la faim, et de faire naître dans leur cœur une mutuelle sympathie ; elle fera pour la grande famille sociale ce qu'elle fait dans son intérieur lorsqu'elle agrandira le cercle égoïste des affections domestiques en s'élevant à la hauteur des questions humanitaires.

Je désire vivement, Monsieur, vous voir partager ma conviction profonde, que nulle réforme sérieuse ne peut s'accomplir d'une manière durable sans l'application de ce grand principe du droit des femmes à l'égalité civile et politique, qui est à la base de notre rédemption sociale.

Agréez, je vous prie, Monsieur, l'assurance de ma haute considération.

Jeanne Deroin

Madame de Girardin (Delphine Gay) (Giraudan).

Delphine Gay
(1804-1855)

Née à Aix-la-Chapelle, le 26 janvier 1804, d'une mère célèbre, Sophie Gay ex-Madame Liottier qui avait fait paraître un roman à succès, *LAURE D'ESTRELL*, en 1802, et femme du journaliste Émile De Girardin, Delphine Gay occupe une place spéciale dans la littérature française. Ses premiers poèmes la font nommer « Muse de la Patrie » et lui assure des succès mondains. En 1819, elle est invitée à l'Abbaye-aux-Bois par Madame Récamier, à qui elle dédie son *BONHEUR D'ÊTRE BELLE.* Elle fait avec sa mère un voyage en Italie et de retour s'installe à Paris dans des conditions assez modestes. Bien qu'amoureuse de Lamartine, elle épouse en juin 1831 Émile de Girardin. Elle publie son premier roman : *LE LORGNON,* suivi d'un poème romanesque *NAPOLINE.* En 1836, Émile de Girardin fonde le journal *LA PRESSE* avec pour programme « de développer le produit des annonces et réduire le prix d'abonnement ». Il s'ensuivit quelques brouilles, dont une avec Balzac. Delphine Gay écrit une fantaisie *LA CANNE DE M. de BALZAC.* Sous le pseudonyme du Vicomte de Launay, elle publie dans *LA PRESSE, LES COURRIERS DE PARIS,* puis les *LETTRES PARISIENNES*, de 1836 à 1848.

Elle débute dans le théâtre avec *L'ÉCOLE DES JOURNALISTES*, censurée en 1839, « comédie tragique tenant de la satire et de l'épopée, tableau grotesque, enseignement terrible où le poète fut à la fois choqueur et juge historien et prophète ». Pour Rachel, elle compose la tragédie *JUDITH,* qui est représentée le 18 avril 1843 au Théâtre Français, puis *CLÉOPÂTRE* en 1847.

A partir de 1850, Delphine Gay change de genre et écrit des comédies qui sont jouées à la Comédie Française. Il s'agit de *C'EST LA FAUTE DU MARI*, pièce en un acte, en 1851 : *LADY TARTUFFE,* en 1853 ; *LA JOIE FAIT PEUR* et *LE CHAPEAU DE L'HORLOGER*, en 1854.

Avec Gautier, Méry et Sandeau, elle avait fait un roman épistolaire *LA CROIX DE BERNY*, en 1846. *MARGUERITE OU LES DEUX AMOURS* (1853) et la nouvelle *IL NE FAUT PAS JOUER AVEC LA DOULEUR*, sont ses derniers récits sentimentaux destinés aux femmes victimes des pièges de la passion. Une comédie posthume, jouée en 1856, porte un titre encore révélateur : *UNE FEMME QUI DÉTESTE SON MARI.*

Lorsqu'elle meurt en 1855, trois ans seulement après sa mère, Delphine Gay de Girardin est un des auteurs à succès du théâtre de l'époque. Sa dernière œuvre est une comédie inachevée : *LES RIDICULES PERNICIEUX*.

Indications bibliographiques

Balde, J. : *Madame de Girardin*. Paris, Plon, 1913.
Mirecourt, E. de : *Madame de Girardin*. Paris, Havard, 1855.
Malo, H. : *Une Muse et sa mère ; Delphine Gay de Girardin*. Paris, Émile Paul frères, 1924.
Poinsot, H. : *Madame de Girardin, sa vie, ses œuvres*. Paris, Bachelin-Deflorence, 1869.

LETTRE IX

22 mars 1837

Carême - Une foule privilégiée - Salon de 1837 - Portraits
bourgeois - Droits des femmes

Le printemps a commencé par un jour d'hiver ; la neige, la vieille et véritable neige, vient retarder la belle et fausse neige des amandiers en fleurs ; les hirondelles se consultent, et leur retour est retardé ; Longchamp est morfondu, et si l'on n'y est pas allé en traîneau, c'est par respect pour les usages. Les robes nouvelles étaient peut-être charmantes sous les manteaux ; les femmes étaient peut-être roses et fraîches sous leurs voiles ; les chevaux étaient peut-être superbes, mais ils allaient au pas, et nous allions si vite pour nous réchauffer, que nous n'avons rien vu. Malheur à qui aurait paru ce matin aux Champs-Élysées en habits de printemps ; ce n'est pas à Longchamp qu'on l'aurait conduit, mais à Charenton.

Cette semaine on jeûne, on prie ; les saintes cérémonies de ces derniers jours de carême sont si belles, ces abstinences, ce deuil austère, ont tant de pouvoir sur l'imagination, qu'ils raniment la ferveur des âmes les plus faibles, qu'ils réveillent le courage des indifférents ; CAR AUJOURD'HUI CE NE SONT PLUS LES PHILOSOPHES QUI SONT ATHÉES, CE SONT LES CŒURS DÉSENCHANTÉS ; ET CEUX-LA, AVEC DE LA POÉSIE ON LES RAMÈNE. Et quoi de plus consolant, de plus sublime que cette pensée, que chaque privation nous est comptée et nous rachète une faute ? Oh ! qu'elle est généreuse, cette religion, qui d'un sacrifice nous fait une espérance ; qui nous montre toujours après la nuit, et même à cause de la nuit, un beau jour ; qui nous promet le bonheur comme une conséquence des larmes ; qui nous fait d'un revers un gage de triomphe et nous dit : « Souffrir, c'est mériter ! » Il nous arrive parfois, quand nous sommes dans une église, de chercher à pénétrer dans toutes ces pensées qui viennent s'élever jusqu'au ciel, à surprendre sur ces lèvres doucement agitées le secret de chaque prière... et tout à coup un désir de roi, ou plutôt de Dieu, nous saisit... et nous payerions de nos jours, de tout l'avenir de notre vie, le pouvoir d'exaucer tous ces vœux ensemble, par miracle et subitement. Vous figurez-vous alors le transport de toute cette foule, ces milliers de cœurs enivrés, ces hymnes de reconnaissance, ce TE DEUM spontané sortant de toutes les bouches, ces flammes de joie jaillissant de tous les yeux ? Oh ! la belle émotion ! Heureux ceux qui ont la puissance : c'est ainsi qu'il en faudrait abuser !

Nous n'imiterons pas plusieurs journaux qui vantent les prédications de la chaire, comme on vante les discours de la tribune ; nous ne croyons pas ces appréciations littéraires convenables lorsqu'il s'agit de l'éloquence religieuse ; nous ne nous reconnaissons pas le droit de juger un prêtre qui parle au nom de ses commettants. Si la représentation nationale est respectable, la représentation divine est sacrée ; il nous semble même que c'est faire injure à ces austères inspirés que de les louer comme des hommes de talent, que de jeter au milieu de leurs saintes pensées des préoccupations de rhétorique et de grammaire. Nous ne croyons pas, par exemple, que M. de Breze soit très flatté qu'on loue la GRÂCE DE SA DICTION, SA PAROLE PLEINE DE SUAVITÉ ET D'ÉLÉGANCE ; nous ne croyons pas non plus que M. l'Abbé Dupanloup n'existe plus ; ainsi, il y a plus de monde au Salon le samedi, jour réservé, que le vendredi, par exemple, où l'on y peut marcher à l'aise. C'est que dans ce pays où chacun tient tant à ses droits, ce qu'on aime surtout, ce sont les faveurs auxquelles on n'a pas de droits ; c'est que là où la vanité est reine, l'exception déborde la règle ; en un mot, c'est que VOILA L'ÉGALITÉ TELLE QU'ON LA RÊVE EN FRANCE ; LE PRIVILÈGE POUR TOUS !

Un autre phénomène nous a frappés. Pour arriver au Louvre, une longue file de voitures ; dans la cour, trois, quatre rangées de voitures. Oh ! l'assemblée est brillante, dites-vous ; les femmes les plus séduisantes, les plus parées, vont réjouir nos regards, et déjà vous vous repentez de n'avoir pas soigné davantage votre élégance ; vos cheveux sont défrisés, vous montez le grand escalier avec moins d'assurance ; vous vous préoccupez de vous-même ; vous qui veniez pour voir, vous vous inquiétez d'être vu. Vous entrez ; le public le plus vulgaire, les femmes les plus communes, les tournures les plus grotesques, viennent aussitôt vous rassurer. Et puis quelle foule ! Comme on se pousse ! A chaque porte quelle cohue ! Où se réfugier ?

Sérieusement, une femme qui n'est pas assez liée avec l'homme qui lui donne le bras pour se cramponner à lui comme une mère s'attache à son fils, une sœur à son frère, une femme à son mari, au milieu d'une émeute, risque de changer deux ou trois fois de compagnon pendant la traversée d'un salon à l'autre. Nous avons vu une jeune fille timide, protégée d'abord par un petit monsieur roux, se trouver tout à coup la compagne involontaire d'un grand jeune homme brun, sans pouvoir comprendre de quelle manière cette métamorphose s'était opérée. On n'est pas en sûreté le samedi au Salon, les jours de faveur il y a trop de monde, et quand on voit ce monde, on s'explique mal cette faveur. Dans toute cette population de favorisés, certes l'autre jour il n'y avait pas quatre jolies femmes. Aussi quelqu'un, qui voulait trouver une raison à l'admission exceptionnelle de toutes ces vilaines figures, prétendait que le samedi était le jour réservé à tous ceux qui avaient leur portrait au Salon. L'épigramme était sanglante (vieux style), mais elle était méritée de part et d'autre.

Toutefois, nous ne sommes pas de ceux qui blâment la manie des tableaux de famille ; nous comprenons fort bien qu'on se plaise à garder un souvenir de ceux qu'on aime, et qu'une image puisse être précieuse ; lors même qu'elle n'est pas jolie ; nous avons tous des parents fort laids que nous chérissons, et le portrait d'un bienfaiteur bossu, qui nous aurait aimé, nous ferait plus de plaisir à contempler que celui d'un très bel oncle égoïste qui nous aurait déshérité. Le tableau de famille est dans la nature, peut-être n'est-il pas dans la peinture ; n'importe, ce n'est qu'une difficulté que le talent peut vaincre ; et tant de chefs-d'œuvre nous donnent raison ! Ce qu'il faut attaquer, ce n'est pas la fureur des portraits, qui donne du travail à tant d'artistes, c'est la prétention des gens qui posent ; c'est la fatuité de leurs attitudes, l'IMPOÉSIE de leurs costumes ; c'est le ridicule et la niaiserie des accessoires dont il leur plaît de s'entourer. Ce n'est pas le mauvais goût du peintre qu'il faut critiquer ; que de fois il a dû souffrir, le pauvre homme ! C'est l'éducation du modèle qu'il faut entreprendre, lui seul fait le comique du tableau. Qu'il se contente de prêter son image, c'est déjà bien assez quelquefois, mais qu'il laisse à l'artiste le soin de l'ASSAISONNER, ou bien nous serons force de lui dire :

Il n'est point de bourgeois, d'épicier odieux,
Qui, par l'art embelli, ne puisse plaire aux yeux.

Ainsi nous trouvons tout simple que, lorsqu'on à une jolie figure comme ce jeune homme qui s'appuie sur un tombeau, on se fasse peindre, et qu'on veuille offrir son portrait à une mère ou une amie ; mais alors, pourquoi mettre si soigneusement sur cette tombe son chapeau et ses gants jaunes ? Pourquoi des gants jaunes sur un tombeau ? Nous aurions préféré des gants noirs ; c'était plus convenable. Nous voudrions aussi un crêpe noir au chapeau, sinon le tombeau risque fort d'être pris pour un poêle ; mais alors que fait un poêle dans un jardin ?

Nous préférons cet autre jeune homme, mieux inspiré, qui pose son chapeau et ses gants jaunes sur une chaise de velours d'Utrecht vert. Il a peut-être l'air un peu trop fier de cette idée ; elle est sage, sans doute, mais l'orgueil qu'elle lui donne nous semble exagéré.

On voit que les gants jouent un rôle important au Salon ; Privat et Boivin ont inspiré plus d'un grand maître. Les melons sont aussi fort communs. Dans le second salon, nous avons un homme triste qui semble dire : « Vous savez bien que je n'en mange pas », et un moine indigne qui semble fuir avec horreur cette tentation succulente. Cet effet de melon, dû au hasard, nous a paru digne d'observation. Plus loin, nous avons contemplé un monsieur respectable avec ses deux enfants : son fils aîné est tout le portrait de son portrait ; mais nous lui dirons avec peine que son second fils ne lui ressemble pas. Une grosse femme s'est fait peindre dans un tout petit cadre, qu'elle remplit jusqu'au bord, et pourtant elle s'y est placée de profil, et toute son attitude semble dire : « Je suis bien comme cela ; je me connais, de face je n'y entrerais pas. » On voit aussi une jeune fille effeuillant une marguerite. Ce sujet nous a paru bien hardi ; car, pour nous, qui recherchons les idées neuves, nous trouvons qu'il y a plus de courage à faire ce que tout le monde à déjà fait qu'à inventer les choses les plus risquées. L'originalité est devenue la prétention universelle. Qui est-ce qui oserait être simple aujourd'hui ?

Après avoir étudié le Salon, nous avons étudié le livret ; comme style, nous l'avons trouvé moins ridicule cette année que toutes les autres années : point de pathos, point de grandes phrases, quelquefois même il pousse la niaiserie jusqu'à l'innonence, comme par exemple dans cette explication d'un tableau représentant la mort de Frédégonde : « Frédégonde, en proie à une maladie cruelle, déchirée par les remords de ses crimes et tourmentée de la crainte de la mort, a mandé Grégoire de Tours, persuadée que ce ministre des autels pouvait lui rendre la santé, LA VIE MÊME, etc., etc. » LA VIE MÊME est pleine de grâce, car, sans la vie, qu'est-ce que la santé ? Que vous soyez gros et gras, qu'importe si vous êtes mort : on ne vous en saura aucun gré. Un auteur vulgaire aurait mis « la vie, et même la santé ». C'était une faute, car il faut toujours renchérir sur l'idée, il faut que le plus suive le moins, et la vie est plus que la santé. Il ne faut pas imiter cet orateur qui disait : « Cela est indispensable, et même nécessaire. » Vous voyez donc bien que, selon les lois du langage, le livre a raison de dire : la santé et même la vie.

Plusieurs autres explications de tableaux nous ont aussi frappés. Mademoiselle*** : UN JEUNE HOMME, ÉTUDE. — Mme Lagache Cow : LES MAUVAISES PENSÉES. UNE FAMILLE OCCUPÉE A LA PÊCHE. LA DOMESTIQUE S'EST LAISSÉE SURPRENDRE PAR LA MARÉE (c'est la cuisinière sans doute). Plus loin : UNE FAMILLE DE LIONS. Touchante union ! Qui ne voudrait pas être introduit dans cette aimable famille ? Enfin : JEUNE FEMME ET SON ENFANT EFFRAYÉE PAR LA RENCONTRE D'UN OURS. Ainsi, on le voit, ce style est simple et naïf ; tout y est patriarcal, jusqu'aux animaux féroces, jusqu'aux lions, jusqu'aux ours. En parcourant ce livret, nous avons été étonnés de la quantité de noms de femmes que nous y avons trouvés. Il y en a une ou deux presque à chaque page ; il y a même une page qui en contient quatre : Mlle Herminie Descemet, Mlle Demarcy, Mlle Lucie Denois et Mlle Fanny Demadieres.

Les femmes envahissent le Salon, en attendant qu'elles envahissent les tribunaux et les préfectures, où tendent maintenant toutes leurs prétentions. Lisez plutôt LE JOURNAL DES FEMMES. C'est là que l'on puise de sages enseignements ; c'est là que les femmes apprendront le secret infaillible de retrouver la dignite et de reconquérir le rang que la tyrannie de l'homme leur ravit depuis tant de siècles. En effet, si les femmes, au lieu de souffrir en silence, se décidaient à suivre les conseils de Mme Poutret de Mauchamp ; si, au lieu de pleurer quand leurs maris les grondent, ELLES CASSAIENT UNE GLACE OU UNE PENDULE DANS LA MAISON ; si, au lieu d'épier avec inquiétude à leur fenêtre le retour du perfide qui les abandonne, elles s'OCCUPAIENT A COUPER, A DÉTRUIRE TOUT LE LINGE DE TABLE, PAR VENGEANCE, LES HOMMES Y REGARDERAIENT A DEUX FOIS : ILS SERAIENT MOINS BRUTAUX ET MOINS INFIDÈLES. MOINS INFIDÈLES est ravissant ; comme s'il y avait des degrés dans l'infidélité ! L'infidélité est comme la mort, elle n'admet pas de nuances. Excepté cela, tout est parfait dans la morale de Mme Poutret de Mauchamp. ..... Quant à M. l'abbé Combalot, nous savons déjà ce qu'il pense de la publicité donnée dans les journaux aux sermons de l'Église, et nous citerons à l'appui de notre opinion le passage d'une lettre qu'il écrivait à monseigneur l'évêque d'Agen, au sujet des sténographes qui faisaient imprimer les conférences : « Que deviendrait la prédication catholique en France, si on sténographiait tous les discours des orateurs chrétiens ? Travestir un prédicateur, ce n'est pas rendre service à l'Église ; reproduire ses inspirations par la presse, c'est tuer sa parole : car, si le prédicateur évangélique fait imprimer ses discours (et lui seul a ce droit), il faut qu'il renonce à la chaire. »

Nous dirons donc ce qui est vrai, c'est que la foule se porte à Notre-Dame pour écouter M. l'Abbé de Ravignan ; qu'elle envahit Saint-Roch, où prêche M. l'abbé Dupanloup ; Saint-Thomas d'Aquin, où prêche M. Deguerry ; Saint-Sulpice, où l'on entend M. Grivel, et Saint-Eustache, où l'on entend M. l'abbé Combalot. Mais nous dirons cela comme un fait, pour constater un retour à la religion, dont nous sommes heureux, et non pour faire valoir l'éloquence de ces orateurs suprêmes, qui parlent pour notre salut et non pas pour leur gloire, et que nous croyons au-dessus des succès.

Nous sommes allés au Salon ; nous y allions en bourgeois pour y chercher des impressions de peinture, mais bientôt nous nous y sommes vu MALGRÉ NOUS CHANGÉ EN PHILOSOPHE, ENTRAÎNÉ QUE NOUS ÉTIONS PAR MILLE OBSERVATIONS DE MŒURS. O Français ! ô Parisien ! que tu nous es là franchement apparu dans toute la candeur de ta vanité ! Le privilège est pour toi chose si séduisante que, pourvu qu'on te l'accorde, tu en jouis avec orgueil, sans t'apercevoir qu'il te corrompt.

LA JOIE FAIT PEUR

Comédie représentée, pour la première fois, à Paris sur le Théâtre-Français, le 25 février 1854

PERSONNAGES

ADRIEN, fils de Madame Des Aubiers MM. DELAUNAY
NOEL, vieux domestique REGNIER
OCTAVE, ami d'Adrien GUICHARD
MADAME DES AUBIERS Mme ALLAN
BLANCHE, fille de Mme Des Aubiers Mlles DUBOIS
MATHILDE DE PIERREVAL L. FIX

La scène se passe aux environs du Havre

SCÈNE PREMIÈRE

Le petit salon : au fond une porte à deux battants, ouvrant sur le théâtre ; de chaque côté de la porte, un canapé ; à droite, dans l'angle, une fenêtre à balcon, avec de grands rideaux ; au premier plan, une cheminée ; une table servant à dessiner est près de la fenêtre ; un fauteuil sur le devant de la scène ; à gauche, au premier plan, une table à tiroir adossée au mur ; dans l'angle, une porte ; sur le devant de la scène, une chaise longue, faisant face à la cheminée, un pouff devant la chaise longue.

MADAME DES AUBIERS, BLANCHE, OCTAVE, MATHILDE

Madame Des Aubiers est assise sur la chaise longue : Blanche est près d'elle, assise sur le pouff, faisant face au public ; toutes deux travaillent au même morceau de guipure ; Octave, assis sur le canapé du fond à droite, tient un livre, mais il ne lit pas, il regarde Mathilde avec inquiétude ; celle-ci, assise devant une table, près de la fenêtre, dessine. Les trois femmes sont en deuil. Un silence... jeu muet. Madame Des Aubiers, rêveuse, laisse tomber son ouvrage ; elle reste immobile et des larmes coulent de ses yeux. Blanche la regarde tristement, elle se lève, essuie les larmes de sa mère, elle l'embrasse, puis elle va près d'Octave qui se lève.

BLANCHE

Quel temps affreux, cette nuit !... Et tous nos pauvres pêcheurs, partis depuis hier matin !

OCTAVE

Ils sont rentrés dans le port... Je les ai vus, j'étais sur la jetée.

MATHILDE, à elle-même, regardant à l'horizon

Autrefois, au bruit de la tempête, je frissonnais, je pensais à lui, et je tremblais !... Aujourd'hui, que m'importent les dangers et la tempête !...

MADAME DES AUBIERS, à elle-même

Hélas ! plus même d'inquiétude !

OCTAVE

Le vent était si violent qu'il avait brisé le grand mât devant la cabane de la Gervaise, votre voisine.

BLANCHE, bas à Octave

Chut ! ne parlez pas de la Gervaise devant Maman. Elle aussi a perdu son fils ; voilà deux ans qu'elle n'a eu de ses nouvelles.

OCTAVE, bas à Blanche

Ah ! la veuve du maître pilote, elle avait un fils ?

BLANCHE, bas à Octave

On croit qu'il a péri dans le naufrage de l'AMPHITRITE. Ne parlez jamais de cela ici... le nom seul de la Gervaise fait pleurer maman... cela lui rappelle...

OCTAVE

Je comprends... cher Adrien ! mon ami d'enfance...

MATHILDE

Mourir à vingt-trois ans après le succès.

OCTAVE

Quand déjà nos savants appréciaient l'importance de ses travaux et de ses découvertes ! (Il va s'asseoir sur le canapé, à gauche.)

BLANCHE, qui s'est approchée de Mathilde, regardant le portrait

Oh ! c'est bien lui ! c'est son doux regard... son air fier !... Prends garde que maman ne le voie, ce portrait, il est si ressemblant, il lui ferait mal. Mon pauvre frère !... Tu l'aimes donc toujours ?

MATHILDE

Enfant !... (La regardant fixement.) Quand tu es triste, tu as ses yeux. (Elle l'embrasse.) C'est ce mois-ci que nous devions nous marier.

BLANCHE, à part

Comme il la regarde !

SCÈNE II

Madame DES AUBIERS, absorbée sur la chaise longue. OCTAVE sur le canapé à gauche. NOËL, entrant du fond dont il referme la porte, BLANCHE, MATHILDE, dessinant.

NOËL, à voix basse, après avoir regardé Mme Des Aubiers

Mademoiselle Blanche...

BLANCHE, allant à lui vers la porte

Que veux-tu, Noël ?

NOËL

C'est l'architecte, c'est-à-dire le maître maçon, qui vient pour le mur qui est tombé... il voudrait parler à Madame.

BLANCHE, bas à Noël

Bien ! (Elle s'avance vers sa mère, puis revient à Noël.) Apporte-t-il le plan de la grange que je lui ai demandé ?

NOËL, bas

Oui, il dit que ça ne coûterait presque rien à bâtir, que Madame a ici tous les matériaux... Tâchez qu'elle consente... Vous la mènerez voir les ouvriers, ça la forcera à prendre un peu l'air, à marcher... ce sera toujours ça de gagné.

BLANCHE

Elle ne voudra pas. Si je lui demandais de faire en même temps une petite serre pour mes fleurs ?

NOËL

Vos quatre orangers ?

BLANCHE

J'en aurai d'autres. Mais non, il ne faut pas que je le lui demande, elle verrait bien que c'est une idée pour elle, et elle ne voudrait pas. Il faut qu'elle croit que je le désire... Vois-tu, Noël, il n'y a que l'idée de me faire plaisir qui puisse l'entraîner... il faut bien se dire cela.

NOËL

Oui,... Tâchons d'enlever cette affaire-là aujourd'hui, tout de suite.

BLANCHE

Si je priais Mathilde...

NOËL

Elle ? Elle n'est bonne à rien... elle ne sait que pleurer.

BLANCHE

Et faire des chefs-d'œuvre.

NOËL

Bah ! les chefs-d'œuvre, ça ne console pas.

BLANCHE

Pourtant...

MADAME DES AUBIERS, tirée de sa rêverie

Qu'est-ce donc ?

BLANCHE, revenant vers sa mère

Maman, c'est Noël qui veut absolument que vous parliez au maître maçon pour cette nouvelle grange que vous vouliez faire bâtir, il y a trois mois... avant notre malheur. Je lui dis que vous n'êtes plus disposée à vous occuper d'affaires, que vous ne pouvez penser à cela maintenant. Il ne m'écoute pas... il est fou... il va faire monter cet homme... il dit que ça ne coûtera presque rien.

NOËL, qui est descendu en scène

Rien,... Madame, rien.

BLANCHE

Qu'on pourra même adapter au bâtiment une petite serre pour moi, pour que je m'amuse à soigner des fleurs.

NOËL, à part

Très bien !

BLANCHE

Que cela me distraira. Eh ! mon Dieu ! je n'ai pas besoin de me distraire... Je ne veux pas m'amuser... Et d'ailleurs, je n'aime plus les fleurs. (Elle a gagné le milieu du théâtre.)

MADAME DES AUBIERS, à part

Chère enfant, toujours en larmes !... Cette vie-là est dangereuse à son âge... Ses belles couleurs se flétrissent. (Haut.) Tu aimais tant les fleurs autrefois !

BLANCHE

Oui, alors...

MADAME DES AUBIERS

Alors tu n'étais pas seule à les soigner... Mais au moins il faut garder celles qu'il aimait. C'est un souvenir chéri... Noël a raison, ma fille, je vais parler au maître maçon.

BLANCHE, bas à Noël

Tu l'entends !

NOËL

C'est de la bonne malice. (A part.) Elle est le démon du bien.

MADAME DES AUBIERS

Noël, va ouvrir la grille du côté de la ferme. (Noël sort. - A part.) Allons, du courage. (Haut.) Viens, Blanche, il faut que tu donnes ton avis ; c'est pour toi. (Elle sort avec Blanche.)

SCÈNE III
OCTAVE, MATHILDE

Octave, se levant et fermant la porte.

Seuls un moment par hasard... (Il s'approche de Mathilde, qui se lève aussitôt et reste immobile.) De grâce, écoutez-moi, je vous en supplie ! Laissez-moi promettre à votre père que bientôt vous reviendrez chez lui...

MATHILDE

Je vous l'ai déjà dit, je veux, je dois rester ici.

OCTAVE

Vous devez demeurer chez vos parents, dans votre famille.

MATHILDE

Ma famille est celle-ci... celle de l'homme que je devais épouser.

OCTAVE

Je comprends que vous ayez voulu le pleurer près de sa sœur et de sa mère dans les premiers jours de votre chagrin ; mais après trois mois de deuil, il me semble...

MATHILDE

Eh ! monsieur, si j'étais sa veuve, j'aurais le droit de porter son deuil toute ma vie.

OCTAVE

Alors ce serait différent... les convenances...

MATHILDE, irritée, passant à gauche

Eh ! qu'appelez-vous les convenances ? je pleure avec ceux qui ont la même douleur que moi, voilà pour moi les seules convenances.

OCTAVE

Vos devoirs de fille...

MATHILDE

La mère d'Adrien est pour moi une mère.

OCTAVE

Mais enfin, votre père...

MATHILDE

Mon père est remarié ; il est heureux ; il n'a pas besoin de moi, et je suis certaine que, sans vos observations... inutiles, mon père n'aurait point songé à me rappeler à Paris.

OCTAVE

Il souffre de vous savoir en proie à un si violent désespoir !... Il vous aime, il est fier de vous, de vos succès. Être au premier rang parmi nos plus fameux artistes, et perdre tout cela dans les larmes et dans l'oisiveté de la douleur !... Votre père a raison... il dit que bientôt l'art lui-même vous fera défaut, que vous ne pourrez plus peindre...

MATHILDE

Eh bien ! je ne peindrai plus.

OCTAVE

Que vous tomberez malade et que vous mourrez...

MATHILDE

Eh bien ! je mourrai.

OCTAVE

Vous n'en avez pas le droit... Votre talent et vos succès vous engagent.

MATHILDE

Eh ! qu'importent à présent mes succès ! Adrien n'est plus là...
Mon talent ! Tout ce que je lui demande (allant à la table où elle dessinait), c'est la force d'achever son portrait. Oh ! je voudrais le faire
bien ressemblant... laisser de lui un beau souvenir... Ce cher portrait !
ce sera mon dernier travail ! Mais... sans lui !... Disputer à la mort
cette pauvre image perdue... Ah ! c'est affreux ! (Elle s'accorde sur la
table, la tête dans ses deux mains, et pleure.)

OCTAVE

Quelle idée aussi de partir, de vous quitter, d'aller courir le monde !
Comment voyage-t-on quand on est aimé ! Mais moi, Mathilde, si
vous m'aviez aimé un peu, seulement un peu, je n'aurais jamais eu le
courage de vous dire adieu ; non, j'aurais voulu passer ma vie à vous
regarder vivre... Je n'aurais pas rêvé la gloire, moi, le vain éclat de
mon nom... Votre gloire charmante m'aurait suffi ; je n'aurais rien
désiré de plus noble que de vous aider à briller vous-même pour nous ;
je n'aurais songé qu'à vous secourir dans vos travaux ; je me serais
fait le serviteur de votre génie, et ce rôle modeste et fier m'aurait enivré. Ah ! c'est que moi, je ne suis pas un ambitieux... J'aime !
(Mathilde a relevé la tête. Elle serre le portrait dans le tiroir de la
table.) Sans doute, lui vous aimait, il avait pour vous une affection
sérieuse ; mais s'il vous avait aimée d'amour, d'un véritable amour...
(Mathilde se relève.) Vous avez beau vous fâcher, je le répète... il ne
serait point parti.

MATHILDE

Et moi, je ne l'aurais pas aimé ! car c'est son ambition qui me plaisait... cette soif de la renommée, ce besoin de porter dignement un
nom déjà illustre dans l'histoire de son pays. Il aimait mieux courir
des dangers, braver mille morts que de rester inutile et inconnu près de
moi, dites-vous ? Eh bien, c'est là son mérite à mes yeux, c'est cette
audace qui m'a séduite. Adrien ne m'aimait pas. Voilà ce que vous
tenez à me faire comprendre, n'est-ce pas ?... Soit, j'ai compris, et je
vous réponds que j'aime mieux cette héroïque indifférence, cet abandon glorieux, que la passion exclusive, la tendresse éternelle que tout
autre oserait m'offrir.

OCTAVE

Vous êtes injuste, Mathilde ; je ne mérite pas cette indignation. En
quoi vous ai-je donc si cruellement offensée ?

MATHILDE, avec colère

Vous m'aimez !

OCTAVE

Est-ce un crime ?

MATHILDE

Oui !... c'est votre ami que je pleure.

OCTAVE

Vous ne le connaissiez pas encore que je vous aimais déjà... Alors vous ne vous fâchiez pas de mon amour.

MATHILDE, avec insolence

J'en riais.

OCTAVE

Oh ! vous êtes sans pitié ! Vous voulez donc me désespérer ?...

MATHILDE

Vous voulez bien me consoler !... Vous ne sentez donc pas ce qu'il y a pour moi d'offensant et de méprisant dans votre espérance ?... Me parler d'amour quand je pleure, c'est me dire que je suis un cœur sans foi, une femme sans souvenir, sans religion, sans pudeur !... Mais, si je me consolais, je serais une misérable, je me haïrais ! Je n'ai plus de valeur que par mon désespoir ; je vis pour conserver dans mon âme son souvenir, son image, pour continuer sa pensée ; je vis pour l'évoquer, pour le pleurer, pour l'aimer !... Et vous venez... vous osez !... (Elle traverse la scène.) Oh ! cette idée me révolte !... Vous osez venir me dire, à moi : « Je vous aime, oubliez-le, oublions-le ensemble ! » Et vous vous étonnez que je m'indigne !... Oh ! mais moi, je m'étonne que je puisse vous écouter encore si longtemps ! Il vient ici compter mes larmes et savoir si elles ne commencent pas à se tarir... et il espère, il est capable d'espérer... et il ose rêver qu'il me consolera... parce qu'il m'aime, lui, et qu'il saura bien me prouver qu'Adrien ne m'aimait pas !... Adrien ! oh ! mon Dieu ! était-ce là ton ami ?

OCTAVE

Calmez-vous, de grâce ! j'ai tort... mais je suis si malheureux de vous voir souffrir !...

MATHILDE

Je veux souffrir.

OCTAVE

Le ciel m'est témoin que je donnerais ma vie pour vous sauver de ce désespoir qui vous tuera.

MATHILDE

Je ne veux pas qu'on me sauve, je ne veux pas que l'on s'intéresse à moi, je ne veux pas qu'on aime.

OCTAVE

Mathilde !

MATHILDE

Laissez-moi... laissez-moi !
(Elle sort vivement, la porte reste ouverte, et l'on aperçoit aussitôt Noël dans le fond, un plumeau à la main.)

Marie d'Agoult. (B.N.)

Marie d'Agoult
(1805-1876)
pseudonyme Daniel Stern

Marie de Flavigny est née à Francfort-sur-le-Mein et passa son enfance au château du Mortier, suivant à Paris les cours de l'abbé Gaultier. Chez sa grand-mère maternelle Bethman, elle avait rencontré Goethe. Mais on lui interdit de lire des romans. Après la mort de son père en 1819, elle retourne à Francfort et fait la connaissance de Chateaubriand alors ambassadeur. Après des études au couvent, elle fait son entrée dans le monde et se « jette avec une sorte de frénésie dans des lectures romanesques : *Werther, René, Adolphe, Manfred, Faust* qui, en exaltant ma sensibilité m'inoculaient un maladif et poétique dégoût de la vie ».

Elle se marie avec le Comte d'Agoult en 1827, et après avoir été présentée à la cour, ouvre son salon Faubourg Saint-Germain. Chez Mme de Rauzan, elle fréquente Saint-Beuve et Eugène Sue. En 1832, elle achète le château de Croissy qu'elle transforme en centre de vie mondaine. Les deux filles qu'elle a de son mari ne consolident pas leur union. En 1832, elle tombe amoureuse de Franz Liszt et quitte pour lui Paris et sa famille, le 1er juin 1835. Ils s'installent à Genève, et sous le nom de Liszt, Marie d'Agoult publie *LETTRE D'UN VOYAGEUR A M. GEORGE SAND* dans la *Gazette Musicale.* Ils passent l'hiver 1836 à Paris et l'année suivante Marie est invitée à Nohant par George Sand. Elle écrit des critiques musicales pour le journal *Le Monde.* Un voyage en Italie avec Liszt se termine par une rupture, en 1839. Ses *LETTRES DU BACHELIER ÈS MUSIQUE* paraissent dans la *Gazette Musicale.* A Florence elle devient l'amie d'Hortense Allart avec qui elle entretiendra par la suite une volumineuse correspondance.

Rentrée seule à Paris, elle établit Faubourg Saint-Honoré un salon cosmopolite que fréquentent Vigny et Victor Hugo. Elle y attire aussi Émile de Girardin, directeur du journal *La Presse.* C'est pour lui que le 9 janvier 1841 elle publie un article acerbe sur *LE COMPAGNON DU TOUR DE FRANCE*, de George Sand, signé « un inconnu ». Sous le pseudonyme de Daniel Stern, elle se tourne vers la critique d'art. Elle s'essaie également au genre romanesque avec *HERVÉ & JULIEN.* A partir de janvier 1846 elle publie en feuilleton *NELIDA* dans la *Revue Indépendante*, qui fut assez mal reçu par la critique, l'accusant d'avoir « une plume trempée dans les couleurs de George Sand ».

Entre 1843 et 1847, elle écrit sur différentes questions relatives à l'Allemagne littéraire et politique. En 1846, son *ESSAI SUR LA LIBERTÉ* fait quelque bruit dans le *Journal de l'Imprimerie.* En continuité, sa dernière nouvelle *VALENTIA* (histoire d'une jeune femme acculée au suicide par la société) déchaîne les critiques. Ses *ESQUISSES MORALES* sont mieux accueillies mais c'est surtout *l'HISTOIRE DE LA RÉVOLUTION DE 1848*, publiée de 1850 à 1852, qui remporte grand succès. Marie d'Agoult est entrée en relation avec Louis Blanc et a lu avec intérêt Augustin Thierry et Michelet. Son succès lui permet d'acheter la maisonnette des « Champs-Élysées », qui fut détruite en 1857 par mesure administrative. Elle voyage beaucoup en France et en Grande-Bretagne ; en 1857 elle est à nouveau en Italie et passe ses hivers à Nice. En 1856 elle s'intéresse au théâtre et compose des scènes historiques : *TROIS JOURNÉES DE LA VIE DE MARIE STUART,* suivies de deux drames, *JEANNE D'ARC* et *JACQUES CŒUR.* En 1863, toujours sous le pseudonyme de Daniel Stern, elle fait paraître en feuilleton un long roman dans la *Revue Germanique : Ad majorem Dei gloriam* et trois poèmes ayant pour thème la guérison de l'âme. En 1864 son article sur DANTE & GOETHE est fort remarqué.

Elle recueille en 1870 des articles qui avaient paru entre 1855 et 1870 sous le titre *HISTOIRES DES COMMENCEMENTS DE LA RÉPUBLIQUE DES PAYS-BAS.* Jusqu'à sa mort en 1876, elle s'intéressera de près aux événements politiques et les commentera dans son Journal, dans sa correspondance. Elle consacre ses dernières années à la rédaction de son autobiographie qui sera publiée par Daniel Ollivier en 1877 sous le titre *MÉMOIRES DE LA COMTESSE D'AGOULT.* La première partie rédigée entre 1861 et 1866 est intitulée *SOUVENIRS.* En 1867, Marie d'Agoult écrivait à Félix Henneguy : « J'achève en ce moment le second volume des *MÉMOIRES* : l'histoire de la passion qui sera non pas un chef-d'œuvre, mais *MON* chef-d'œuvre. »

Indications bibliographiques

Destouches, C. : *La passion de Marie d'Agoult.* Paris, Fayard, 1959.
Gugenheim, S. : *Madame d'Agoult et la pensée européenne de son époque.* Florence, Leo Olschki, 1937.
Vier, J. : *La Comtesse d'Agoult et son temps* (5 vol.). Paris, A. Colin, 1955-1962.

MES SOUVENIRS (1806-1833)

Le plaisir de parler de soi, si agréable à la plupart des gens, n'entre absolument pour rien, je puis le dire, dans le dessein que j'ai formé d'écrire mes mémoires. Avec Pascal, j'ai toujours trouvé le *moi haïssable*, et j'ai poussé à cet égard la pudeur de l'âme jusqu'à ce point que plusieurs entre mes amis les plus chers ignorent encore, à cette heure, un grand nombre des événements et des sentiments qui ont animé ou troublé ma vie intime.

Soit fierté, soit besoin impérieux de tenir debout mon courage, je n'ai non plus jamais cherché dans mes chagrins cette compassion attendrie qui nous invite, en quelque sorte, à nous plaindre des injustices du sort, la tendance de mon esprit étant de me considérer dans l'ensemble et non à part des communes tristesses.

Une telle manière de voir, lorsqu'elle nous devient familière, diminue beaucoup l'infatuation qui voudrait entretenir de soi ses proches ou le public.

Cependant, dès ma première jeunesse, un mouvement spontané me portait à écrire, pour en garder la mémoire, mes joies et mes peines. Mon âme était de sa nature recueillie. Elle répugnait à l'oubli et à la dissipation. Un secret instinct d'artiste, qui dès lors s'éveillait en moi, se plaisait aussi, sans doute, à fixer, comme en un tableau, les images fugitives qui se succédaient dans mes journées.

De là, une habitude, prise sans y songer, de me rendre témoignage de mes propres sentiments. De là, une conscience exercée à me juger moi-même ainsi que d'ordinaire on juge autrui. De là aussi, dans les heures tardives, en relisant cette longue suite de souvenirs, où se rencontraient tant de personnes et de choses, qui me semblaient de nature à intéresser mes contemporains presque autant que moi, cette question qui m'a tenue longtemps incertaine :

Est-il bon, est-il sage d'ouvrir aux indifférents le livre de sa vie intime ? Est-il utile de dire à haute voix ce que nous ont dit tout bas les années ? Doit-on ou ne doit-on pas confier au public le dernier mot de son cœur et de son esprit ? Est-ce un acte de haute raison, est-ce chose inconsidérée que d'écrire et de publier ses mémoires ?

Je ne connais guère, pour ma part, de question plus délicate. Aussi l'ai-je portée en moi l'espace de dix années. Quand j'en avais l'esprit trop fatigué, je l'écartais brusquement. Revenait-elle, je la tranchais tantôt dans un sens, tantôt dans un autre. Mais rien ne pouvait m'en délivrer, et toujours, au bout d'un certain temps, la question obstinée reparaissait. Toutes les fois que je lisais des correspondances ou des confessions — et j'en lisais souvent, ayant un goût prononcé pour ces sortes d'ouvrages —, mes tentations renaissaient avec mes perplexités.

Hormis Goethe, et dans un rang moindre, Alfieri, qui, tous deux, ont gardé, avec la sincérité, une bienséance parfaite, les plus illustres entre ces confesseurs d'eux-mêmes et du cœur humain m'inspiraient tout ensemble un vif attrait et des répulsions très vives. Le premier de tous, saint Augustin, en mêlant aux repentirs de l'homme les scrupules du casuiste, m'attendrissait ensemble et me faisait sourire. — Admirable, mais plein de bassesses, le livre de Rousseau étonnait tous mes instincts. — Dans les aveux de sa noble adepte, de cette femme d'une vertu antique, qui ne connut ni la peur ni le mensonge, j'aurais voulu effacer les pages trop semblables au maître. — Le grand style de Chateaubriand me causait, comme à celle qui lui fut si chère, des *frémissements d'amour* ; mais aussitôt le souffle de ses vanités se levait et glaçait mon enthousiasme.

On le voit, c'était à mes yeux une tâche très difficile que celle d'écrire ses mémoires de manière à n'offenser ni le goût ni la morale. Et pourtant, s'agissait-il des autres, je trouvais pour les y exhorter des arguments qui me paraissaient sans réplique. Avec quelle vivacité, à l'occasion, je pressais l'abbé de Lamennais de nous retracer l'histoire de cette grande révolution de son âme, qui, de prêtre ultramontain et d'émigré royaliste, l'avait fait libre penseur et républicain populaire ! C'était un devoir, lui disais-je, en ce temps d'ébranlement général, pour quiconque avait rompu avec l'ordre ancien, et devançant le jour d'une société plus vraie et plus libre, avait osé conformer à son sentiment propre plutôt qu'à l'opinion établie les actes de sa vie extérieure, c'était une obligation morale de s'expliquer et de faire sortir une édification supérieure de ce qui avait pu être le scandale des âmes simples. C'était le plus signalé service que l'on pût rendre aux hommes, de leur faire voir, dans une conscience forte, le combat des opinions, des devoirs, des sentiments, des pensées, auquel, plus ou moins obscurément, la plupart ont été en proie à une époque la plus troublée, la plus profondément révolutionnaire qui fût peut-être jamais.

Mais, à mes affirmations positives lorsque je considérais le devoir d'autrui, succédaient, aussitôt que je reportais sur moi ma pensée, des incertitudes sans fin. Je découvrais, comme il arrive, des différences de condition et de situation qui mettaient des différences sensibles dans la morale. J'étais femme, et, comme telle, non obligée aux sincérités viriles. Ma naissance et mon sexe ne m'ayant point appelée à jouer un rôle actif dans la politique, je n'avais aucun compte à rendre à mes concitoyens, et je pouvais garder pour moi seule de douloureux secret de mes luttes intérieures. Je le devais, peut-être, par crainte d'offenser, en étant véridique, ce don de miséricordieux oubli naturel au cœur féminin, et qui semble, bien mieux que la sévère équité, convenir à sa douceur et à sa tendresse. En d'autres moments la voix qui parlait à ma conscience changeait d'accent. Elle trouvait dans mon sexe même une raison décisive de parler.

Lorsqu'une femme s'est fait à elle-même sa vie, pensais-je alors, et que cette vie ne s'est pas gouvernée suivant la règle commune, elle en devient responsable, plus responsable qu'un homme, aux yeux de tous. Quand cette femme, par l'effet du hasard ou de quelque talent, est sortie de l'obscurité, elle a contracté, du même instant, des devoirs virils.

Ce serait une erreur aussi de croire que l'homme seul peut exercer une influence sérieuse en dehors de la vie privée. Ce n'est pas uniquement dans le maniement des armes ou des affaires publiques que se fait sentir l'ascendant d'une volonté forte. Telle femme, en s'emparant des imaginations, en passionnant les esprits, en suscitant dans les intelligences un examen nouveau des opinions reçues, agira sur son siècle d'une autre façon mais autant peut-être que telle assemblée de législateurs ou tel capitaine d'armée. Il peut même arriver qu'une femme, aujourd'hui, ait plus à dire et mérite mieux d'être écoutée que beaucoup d'hommes ; car le mal dont nous nous plaignons tous, le mal qui nous inquiète et par qui semble menacée notre société tout entière, la femme l'a senti plus avant dans tout son être.

Soumise ou révoltée, humble ou illustre, la fille, la sœur, l'amante, l'épouse, la mère, a souffert bien plus que le fils, le frère, l'amant, l'époux, le père, dans sa fibre plus délicate et dans sa condition plus asservie, des discordances d'un monde qui n'a plus ni foi, ni traditions, ni mœurs respectées, et ou rien ne se tient plus debout, pas même le mensonge.

C'est à cette dernière considération que je me suis à la fin rendue. C'est la raison qui m'a persuadée et qui, après de longues hésitations, m'a mis la plume à la main. Ai-je bien ou mal fait ? le lecteur en jugera.

Colette. (B.N.)

Colette
(1873-1954)

Sidonie Gabrielle Colette naquit le 28 janvier 1873 à Saint-Sauveur en Puisaye. D'un premier mariage, sa mère, immortalisée sous le nom de Sido dans son œuvre, avait eu deux enfants, Achille (qui deviendra médecin et chez qui la famille se réfugiera en 1890, à Châtillon-Coligny, après des revers de fortune dus aux erreurs financières du père de Colette), et Juliette « la sœur aux longs cheveux » qui, jeune fille, se donnera la mort. En mai 1893, Sidonie Gabrielle épouse Henry Gauthier-Villars, journaliste mondain. Ils s'installent rue Jacob à Paris ; « Willy » force sa femme à écrire la série des *CLAUDINE*, les signant de son nom. Il s'agit de *CLAUDINE A L'ÉCOLE*, en 1900, *CLAUDINE A PARIS*, en 1901, *CLAUDINE EN MÉNAGE*, en 1902, et *CLAUDINE S'EN VA*, en 1903, *SEPT DIALOGUES DE BÊTES* paraissent en 1907 signés Colette Willy. L'année suivante, les deux époux se séparent mais leur divorce ne sera prononcé que quatre ans plus tard. Dès 1906, Colette prend des cours de mime et de danse avec George Waag et devient danseuse de music-hall. Son apparition au Moulin-Rouge avec Missy (la marquise de Belbeuf) pour partenaire fait scandale. Elle écrit *LA RETRAITE SENTIMENTALE, les VRILLES DE LA VIGNE*, et *L'INGÉNUE LIBERTINE*, puis *LA VAGABONDE*, qui obtient 3 voix pour le prix Goncourt. En 1912, sa mère meurt et elle épouse Henri de Jouvenel dont elle aura une fille en juillet 1913, « BEL GAZOU » dans ses livres. Ce deuxième mariage se termine par un divorce officiel en 1925. Pendant cette période, Colette produit des romans de grande qualité : *MITSOU,* en 1919, et surtout *CHÉRI,* en 1920. Des pièces sont tirées des *CLAUDINE* et de la *VAGABONDE*, comme plus tard de *CHÉRI*. Colette y joue parfois les rôles principaux.

Elle compose *LA MAISON DE CLAUDINE*, recueil de récits, en 1922, et *le BLÉ EN HERBE*, en 1923. Elle rencontre Maurice Goudeket qui deviendra son troisième mari et écrit les paroles de *L'ENFANT ET LES SORTILÈGES*, monté à Monaco sur une musique de Maurice Ravel. En 1926 elle termine *LA FIN DE CHÉRI*, et achète une maison près de Saint-Tropez, La Treille Muscate, titre d'un livre à venir, illustré par son voisin, le peintre Dunoyer de Segonzac. Elle donne des conférences dans divers pays européens, assure une critique théâtrale hebdomadaire pour *Le Journal* (textes rassemblés dans *La Jumelle Noire*, un peu plus tard) et contribue à plusieurs scénarios de films. Sa production littéraire reste constante. Elle écrit *LA NAISSANCE DU JOUR* (1928), *LA SECONDE* et *SIDO* (1929), *CES PLAISIRS* (en 1932, repris sous le titre *Le PUR ET*

L'IMPUR, en 1941), *LA CHATTE* (1933). En 1936, *MES APPRENTISSA-GES* sont un retour à la forme autobiographique, mais Colette avait pris soin d'avertir ses lecteurs : « Imaginez-vous, âme lire que je fais mon portrait ? Patience, c'est seulement mon modèle. » En 1939, elle crée *DUO* et *LE TOUTOUNIER.* Elle se réfugie chez sa fille en Corrèze au moment de l'exode. De retour à Paris quelques mois plus tard, elle continue d'écrire : *JOURNAL A REBOURS, JULIE de CARNEILHAN, A MA FENÊTRE, LE KÉPI* et en 1944, *GIGI,* pièce jouée à Broadway en 1951. Ses dernières œuvres romanesques sont *L'ÉTOILE VESPER* (1946) et *LE FANAL BLEU* (1949).

Colette meurt en 1954 et a des obsèques nationales dans la cour du Palais-Royal.

Indications bibliographiques

Colette : *Mes Apprentissages.* Paris, Ferenczi, 1936.
Hollander, P. d' : *Colette : ses apprentissages.* Paris, Klinsieck, 1978.
Le Hardouin, M. : *Colette.* Paris, Éditions universitaires, 1956.
Marks, E. : *Colette.* Rutgers University Press, 1960.
Trahard, P. : *L'art de Colette.* Paris, J. Renard, 1941.

SEPT DIALOGUES DE BÊTES

Le voyage

Dans un compartiment de première classe, Kiki-la-Doucette, Toby-Chien. Elle et Lui ont pris place. Le train roule vers les lointaines montagnes, vers l'été libre. Toby-Chien, en laisse, lève vers la vitre un nez affairé. Kiki-la-Doucette, invisible dans un panier clos, sous l'immédiate protection de Lui, se tait. Lui a déjà jonché le wagon de vingt journaux déployés. Elle rêve, tête appuyée au drap poussiéreux, et sa pensée s'élance au-devant de la montagne entre toutes aimée, celle qui porte une basse maison tapie sous la vigne et le jasmin de Virginie.

TOBY-CHIEN

Comme cette voiture va vite ! Ce n'est pas le même cocher que d'habitude. Je n'ai pas vu les chevaux, mais ils sentent bien mauvais et fument noir. Arrivera-t-on bientôt, ô Toi, qui rêves silencieuse et ne me regarde pas ?
Point de réponse. Toby-Chien s'énerve et siffle par les narines.

ELLE

Chut !...

TOBY-CHIEN

Je n'ai presque rien dit. Arriverons-nous bientôt ?
Il se tourne vers Lui, qui lit, et pose une patte discrète au bord de son genou.

LUI

Chut !...

TOBY-CHIEN, résigné

Je n'ai pas de chance. Personne ne veut me parler. Je m'ennuie un peu, et puis je ne connais pas assez cette voiture. Je suis fatigué. On m'a éveillé de bonne heure, et je me suis diverti à courir par toute la maison. On avait caché les fauteuils sous des draps, emmailloté les lampes, roulé les tapis ; tout était blanc, changé, angoissant, avec une funèbre odeur de camphre. J'ai éternué sous chaque fauteuil, les yeux pleins d'eau, et glissé sur le parquet nu, dans ma hâte à suivre le tablier blanc des bonnes. Car elles s'agitaient autour des malles semées partout, et leur zèle inusité suffisait à m'avertir d'un événement exceptionnel... A la dernière minute, juste comme Elle criait, toute chaude de mouvement : « Le collier de Toby ! Et le panier du chat, vite le chat dans le panier ! », juste comme Elle disait cela... mon camarade disparut. Ce fut indescriptible. Lui, terrible à voir, jurait et frappait de la canne sur le parquet, furieux, parce qu'on avait laissé son Kiki s'évader. Elle appelait « Kiki ! » tantôt avec prière, tantôt avec menace, et les deux bonnes apportaient de trompeuses assiettes vides, des papiers jaunes de la boucherie... Je crus fermement que mon camarade le chat avait quitté ce monde ! Soudain il apparut à tous les yeux, juché au plus haut de la bibliothèque, et nous méprisant de son regard vert. Elle leva les bras : « Kiki ! veux-tu descendre tout de suite ! Tu vas nous faire manquer le train ! » Il ne descendit point, et je pris le vertige, moi par terre, à le voir si haut se tenir debout, et piétiner, et tourner sur lui-même, en miaulant aigu pour exprimer l'impossibilité où il se trouvait d'obéir. Lui s'affolait, disant : « Mon Dieu, il va tomber ! » Mais Elle sourit, sceptique, sortit et revint armée du fouet... Le fouet dit : « Clac ! » deux fois seulement, et par miracle, je pense, le chat bondit sur le parquet, plus mol et plus élastique que la balle de laine qui nous sert de joujou. Moi, je me serais cassé en tombant.

Depuis il est dans ce panier... (Il va au panier.) Il y a une petite lucarne... Je le vois... Des pointes de moustaches comme des aiguilles blanches... Oh ! quel œil ! Reculons... j'ai un peur peur. Un chat n'est jamais tout à fait enfermé... Il doit souffrir. Peut-être qu'en lui parlant doucement... (Il l'appelle, très courtois.) Chat !

KIKI-LA-DOUCETTE, crachement de fauve

Khhh...

TOBY-CHIEN, un pas en arrière

Oh ! tu as dit un vilain mot. Ta figure est terrible. Tu as mal quelque part ?

KIKI-LA-DOUCETTE

Va-t-en. Je suis le martyr... Va-t-en, te dis-je, ou je souffle du feu sur toi !

TOBY-CHIEN, candide

Pourquoi ?

KIKI-LA-DOUCETTE

Parce que tu es libre, parce que je suis dans ce panier, parce que le panier est dans une voiture infecte et qui me secoue et que leur sérénité à Eux m'exaspère.

TOBY-CHIEN

Veux-tu que j'aille regarder dehors et que je te raconte ce qu'on voit par la portière de la voiture ?

KIKI-LA-DOUCETTE

Tout m'est également odieux.

TOBY-CHIEN, après avoir regardé, revient

Je n'ai rien vu...

KIKI-LA-DOUCETTE, amer

Merci tout de même.

TOBY-CHIEN

Je n'ai rien vu qui soit facile à décrire. Des choses vertes, qui passent tout contre nous si près et si vite qu'on en reçoit une claque dans les yeux. Un champ plat qui tourne et un petit clocher pointu, là-bas, qui court aussi vite que la voiture... Un autre champ, tout incarnat de trèfle en fleur, vient de me donner dans l'œil une autre gifle rouge... La terre s'enfonce — ou bien nous montons, je ne sais pas au juste. Je vois, tout en bas, très loin, des pelouses vertes, étoilées de marguerites blanches, qui sont peut-être des vaches...

KIKI-LA-DOUCETTE, amer

Ou des pains à cacheter — ou autre chose.

TOBY-CHIEN

Cela ne t'amuse pas ?

KIKI-LA-DOUCETTE, rire sinistre

Ha ! demande au damné...

TOBY-CHIEN

A qui ?

KIKI-LA-DOUCETTE, de plus en plus mélodramatique, sans aucune conviction

... Au damné, dans sa cuve d'huile bouillante, s'il éprouve quelque agrément ! Mes tortures à moi sont morales. Je connais à la fois la séquestration, l'humiliation, l'obscurité, l'oubli et le tangage.
Le train s'arrête. Un employé sur le quai : « Aoua, aouaoua, éouau, ouain ! »

TOBY-CHIEN, éperdu

On crie ! Il y a un malheur ! Courons !
Il se jette, museau en avant, contre la portière fermée, qu'il gratte désespérément.

ELLE, ensommeillée

Mon petit Toby, tu es bassin.

TOBY-CHIEN, affolé

Que fais-tu, à rester tranquille et assise, ô Toi, l'inexplicable ? N'entends-tu pas ces cris ? Ils s'affaiblissent... Le malheur est allé plus loin. J'aurais voulu savoir...
Le train repart.

LUI, quittant son journal

Cette bête a faim.

ELLE, très éveillée à présent

Tu crois ? Moi aussi. Mais Toby mangera très peu.

LUI, inquiet

Et Kiki-la-Doucette ?

ELLE, péremptoire

Kiki-la-Doucette boude. Il s'est caché ce matin. Il mangera encore moins.

LUI

Il ne dit rien. Tu ne crains pas qu'il soit malade ?

ELLE

Non, mais vexé.

KIKI-LA-DOUCETTE, dès qu'il s'agit de lui

Mouan !

LUI, tendre et empressé

Venez, mon beau Kiki, mon séquestré, venez, vous aurez du roast-beef froid et du blanc de poulet.
Il ouvre le panier-geôle. Kiki-la-Doucette avance une tête plate de serpent, un corps rayé, précautionneux et long, long à croire qu'il en sortira comme ça des mètres...

TOBY-CHIEN, amène

Ah ! te voilà, chat ! Eh bien, salue la liberté !
Kiki-la-Doucette, sans répondre, lisse de la langue quelques soies rebroussées.

TOBY-CHIEN

Salue la liberté, je te dis. C'est l'usage. Chaque fois qu'on ouvre une porte, on doit courir, sauter, se tordre en demi-cercle et crier.

KIKI-LA-DOUCETTE

On ? qui, on ?

TOBY-CHIEN

Nous, les chiens.

KIKI-LA-DOUCETTE, assis et digne

Faudra-t-il aussi que j'aboie ? Nous n'avons jamais eu le même code des convenances, que je sache.

TOBY-CHIEN, vexé

Je n'insiste pas. Comment trouves-tu cette voiture ?

KIKI-LA-DOUCETTE, qui flaire minutieusement

Affreuse. Cependant le drap est assez bon pour faire ses ongles. Il joint le geste à la parole et carde le capitonnage.

TOBY-CHIEN, à part

Si je faisais ça, moi...

KIKI-LA-DOUCETTE, continuant à carder

Han ! han ! que ce spongieux drap gris étanche ma rage !... Depuis ce matin, l'univers se révolte monstrueusement, et Lui, Lui que j'aime, et qui me vénère, ne m'a pas défendu. J'ai subi des contacts humiliants, des cahots, et plus d'un coup de sifflet a traversé ma cervelle d'une oreille à l'autre... Han ! il est doux de détendre ses nerfs et d'imaginer qu'on effiloche d'une griffe allègre la chair ennemie, fibreuse et saignante... Han ! cardons et steppons ! Levons les pattes trop haut en signe suprême d'insolence !...

ELLE

Dis donc, Kiki, c'est fini ?

LUI, indulgent et admiratif

Laisse-le. Il fait z'ongles.

KIKI-LA-DOUCETTE

Il a parlé pour moi. Je lui pardonne. Mais, puisqu'on me permet, je n'aime plus déchirer le coussin... Quand sortirai-je d'ici ? Ce n'est pas que j'aie peur. Ils sont là tous deux, et le chien, avec des figures de tous les jours... J'ai des tiraillements d'estomac.

Il bâille. Le train s'arrête, un employé sur le quai : « Aaa, oua... aouaoua, oaa... »

TOBY-CHIEN, éperdu

On crie ! Il y a encore un malheur ! Courons !...

KIKI-LA-DOUCETTE

Mon Dieu ! que ce chien est fatigant ! Qu'est-ce que ça peut lui faire qu'il y ait un malheur ? D'ailleurs, je n'en crois rien. Ce sont des cris d'homme, et les hommes crient pour le seul plaisir d'entendre leur voix...

TOBY-CHIEN, calme

J'ai faim. Va-t-on manger, ô Toi de qui j'espère tout ? Dans cet étrange pays, je ne sais plus l'heure, mais il me semble bien...

ELLE

Venez tous déjeuner.
Ele déballe des couverts, froisse des papiers, rompt un pain doré qui croque...

TOBY-CHIEN, mâchant

Ce qu'elle m'a donné là devait être bien bon pour sembler si petit. Cela a fondu dans ma gueule, il n'en reste pas un souvenir...

KIKI-LA-DOUCETTE, mâchant

C'est du blanc de poulet. Frrr... Allons, bon ! je fais ronron sans m'en apercevoir ! Il ne faut pas. Ils croiraient que je me résigne à ce voyage... Mangeons lentement, farouche et désabusé, mangeons uniquement pour ne mourir point...

ELLE, aux animaux

Laissez-moi déjeuner ! Moi aussi, j'aime le poulet froid et les cœurs de laitue trempés dans le sel...

LUI, inquiet

Comment fera-t-on pour obliger ce chat à réintégrer son panier ?

ELLE

Je ne sais pas, nous verrons tout à l'heure...

TOBY-CHIEN

C'est déjà fini ? J'en avalerais trois fois autant. Dis donc, chat, tu ne manges pas mal pour un martyr.

KIKI-LA-DOUCETTE, mentant

Le chagrin me creuse. Écarte-toi un peu, je veux à présent dormir..., essayer de dormir... Un rêve clément, peut-être, me ramènera à la maison que j'ai quittée, au coussin fleuri que Lui m'a donné... Home ! sweet home ! Tapis colorés à souhait pour le plaisir de mes yeux ! Potiche vaste d'où jaillit un petit palmier dont je mange les pousses, fauteuils profonds sous lesquels je cache ma balle de laine pour me faire une surprise... Bouchon suspendu par une ficelle au loquet de la porte, et bibelots sur les tables pour que ma patte s'y dis-

228

traie à briser quelque cristal... Salle à manger, temple ! Vestibule plein de mystère, d'où je guette, invisible, ceux qui entrent et ceux qui sortent... Escalier étroit où le pas du laitier sonne pour moi comme un angélus... Adieu ! mon fatal destin m'emporte, et qui sait si jamais... Ah ! c'est trop triste, et toutes les jolies choses que je dis m'ont attendri pour de vrai !

Il commence une toilette minutieuse et funèbre. Le train s'arrête. Un employé sur le quai : « Aaa... ouain... aouaoua... »

TOBY-CHIEN

On crie ! Il y a un malh... Ah ! zut ! j'en ai assez.

LUI, soucieux

Nous allons changer de train dans dix minutes. Comment faire pour le chat ? Il ne voudra jamais se laisser enfermer.

ELLE

On verra. Si on mettait de la viande dans le panier ?

LUI

Ou bien en le caressant...
Ils s'approchent de la bête redoutable et lui parlent ensemble.

LUI

Kiki, mon beau Kiki, viens sur mes genoux ou sur mon épaule qui te plaît d'habitude. Tu t'y assoupiras et je te déposerai doucement dans ce panier, qui, en somme, est à claire-voie et dont un coussin rend confortable l'osier rude... Viens, mon charmant...

ELLE

Écoute, Kiki, il faut pourtant comprendre la vie. Tu ne peux pas rester comme ça. Nous allons changer de train, et un employé épouvantable surgira, qui dira des choses blessantes pour toi et toute ta race. D'ailleurs, tu feras bien d'obéir parce que, sans ça, je te ficherai une fessée...

Mais, avant qu'on ait porté la main sur sa fourrure sacrée, Kiki se lève, s'étire, bombe le dos en pont, bâille pour montrer sa doublure rose, puis se dirige vers le panier ouvert, où il se couche, admirable de quiétude insultante. Lui et Elle se regardent et font une tête.

TOBY-CHIEN, avec l'à-propos qui le caractérise

J'ai envie de faire pipi.

Sept Dialogues de Bêtes, 1905

OÙ SONT LES ENFANTS ?

La maison était grande, coiffée d'un grenier haut. La pente raide de la rue obligeait les écuries et les remises, les poulaillers, la buanderie, la laiterie à se blottir en contrebas, tout autour d'une cour fermée.

Accoudée au mur du jardin, je pouvais gratter du doigt le toit du poulailler. Le Jardin-du-Haut commandait un Jardin-du-Bas, potager resserré et chaud, consacré à l'aubergine et au piment, où l'odeur du feuillage de la tomate se mêlait, en juillet, au parfum de l'abricot mûri sur espaliers. Dans le Jardin-du-Haut, deux sapins jumeaux, un noyer dont l'ombre intolérante tuait les fleurs, des roses, des gazons négligés, une tonnelle disloquée... Une forte grille de clôture, au fond, en bordure de la rue des Vignes, eût dû défendre les deux jardins ; mais je n'ai jamais connu cette grille que tordue, arrachée au ciment de son mur, emportée et brandie en l'air par les bras invincibles d'une glycine centenaire...

La façade principale, sur la rue de l'Hospice, était une façade à perron double, noircie, à grandes fenêtres et sans grâce, une maison bourgeoise de vieux village ; mais la roide pente de la rue bousculait un peu sa gravité, et son perron boitait : six marches d'un côté, dix de l'autre.

Grande maison grave, revêche avec sa porte à clochette d'orphelinat, son entrée cochère à gros verrou de geôle ancienne, maison qui ne souriait que d'un côté. Son revers, invisible au passant, doré par le soleil, portait manteau de glycine et de bignonier mêlés, lourds à l'armature de fer fatiguée, creusée en son milieu comme un hamac, qui ombrageait une petite terrasse dallée et le seuil du salon... Le reste vaut-il la peine que je le peigne, à l'aide de pauvres mots ? Je n'aiderai personne à contempler ce qui s'attache de splendeur, dans mon souvenir, aux cordons rouges d'une vigne d'automne que ruinait son propre poids, cramponnée, au cours de sa chute, à quelque bras de pin. Ces lilas massifs dont la fleur compacte, bleue dans l'ombre, pourpre au soleil, pourrissait tôt, étouffée par sa propre exubérance ; ces lilas, morts depuis longtemps, ne remonteront pas grâce à moi vers la lumière, ni le terrifiant clair de lune — argent, plomb gris, mercure, facettes d'améthystes coupantes, blessants saphirs aigus — qui dépendait de certaine vitre bleue, dans le kiosque au fond du jardin.

Maison et jardin vivent encore, je le sais, mais qu'importe, si la magie les a quittés, si le secret est perdu qui ouvrait — lumière, odeurs, harmonie d'arbres et d'oiseaux, murmure de voix humaines qu'a déjà suspendu la mort — un monde dont j'ai cessé d'être digne ?...

Il arrivait qu'un livre, ouvert sur le dallage de la terrasse ou sur l'herbe, une corde à sauter serpentant dans une allée, ou un minuscule jardin bordé de cailloux, plante de têtes de fleurs, révélassent autrefois — dans le temps où cette maison et ce jardin abritaient une famille — la présence des enfants, et leurs âges différents. Mais ces signes ne s'accompagnaient presque jamais du cri, du rire enfantin, et le logis, chaud et plein, ressemblait bizarrement à ces maisons qu'une fin de vacances vide, en un moment, de toute sa joie. Le silence, le vent contenu du jardin clos, les pages du livre rebroussées sous le pouce invisible d'un sylphe, tout semblait demander : « Où sont les enfants ? »

C'est alors que paraissait, sous l'arceau de fer ancien que la glycine versait à gauche, ma mère, ronde et petite en ce temps où l'âge ne l'avait pas encore décharnée. Elle scrutait la verdure massive, levait la tête et jetait par les airs son appel : « Les enfants ? Où sont les enfants ? »

Où ? nulle part. L'appel traversait le jardin, heurtait le grand mur de la remise à foin, et revenait, en écho très faible et comme épuisé : « Hou... enfants... »

Nulle part ! Ma mère renversait la tête vers les nuées, comme si elle eût attendu qu'un vol d'enfants ailés s'abattît. Au bout d'un moment, elle jetait le même cri, puis se lassait d'interroger le ciel, cassait de l'ongle le grelot sec d'un pavot, grattait un rosier emperlé de pucerons verts, cachait dans sa poche les premières noix, hochait le front en songeant aux enfants disparus, et rentrait. Cependant, au-dessus d'elle, parmi le feuillage du noyer, brillait le visage triangulaire et penché d'un enfant allongé, comme un matou, sur une grosse branche, et qui se taisait. Une mère moins myope eût-elle deviné, dans les révérences précipitées qu'échangeaient les cimes jumelles de deux sapins, une impulsion étrangère à celle des brusques bourrasques d'octobre ?... Et dans la lucarne carrée, au-dessous de la poulie.

« Où sont les enfants ? Elle surgissait, essoufflée par sa quête constante de mère trop tendre, tête levée et flairant le vent. Ses bras emmanchés de toile blanche disaient qu'elle venait de pétrir la pâte à galette ou le pudding saucé d'un brûlant velours de rhum et de confitures. Un grand tablier bleu la ceignait, si elle avait lavé la havanaise, et quelquefois elle agitait un étendard de papier jaune craquant, le papier de la boucherie : c'est qu'elle espérait rassembler, en même temps que les enfants égaillés, ses chattes vagabondes, affamées de viande crue...

Au cri traditionnel s'ajoutait, sur le même ton d'urgence et de supplication, le rappel de l'heure : « Quatre heures ! ils ne sont pas venus goûter ! Où sont les enfants ?... » — « Six heures et demie ! Rentreront-ils dîner ? Où sont les enfants ?... » La jolie voix ! et comme je pleurerais de plaisir à l'entendre !... Notre seul péché, notre méfait unique était le silence et une sorte d'évanouissement miraculeux. Pour les desseins innocents, pour une liberté qu'on ne nous refusait pas, nous sautions la grille, quittions les chaussures, empruntant pour le retour une échelle inutile, le mur bas d'un voisin. Le flair subtil de la mère inquiète découvrait sur nous l'ail sauvage d'un ravin lointain ou la menthe des marais masqués d'herbe. La poche mouillée d'un des garçons cachait le caleçon qu'il avait emporté aux étangs fiévreux, et la « petite », fendue au genou, pelée au coude, saignait tranquillement sous des emplâtres de toiles d'araignées et de poivre moulu, liés d'herbes rubanées...

« Demain, je vous enferme ! Tous, vous entendez, tous ! »

Demain... Demain, l'aîné, glissant sur le toit d'ardoises où il installait un réservoir d'eau, se cassait la clavicule et demeurait muet, courtois, en demi-syncope, au pied du mur, attendant qu'on vint l'y ramasser. Demain, le cadet recevait sans mot dire, en plein front, une échelle de six mètres, et rapportait avec modestie un œuf violacé entre les deux yeux...

« Où sont les enfants ? »

Deux reposent. Les autres, jour par jour, vieillissent. S'il est un lieu où l'on attend après la vie, celle qui nous attendit tremble encore, à cause des deux vivants. Pour l'aînée de nous tous, elle a du moins fini de regarder le noir de la vitre, le soir : « Ah ! je sens que cette enfant n'est pas heureuse... Ah ! je sens qu'elle souffre... »

Pour l'aîné des garçons, elle n'écoute plus, palpitante, le roulement d'un cabriolet de médecin sur la neige, dans la nuit, ni le pas de la jument grise. Mais je sais que, pour les deux qui restent, elle erre et quête encore, invisible, tourmentée de n'être pas assez tutélaire : « Où sont, où sont les enfants ?... »

(La Maison de Claudine, 1922)

Anna de Noailles à 25 ans par Laszlo de Lombos (R. Viollet).

Anna de Noailles
(1876-1933)

Anne Élizabeth de Brancovan naquit à Paris, le 15 novembre 1875, fille du prince Grégoire Bassaraba de Brancovan et de Ralouka Musurus, qui avait des ascendances grecques et crétoises. Elle découvre la nature dans la villa Bassaraba à Amphion au bord du lac Léman. Son père meurt lorsqu'elle a neuf ans et en 1885 elle fait un voyage à Constantinople avec sa mère. En 1889, elle compose ses premiers cahiers de vers et apprécie la poésie de Mistral et la compagnie de Maurice Barrès. Elle lit Ronsard et les poètes grecs.

Elle épouse en 1897 le comte Mathieu de Noailles dont elle aura un fils en 1900. En février 1898, ses *LITANIES* sont publiées dans *LA REVUE DE PARIS.* Son recueil, *LE CŒUR INNOMBRABLE,* lui vaut en 1901 le prix Archon-Despérouses de l'Académie française. L'année suivante elle fait paraître *l'OMBRE DES JOURS* et son premier roman *LA NOUVELLE ESPÉRANCE* sort en 1903 suivi de *LE VISAGE ÉMERVEILLÉ* (1904) et la *DOMINATION* (1905). Mais c'est pour ses poèmes qu'elle devient célèbre avec la publication en 1907 des *ÉBLOUISSEMENTS.* Elle voyage en Italie et en Espagne et écrit *LES VIVANTS ET LES MORTS,* en 1913. En mai, après une visite au couvent des Clarisses, près d'Évian, elle compose *CE QUE J'APPELLERAIS LE CIEL.* Après la guerre, elle rencontre Paul Valéry et, en 1921, après avoir produit *LES FORCES ÉTERNELLES* et *A. RUDYARD KIPLING*, elle est élue membre de l'Académie Royale de Langue et de Littérature françaises de Belgique. Elle s'essaie aux nouvelles avec *LES INNOCENTES OU LA SAGESSE DES FEMMES,* en 1923, mais en 1927, elle retourne à la poésie avec *l'HONNEUR DE SOUFFRIR.* En 1932, elle publie ses mémoires dans *LE LIVRE DE MA VIE,* et elle meurt en 1933 après avoir écrit ses *DERNIERS VERS.*

Indications bibliographiques

Gillouin, R. : *Essais de critique littéraire et philosophique.* Paris, Grasset, 1913.
Rochefoucauld, E. de La : *Anna de Noailles.* Paris, Éditions Universitaires, 1956.
Lanarc, J. : *La Comtesse de Noailles, sa vie, son œuvre.* Paris, Éditions du Sagittaire, 1931.

OFFRANDE

Mes livres, je les fis pour vous, ô jeunes hommes,
    Et j'ai laissé dedans,
Comme font les enfants qui mordent dans des pommes,
    La marque de mes dents.

J'ai laissé mes deux mains sur la page étalées,
    Et la tête en avant
J'ai pleuré, comme pleure au milieu de l'allée
    Un orage crevant.

Je vous laisse, dans l'ombre amère de ce livre,
    Mon regard et mon front,
Et mon âme toujours ardente et toujours ivre
    Où vos mains traîneront.

Je vous laisse le clair soleil de mon visage,
    Ses millions de rais,
Et mon cœur faible et doux, qui eut tant de courage
    Pour ce qu'il désirait.

Je vous laisse mon cœur et toute son histoire,
    Et sa douceur de lin,
Et l'aube de ma joue, et la nuit bleue et noire
    Dont mes cheveux sont pleins.

Voyez comme vers vous, en robe misérable
    Mon Destin est venu.
Les plus humbles errants, sur les plus tristes sables,
    N'ont pas les pieds si nus.

— Et je vous laisse, avec son feuillage et sa rose,
    Le chaud jardin verni
Dont je parlais toujours ; — et mon chagrin sans cause
    Qui n'est jamais fini...

                            (Les Éblouissements)

EMPREINTE

Je m'appuierai si bien et si fort à la vie,
D'une si rude étreinte et d'un tel serrement,
Qu'avant que la douceur du jour me soit ravie
Elle s'échauffera de mon enlacement.

La mer, abondamment sur le monde étalée,
Gardera, dans la route errante de son eau,
Le goût de ma douleur qui est âcre et salée
Et sur les jours mouvants roule comme un bateau.

Je laisserai de moi dans le pli des collines
La chaleur de mes yeux qui les ont vu fleurir,
Et la cigale assise aux branches de l'épine
Fera vibrer le cri strident de mon désir.

Dans les champs printaniers la verdure nouvelle
Et le gazon touffu sur le bord des fossés
Sentiront palpiter et fuir comme des ailes
Les ombres de mes mains qui les ont tant pressés.

La nature qui fut ma joie et mon domaine
Respirera dans l'air ma persistante ardeur,
Et sur l'abattement de la tristesse humaine
Je laisserai la forme unique de mon cœur...

(Le cœur innombrable)

LA FEMME, DURÉE INFINIE

La femme, durée infinie,
Rêveuse d'éternels matins,
Dans la puissance de l'instinct
Veut créer. Mais cette agonie

Plus tard, un jour, de son enfant,
Cette peur, ces sueurs, ces transes,
Ce mourant que rien ne défend,
En garde-t-elle l'ignorance ?

Et toute mère, sans remords,
Triomphante et pourtant funèbre,
Voue une âme aux longues ténèbres,
Et met au monde un homme mort...

(L'Honneur de souffrir)

Nathalie Sarraute. (R. Viollet)

Nathalie Sarraute

Nathalie Sarraute est née le 18 juillet 1902 à Ivanovo-Voznessensk, où son père fonde une usine de matières colorantes. Ses parents divorcent lorsqu'elle a deux ans et elle vit tantôt en Russie tantôt en France. La mère de la seconde femme de son père lui apprend le piano et l'allemand. Elle fait ses études secondaires au lycée Fénelon et passe une licence d'anglais à la Sorbonne. En 1920 elle étudie à Oxford pour obtenir un diplôme en histoire. Durant l'hiver 1921-22, elle fréquente la Faculté des Lettres à Berlin et suit les cours de sociologie de Sombart. *TONIO KROGER,* de Thomas Mann, fait sur elle grande impression à l'époque. En 1922, elle s'inscrit à la Faculté de Droit de Paris, y rencontre son futur mari. Ils auront trois filles. En 1932, Nathalie Sarraute compose ses premiers textes (si l'on exclut un roman écrit en sept ans) *TROPISMES.* Le livre paraît chez Denoël en 1939 : « Ce sont des mouvements indéfinissables, qui glissent très rapidement aux limites de notre conscience ; ils sont à l'origine de nos gestes, de nos paroles, des sentiments que nous manifestons, que nous croyons éprouver et qu'il est possible de définir. » Pendant la guerre, elle se réfugie à Parmain, en Seine-et-Oise, où elle continue à travailler sur son deuxième ouvrage *PORTRAIT D'UN INCONNU.* Il paraîtra en 1948. Sartre le qualifiera d'anti-roman. En 1950, Nathalie Sarraute achète une maison à Chérence et y travaille sur *MARTEREAU* que Gallimard publie en 1953.

Ses positions sur la littérature sont regroupées dans *L'ÈRE DU SOUPÇON,* en 1956. En préface, elle écrit : « J'ai été conduite en 1947, un an après avoir terminé *PORTRAIT D'UN INCONNU,* à étudier sous un certain jour l'œuvre de Dostoïevski et de Kafka. On opposait une littérature métaphysique, celle de Kafka, à une littérature qu'on qualifiait avec dédain de « psychologique ». C'est pour réagir contre cette discrimination simpliste que j'ai écrit mon premier essai *De Dostoïevski à Kafka...*

Quand j'écrivais mon second essai, *L'ÈRE DU SOUPÇON,* on n'entendait guère parler de romans traditionnels ou de « recherches ». Ces termes, employés à propos du roman, avaient un air prétentieux et suspect. Les critiques continuaient à juger les romans comme si rien n'avait bougé depuis Balzac. Feignaient-ils d'ignorer ou avaient-ils oublié les changements profonds qui s'étaient produits dans cet art depuis le début du siècle ?

Depuis l'époque où j'ai écrit cet article, il n'est question que de recherches et de techniques... Je pense que l'intérêt principal de cet article, paru en 1950, vient de ce qu'il a marqué le moment à partir duquel une nouvelle manière de concevoir le roman devait enfin s'imposer. »

Son œuvre suivante, *LE PLANETARIUM* (1959), a pour thème la « création d'un état naissant : cet effort créateur qui sans cesse s'ébauche, tâtonne, cherche son objet, s'enlise, se dégrade, ainsi par exemple dans ce qui paraît n'être que de banals commérages, ou les obsessions d'une vieille femme maniaque ». En 1963, avec *LES FRUITS d'OR*, elle prend comme héros du roman le roman lui-même. Ce livre reçut à Salzbourg le quatrième prix international de Littérature. En écrivant que « des mouvements à l'état naissant qui ne peuvent pas encore être nommés, qui n'ont pas encore accédé à la conscience où ils se figeront en lieux communs, forment la substance de tous (ses) livres », Nathalie Sarraute inventa une des formes du Nouveau Roman.

Indications bibliograhiques

Cranaki, M. et Belaval, Y. : *Nathalie Sarraute.* Paris, Gallimard, 1965.
Micha, R. : *Nathalie Sarraute.* Paris, Éditions Universitaires, 1966.

TROPISMES

V

Par les journées de juillet très chaudes, le mur d'en face jetait sur la petite cour humide une lumière éclatante et dure.

Il y avait un grand vide sous cette chaleur, un silence, tout semblait en suspens ; on entendait seulement, agressif, strident, le grincement d'une chaise traînée sur le carreau, le claquement d'une porte. C'était dans cette chaleur, dans ce silence — un froid soudain, un déchirement.

Et elle restait sans bouger sur le bord de son lit, occupant le plus petit espace possible, tendue, comme attendant que quelque chose éclate, s'abatte sur elle dans ce silence menaçant.

Quelquefois le cri aigu des cigales dans la prairie pétrifiée sous le soleil et comme morte provoque cette sensation de froid, de solitude, d'abandon dans un univers hostile où quelque chose d'angoissant se prépare.

Étendu dans l'herbe sous le soleil torride, on reste sans bouger, on épie, on attend.

Elle entendait dans le silence, pénétrant jusqu'à elle le long des vieux papiers à raies bleues du couloir, le long des peintures sales, le petit bruit que faisait la clé dans la serrure de la porte d'entrée. Elle entendait se fermer la porte du bureau.

Elle restait là, toujours recroquevillée, attendant, sans rien faire. La moindre action, comme d'aller dans la salle de bains se laver les mains, faire couler l'eau du robinet, paraissait une provocation, un saut brusque dans le vide, un acte plein d'audace. Ce bruit soudain de l'eau dans ce silence suspendu ce serait comme un signal, comme un appel vers eux, ce serait comme un contact horrible, comme de toucher avec la pointe d'une baguette une méduse et puis d'attendre avec dégoût qu'elle tressaille tout à coup, se soulève et se replie.

Elle les sentait ainsi, étalés, immobiles derrière les murs, et prêts à tressaillir, à remuer.

Elle ne bougeait pas. Et autour d'elle toute la maison, la rue semblaient l'encourager, semblaient considérer cette immobilité comme naturelle.

Il paraissait certain, quand on ouvrait la porte et qu'on voyait l'escalier, plein d'un calme implacable, impersonnel et sans couleur, un escalier qui ne semblait pas avoir gardé la moindre trace des gens qui l'avaient parcouru, pas le moindre souvenir de leur passage, quand on se mettait derrière la fenêtre de la salle à manger et qu'on regardait les façades des maisons, les boutiques, les vieilles femmes et les petits enfants qui marchaient dans la rue, il paraissait certain qu'il fallait le plus longtemps possible — attendre, demeurer ainsi immobile, ne rien faire, ne pas bouger, que la suprême compréhension, que la véritable intelligence, c'était cela, ne rien entreprendre, remuer le moins possible, ne rien faire.

Tout au plus pouvait-on, en prenant soin de n'éveiller personne, descendre sans le regarder, l'escalier sombre et mort, et avancer modestement le long des trottoirs, le long des murs, juste pour respirer un peu, pour se donner un peu de mouvement, sans savoir où l'on va, sans désirer aller nulle part, et puis revenir chez soi, s'asseoir au bord du lit et de nouveau attendre, replié, immobile.

VI

Le matin elle sautait de son lit très tôt, courait dans l'appartement, âcre, serrée, toute chargée de cris, de gestes, de halètements de colère, de « scènes ». Elle allait de chambre en chambre, furetait dans la cuisine, heurtait avec fureur la porte de la salle de bains que quelqu'un occupait, et elle avait envie d'intervenir, de diriger, de les secouer, de leur demander s'ils allaient rester là une heure ou de leur rappeler qu'il était tard, qu'ils allaient manquer le tram ou le train, que c'était trop tard, qu'ils manquaient quelque chose par leur laisser-aller, leur négligence, ou que leur déjeuner était servi, qu'il était froid, qu'il attendait depuis deux heures, qu'il était glacé... Et il semblait qu'à ses yeux il n'y avait rien de plus méprisable, de plus bête, de plus haïssable, de plus laid, qu'il n'y avait pas de signe plus évident, d'infériorité, de faiblesse, que de laisser refroidir, que de laisser attendre le déjeuner.

Ceux qui étaient des initiés, les enfants, se précipitaient. Les autres, insouciants et négligents envers ces choses, ignorant leur puissance dans cette maison, répondaient poliment, d'un air tout naturel et doux : « Merci beaucoup, ne vous inquiétez pas, je prend très volontiers du café un peu froid. » Ceux-là, les étrangers, elle n'osait rien leur dire, et pour ce seul mot, pour cette petite phrase polie par laquelle ils la repoussaient doucement, négligemment, du revers de la main, sans même la considérer, sans s'arrêter un seul instant à elle, pour cela seulement elle se mettait à les haïr.

Les choses ! les choses ! C'était sa force. La source de sa puissance. L'instrument dont elle se servait, à sa manière, instinctive, infaillible et sûre, pour le triomphe, pour l'écrasement.

Quand on vivait près d'elle, on était prisonnier des choses, esclave rampant chargé d'elles, lourd et triste, continuellement guetté, traqué par elles.

Les choses. Les objets. Les coups de sonnette. Les choses qu'il ne fallait pas négliger. Les gens qu'il ne fallait pas faire attendre. Elle s'en servait comme d'une meute de chiens qu'elle sifflait à chaque instant sur eux : « On sonne ! On sonne ! Dépêchez-vous, vite, vite, on vous attend. »

Même quand ils étaient cachés, enfermés dans leur chambre, elle les faisait bondir : « On vous appelle. Vous n'entendez donc pas ? Le téléphone. La porte. Il y a un courant d'air. Vous n'avez pas fermé la porte, la porte d'entrée ! » Une porte avait claqué. Une fenêtre avait battu. Un souffle d'air avait traversé la chambre. Il fallait se précipiter, vite, vite, houspillé, bousculé, anxieux, tout laisser là et se précipiter, prêt à servir.

XXII

Parfois, quand ils ne le voyaient pas, il pouvait tout doucement, pour essayer de trouver autour de lui quelque chose de chaud, de vivant, passer la main le long de la colonne du buffet... ils ne le verraient pas ou peut-être ils croiraient qu'il se bornait — manie très répandue et après tout inoffensive — à conjurer le sort en « touchant du bois ».

S'il sentait derrière lui leurs regards l'observant, comme le malfaiteur, dans les films drôles, qui, sentant dans son dos le regard de l'agent, achève son geste nonchalamment, lui donne une apparence désinvolte et naïve, il tapotait, pour bien les rassurer, avec trois doigts de la main droite, trois fois trois, le vrai geste efficace pour conjurer. C'est qu'ils le surveillaient de plus près, depuis qu'il avait été surpris dans sa chambre, lisant la Bible.

Les objets se méfiaient aussi beaucoup de lui et depuis très longtemps déjà, depuis que tout petit il les avait sollicités, qu'il avait essayé de se raccrocher à eux, de venir se coller à eux, de se réchauffer, ils avaient refusé de « marcher », de devenir ce qu'il voulait faire d'eux, « de poétiques souvenirs d'enfance ». Ils étaient bien matés, les objets, bien dressés, ils avaient le visage effacé, anonyme, des serviteurs stylés ; ils connaissaient leur rôle et refusaient de lui répondre, de crainte, sans doute, de se voir donner congé.

Mais à part, très rarement, ce petit geste timide, il ne se permettait vraiment rien. Il avait réussi peu à peu à maîtriser toutes ses manies stupides, il en avait même moins maintenant qu'il n'était normalement toléré ; il ne collectionnait même pas — ce que, au vu de tous, les gens normaux faisaient — les timbres-poste. Il ne s'arrêtait jamais au milieu de la rue pour regarder — comme autrefois, à la promenade, quand sa bonne, mais allons donc ! allons ! le tirait — il passait vite et n'entravait jamais la circulation sur la chaussée ; il passait devant les objets, même les plus accueillants, même les plus animés, sans leur jeter un regard de connivence.

En somme, ceux mêmes des amis de ses parents, qui étaient férus de psychiatrie, ne pouvaient rien lui reprocher, sinon, peut-être, devant ce manque chez lui d'inoffensives et délassantes lubies, devant son conformisme par trop obéissant, une légère tendance à l'asthénie.

Mais ils toléraient cela ; c'était, tout bien considéré, moins dangereux, moins indécent.

De temps à autre seulement, quand il était trop fatigué, sur leur conseil, il se permettait de partir seul faire un petit voyage. Et là-bas, quand il se promenait à la tombée du jour, dans les ruelles recueillies sous la neige, pleines de douce indulgence, il frôlait de ses mains les briques rouges et blanches des maisons et, se collant au mur, de biais, craignant d'être indiscret, il regardait à travers une vitre claire, dans une chambre au rez-de-chaussée où l'on avait posé devant la fenêtre des pots de plantes vertes sur des soucoupes de porcelaine, et d'où, chauds, pleins, lourds d'une mystérieuse densité, des objets lui jetaient une parcelle — à lui aussi, bien qu'il fut inconnu et étranger — de leur rayonnement ; ou un coin de table, la porte d'un buffet, la paille d'une chaise sortaient de la pénombre et consentaient à devenir pour lui, miséricordieusement pour lui aussi, puisqu'il se tenait là et attendait, un petit morceau de son enfance.

Marguerite Yourcenar. (R. Viollet)

Marguerite Yourcenar

Marguerite de Crayencour est née à Bruxelles, en 1903, d'une mère belge qui mourut à sa naissance et d'un père français. Elle passa son enfance entre le château de Mont-Noir, près de Lille, la Riviera et la Suisse avec son père qui se chargea de son éducation. Il l'emmena au musée, au théâtre et lui fit apprendre le grec et le latin. Lorsqu'elle eut dix-huit ans il l'aida à publier son premier recueil de poèmes sous le nom de Yourcenar. Elle avait vingt-quatre ans quand il mourut et elle continua ses voyages. Son premier roman, *ALEXIS OU LE TRAITE DU VAIN COMBAT,* parut en 1929, et fut suivi de *LA NOUVELLE EURYDICE* (1931), *PINDARE* (1932), *LA MORT CONDUIT L'ATTELAGE* (1933) qui sera revu et révisé pour constituer *L'ŒUVRE AU NOIR,* prix Fémina 1968. De même *LE DENIER DU RÊVE,* qui paraît en 1934, deviendra une pièce de théâtre bien des années plus tard. *FEUX,* en 1935, est précédé d'un avertissement au lecteur : « Peut-être en est-il de ce livre comme de certains édifices qui n'ont qu'une porte secrète, et dont l'étranger ne connaît qu'un mur infranchissable. Derrière ce mur se donne le plus inquiétant des bals travestis ; celui où quelqu'un se déguise en soi-même. » *LES SONGES ET LES SORTS,* en 1938, sont les récits de rêves car, selon les termes de Marguerite Yourcenar, « l'expérience du rêveur n'est pas sans analogie avec celle du poète ». La même année, elle écrit les *NOUVELLES ORIENTALES.*

En 1940, elle vient rejoindre son amie Grace Frick aux États-Unis et habite à Hartford tout en enseignant la littérature comparée à Sarah Lawrence College. Elle traduit aussi Henry James : Ce que Maisie savait en 1947. Ses *MÉMOIRES D'HADRIEN* que publie Plon en 1951 ont un succès immédiat. C'est l'époque à laquelle Marguerite Yourcenar achète une maison Petite Plaisance à Northeast Harbour dans le Maine. En 1954, elle vient au théâtre avec *ELECTRE OU LA CHUTE DES MASQUES.* Ses pièces sont regroupées en deux volumes qui paraissent en 1971 chez Gallimard : I - *RENDRE A CÉSAR — LA PETITE SIRÈNE* et *LE DIALOGUE DANS LE MARÉCAGE.* II - *LE MYSTÈRE D'ALCESTE — QUI N'A PAS SON MINOTAURE ?*

Elle s'intéresse aussi à la traduction des négro spirituals et publie *FLEUVE PROFOND, SOMBRE RIVIÈRE,* en 1974. Elle est aidée dans ses recherches par le musicien Jerry Wilson.

Une première tentative autobiographique *SOUS BÉNÉFICE D'INVEN-TAIRE*, en 1962, est suivie du cycle *LE LABYRINTHE DU MONDE* qui comprend *SOUVENIRS PIEUX* (1974), *ARCHIVES DU NORD* (1977) et dont la dernière partie doit s'intituler *QUOI L'ÉTERNITÉ ?*

Marguerite Yourcenar a aussi accordé des entretiens à Matthieu Galey qui ont été publiés sous le titre *LES YEUX OUVERTS* (derniers mots des *MÉMOIRES D'HADRIEN*). Elle est la première femme à avoir été admise comme membre de l'Académie française en 1981.

Indication bibliographique

Blot, J. : *Marguerite Yourcenar : une étude.* Paris, Seghers, 1971.

COMMENT WANG-FO FUT SAUVÉ

Le vieux peintre Wang-Fo et son disciple Ling erraient le long des routes du royaume de Han.

Ils avançaient lentement, car Wang-Fo s'arrêtait la nuit pour contempler les astres, le jour pour regarder les libellules. Ils étaient peu chargés, car Wang-Fo aimait l'image des choses, et non les choses elles-mêmes, et nul objet au monde ne lui semblait digne d'être acquis, sauf des pinceaux, des pots de laque et d'encres de Chine, des rouleaux de soie et de papier de riz. Ils étaient pauvres, car Wang-Fo troquait ses peintures contre une ration de bouillie de millet et dédaignait les pièces d'argent. Son disciple Ling, pliant sous le poids d'un sac plein d'esquisses, courbait respectueusement le dos comme s'il portait la voûte céleste car ce sac, aux yeux de Ling, était rempli de montagnes sous la neige, de fleuves au printemps, et du visage de la lune d'été.

Ling n'était pas né pour courir les routes au côté d'un vieil homme qui s'emparait de l'aurore et captait le crépuscule. Son père était changeur d'or ; sa mère était l'unique enfant d'un marchand de jade qui lui avait légué ses biens en la maudissant parce qu'elle n'était pas un fils. Ling avait grandi dans une maison d'où la richesse éliminait les hasards. Cette existence soigneusement calfeutrée l'avait rendu timide : il craignait les insectes, le tonnerre et le visage des morts. Quand il eut quinze ans, son père lui choisit une épouse et la prit très belle, car l'idée du bonheur qu'il procurait à son fils le consolait d'avoir atteint l'âge ou la nuit sert à dormir. L'épouse de Ling était frêle comme un roseau, enfantine comme du lait, douce comme la salive, salée comme les larmes. Après les noces, les parents de Ling poussèrent la discrétion jusqu'à mourir, et leur fils resta seul dans sa maison peinte de cinabre, en compagnie de sa jeune femme, qui souriait sans cesse, et d'un prunier qui chaque printemps donnait des fleurs roses. Ling aima cette femme au cœur limpide comme on aime un miroir qui ne se ternirait pas, un talisman qui servirait toujours. Il fréquentait les maisons de thé pour obéir à la mode et favorisait modérément les acrobates et les danseuses.

Une nuit, dans une taverne, il eut Wang-Fo pour compagnon de table. Le vieil homme avait bu pour se mettre en état de mieux peindre un ivrogne ; sa tête penchait de côté, comme s'il s'efforçait de mesurer la distance qui séparait sa main de sa tasse. L'alcool de riz déliait la langue de cet artisan taciturne, et Wang ce soir-là parlait comme si le silence était un mur, et les mots des couleurs destinées à le couvrir. Grâce à lui, Ling connut la beauté des faces de buveurs estompées par la fumée des boissons chaudes, la splendeur brune des viandes inégalement léchées par les coups de langue du feu, et l'exquise roseur des taches de vin parsemant les nappes comme des pétales fanés. Un coup de vent creva la fenêtre ; l'averse entra dans la chambre. Wang-Fo se pencha pour faire admirer à Ling la zébrure livide de l'éclair, et Ling, émerveillé, cessa d'avoir peur de l'orage.

Ling paya l'écot du vieux peintre : comme Wang-Fo était sans argent et sans hôte, il lui offrit humblement un gîte. Ils firent route ensemble ; Ling tenait une lanterne ; sa lueur projetait dans les flaques des feux inattendus. Ce soir-là Ling apprit avec surprise que les murs de sa maison n'étaient pas rouges, comme il l'avait cru, mais qu'ils avaient la couleur d'une orange prête à pourrir. Dans la cour, Wang-Fo remarqua la forme délicate d'un arbuste, auquel personne n'avait prêté attention jusque-là, et le compara à une jeune femme qui laisse sécher ses cheveux. Dans le couloir, il suivit avec ravissement la marche hésitante d'une fourmi le long des crevasses de la muraille, et l'horreur de Ling pour ces bestioles s'évanouit. Alors, comprenant que Wang-Fo venait de lui faire cadeau d'une âme et d'une perception neuves, Ling coucha respectueusement le vieillard dans la chambre où ses père et mère étaient morts.

Depuis des années, Wang-Fo rêvait de faire le portrait d'une princesse d'autrefois jouant du luth sous un saule. Aucune femme n'était assez irréelle pour lui servir de modèle, mais Ling pouvait le faire, puisqu'il n'était pas une femme. Puis Wang-Fo parla de peindre un jeune prince tirant de l'arc au pied d'un grand cèdre. Aucun jeune homme du temps présent n'était assez irréel pour lui servir de modèle, mais Ling fit poser sa propre femme sous le prunier du jardin. Ensuite, Wang-Fo la peignit en costume de fée parmi les nuages du couchant, et la jeune femme pleura, car c'était un présage de mort. Depuis que Ling lui préférait les portraits que Wang-Fo faisait d'elle, son visage se flétrissait, comme la fleur en butte au vent chaud ou aux pluies d'été. Un matin, on la trouva pendue aux branches du prunier rose : les bouts de l'écharpe qui l'étranglait flottaient mêlés à sa chevelure ; elle paraissait plus mince encore que d'habitude, et pure comme les belles des poèmes de temps révolus. Wang-Fo la peignit une dernière fois, car il aimait cette teinte verte dont se recouvre la figure des morts. Son disciple Ling broyait les couleurs, et cette besogne exigeait tant d'application qu'il oubliait de verser des larmes.

Ling vendit successivement ses esclaves, ses jades et les poissons de sa fontaine pour procurer au maître des pots d'encre pourpre qui venaient d'Occident. Quand la maison fut vide, ils la quittèrent, et Ling ferma derrière lui la porte de son passé. Wang-Fo était las d'une ville où les visages n'avaient plus à lui apprendre aucun secret de laideur ou de beauté, et le maître et le disciple vagabondèrent ensemble sur les routes du royaume de Han.

Leur réputation les précédait dans les villages, au seuil des châteaux-forts et sous le porche des temples où les pèlerins inquiets se réfugient au crépuscule. On disait que Wang-Fo avait le pouvoir de donner la vie à ses peintures par une dernière touche de couleur qu'il ajoutait à leurs yeux. Les fermiers venaient le supplier de leur peindre un chien de garde, et les seigneurs voulaient de lui des images de soldats. Les prêtres honoraient Wang-Fo comme un sage ; le peuple le craignait comme un sorcier. Wang se réjouissait de ces différences d'opinions qui lui permettaient d'étudier autour de lui des expressions de gratitude, de peur ou de vénération.

Ling mendiait la nourriture, veillait sur le sommeil du maître et profitait de ses extases pour lui masser les pieds. Au point du jour, quand le vieux dormait encore, il partait à la chasse de paysages timides dissimulés derrière des bouquets de roseaux. Le soir, quand le maître, découragé, jetait ses pinceaux sur le sol, il les ramassait. Lorsque Wang était triste et parlait de son grand âge, Ling lui montrait en souriant le tronc solide d'un vieux chêne ; lorsque Wang était gai et débitait des plaisanteries, Ling faisait humblement semblant de l'écouter.

Un jour, au soleil couchant, ils atteignirent les faubourgs de la ville impériale, et Ling chercha pour Wang-Fo une auberge où passer la nuit. Le vieux s'enveloppa dans des loques, et Ling se coucha contre lui pour le réchauffer, car le printemps venait à peine de naître, et le plancher de terre battue était encore gelé. A l'aube, des pas lourds retentirent dans les corridors de l'auberge ; on entendit les chuchotements effrayés de l'hôte, et des commandements criés en langue barbare. Ling frémit, se souvenant qu'il avait volé la veille un gâteau de riz pour le repas du maître. Ne doutant pas qu'on ne vînt l'arrêter, il se demanda qui aiderait demain Wang-Fo à passer le gué du prochain fleuve.

Les soldats entrèrent avec des lanternes. La flamme filtrant à travers le papier bariolé jetait des lueurs rouges ou bleues sur leurs casques de cuir. La corde d'un arc vibrait sur leur épaule, et les plus féroces poussaient tout à coup des rugissements sans raison. Ils posèrent lourdement la main sur la nuque de Wang-Fo, qui ne put s'empêcher de remarquer que leurs manches n'étaient pas assorties à la couleur de leur manteau.

Soutenu par son disciple, Wang-Fo suivit les soldats en trébuchant le long des routes inégales. Les passants attroupés se gaussaient de ces deux criminels qu'on menait sans doute décapiter. A toutes les questions de Wang, les soldats répondaient par une grimace sauvage. Ses mains ligotées souffraient, et Ling, désespéré, regardait son maître en souriant, ce qui était pour lui une façon plus tendre de pleurer.

Ils arrivèrent sur le seuil du palais impérial, dont les murs violets se dressaient en plein jour comme un pan de crépuscule. Les soldats firent franchir à Wang-Fo d'innombrables salles carrées ou circulaires dont la forme symbolisait les saisons, les points cardinaux, le mâle et la femelle, la longévité, les prérogatives du pouvoir. Les portes tournaient sur elles-mêmes en émettant une note de musique, et leur agencement était tel qu'on parcourait toute la gamme en traversant le palais de l'Est au Couchant. Tout se concertait pour donner l'idée d'une puissance et d'une subtilité surhumaines, et l'on sentait que les moindres ordres prononcés ici devaient être définitifs et terribles comme la sagesse des ancêtres. Enfin, l'air se raréfia ; le silence devint si profond qu'un supplicié même n'eût pas osé crier. Un eunuque souleva une tenture ; les soldats tremblèrent comme des femmes, et la petite troupe entra dans la salle où trônait le Fils du Ciel.

C'était une salle dépourvue de murs, soutenue par d'épaisses colonnes de pierre bleue. Un jardin s'épanouissait de l'autre côté des fûts de marbre et chaque fleur contenue dans ses bosquets appartenait à une espèce rare apportée d'au-delà les océans. Mais aucune n'avait de parfum, de peur que la méditation du Dragon Céleste ne fût troublée par les bonnes odeurs. Par respect pour le silence où baignaient ses pensées, aucun oiseau n'avait été admis à l'intérieur de l'enceinte, et on en avait même chassé les abeilles. Un mur énorme séparait le jardin du reste du monde, afin que le vent, qui passe sur les chiens crevés et les cadavres des champs de batailles, ne pût se permettre de frôler la manche de l'Empereur.

Le Maître Céleste était assis sur un trône de jade, et ses mains étaient ridées comme celles d'un vieillard, bien qu'il eût à peine vingt ans. Sa robe était bleue pour figurer l'hiver, et verte pour rappeler le printemps. Son visage était beau, mais impassible comme un miroir placé trop haut qui ne refléterait que les astres et l'implacable ciel. Il avait à sa droite son ministre des Plaisirs Parfaits, et à sa gauche son Conseiller des Justes Tourments. Comme ses courtisans, rangés au pied des colonnes, tendaient l'oreille pour recueillir le moindre mot sorti de ses lèvres, il avait pris l'habitude de parler toujours à voix basse.

— Dragon Céleste, dit Wang-Fo prosterné, je suis vieux, je suis pauvre, je suis faible. Tu es comme l'été ; je suis comme l'hiver. Tu as Dix Mille Vies ; je n'en ai qu'une, et qui va finir. Que t'ai-je fait ? On a lié mes mains qui ne t'ont jamais nui.

— Tu me demandes ce que tu m'as fait, vieux Wang-Fo ? dit l'Empereur.

Sa voix était si mélodieuse qu'elle donnait envie de pleurer. Il leva sa main droite, que les reflets du pavement de jade faisaient paraître glauque, comme une plante sous-marine, et Wang-Fo, émerveillé par la longueur de ces doigts minces, chercha dans ses souvenirs s'il n'avait pas fait de l'Empereur, ou de ses ascendants, un portrait médiocre qui mériterait la mort. Mais c'était peu probable, car Wang-Fo jusqu'ici avait peu fréquenté la cour des empereurs, lui préférant les huttes des fermiers, ou, dans les villes, les faubourgs des courtisanes et les tavernes le long des quais où se querellent les portefaix.

— Tu me demandes ce que tu m'as fait, vieux Wang-Fo ? reprit l'Empereur en penchant son cou grêle vers le vieil homme qui l'écoutait. Je vais te le dire. Mais, comme le venin d'autrui ne peut se glisser en nous que par nos neufs ouvertures, pour te mettre en présence de tes torts, je dois te promener le long des corridors de ma mémoire, et te raconter toute ma vie. Mon père avait rassemblé une collection de tes peintures dans la chambre la plus secrète du palais, car il était d'avis que les personnages des tableaux doivent être soustraits à la vue des profanes, en présence de qui ils ne peuvent baisser les yeux. C'est dans ces salles que j'ai été élevé, vieux Wang-Fo, car on avait organisé autour de moi la solitude pour me permettre d'y grandir. Pour éviter à ma candeur l'éclaboussure des âmes humaines, on avait éloigné de moi le flot agité de mes sujets futurs, et il n'était permis à personne de passer devant mon seuil, de peur que l'ombre de cet homme ou de cette femme ne s'étendît jusqu'à moi. Les quelque vieux serviteurs qu'on m'avait octroyés se montraient le moins possible ; les heures tournaient en cercle ; les couleurs de tes peintures s'avivaient avec l'aube et palissaient avec le crépuscule. La nuit, quand je ne parvenais pas à dormir, je les regardais, et, pendant près de dix ans, je les ai regardées toutes les nuits. Le jour, assis sur un tapis dont je savais par cœur le dessin, reposant mes paumes vides sur mes genoux de soie jaune, je rêvais aux joies que me procurerait l'avenir. Je me représentais le monde, le pays de Han au milieu, pareil à la plaine monotone et creuse de la main que sillonnent les lignes fatales des Cinq Fleuves. Tout autour, la mer où naissent les monstres, et, plus loin encore, les montagnes qui supportent le ciel. Et, pour m'aider à me représenter toutes ces choses, je me servais de tes peintures. Tu m'as fait croire que la mer ressemblait à la vaste nappe d'eau étalée sur tes toiles, si bleue qu'une pierre en y tombant ne peut que se changer en saphir, que les femmes s'ouvraient et se refermaient comme des fleurs, pareilles aux créatures qui s'avancent, poussées par le vent, dans les allées de tes jardins, et que les jeunes guerriers à la taille mince qui veillent dans les forteresses des frontières étaient eux-mêmes des flèches qui pouvaient vous transpercer le cœur. A seize ans, j'ai vu se rouvrir les portes qui me séparaient du monde : je suis monté sur la terrasse du palais pour regarder les nuages, mais ils étaient moins beaux que ceux de tes crépuscules. J'ai commandé ma litière : secoué sur des routes dont je ne prévoyais ni la boue ni les pierres, j'ai parcouru les provinces de l'Empire sans trouver tes jardins pleins de femmes semblables à des lucioles, tes femmes dont le corps est lui-même un jardin. Les cailloux des rivages m'ont dégoûté des océans ; le sang des suppliciés est moins rouge que la grenade figurée sur tes toiles ; la vermine des villages m'empêche de voir la beauté des rizières ; la chair des femmes vivantes me répugne comme la viande morte qui pend aux crocs des bouchers, et le rire épais de mes soldats me soulève le cœur. Tu m'as menti, Wang-Fo, vieil imposteur : le monde n'est qu'un amas de taches confuses, jetées sur le vide par un peintre insensé, sans cesse effacées par nos larmes. Le royaume de Han n'est pas le plus beau des royaumes, et je ne suis pas l'Empereur. Le seul empire sur lequel il vaille la peine de régner est celui où tu pénètres, vieux Wang, par le chemin des Mille Courbes et des Dix Mille Couleurs. Toi seule règnes en paix sur des montagnes couvertes d'une neige qui ne peut fondre, et sur des champs de narcisses qui ne peuvent pas mourir. Et c'est pourquoi, Wang-Fo, j'ai cherché quel supplice te serait réservé, à toi dont les sortilèges m'ont dégoûté de ce que je possède, et donne le désir de ce que je ne posséderai pas. Et pour t'enfermer dans le seul cachot dont tu ne puisses sortir, j'ai décidé qu'on te brûlerait les yeux, puisque tes yeux, Wang-Fo, sont les deux portes magiques qui t'ouvrent ton royaume. Et puisque tes mains sont les deux routes aux dix embranchements qui te mènent au cœur de ton empire, j'ai décidé qu'on te couperait les mains. M'as-tu compris, vieux Wang-Fo ?

En entendant cette sentence, le disciple Ling arracha de sa ceinture un couteau ébréché et se précipita sur l'Empereur. Deux gardes le saisirent. Le Fils du Ciel sourit et ajouta dans un soupir :

— Et je te hais aussi, vieux Wang-Fo, parce que tu as sû te faire aimer. Tuez ce chien.

Ling fit un bond en avant pour éviter que son sang ne vînt tâcher la robe du Maître. Un des soldats leva son sabre, et la tête de Ling se détacha de sa nuque, pareille à une fleur coupée. Les serviteurs emportèrent ses restes, et Wang-Fo, désespéré, admira la belle tache écarlate que le sang de son disciple faisait sur le pavement de pierre verte.

L'Empereur fit un signe, et deux eunuques essuyèrent les yeux de Wang-Fo.

— Écoute, vieux Wang-Fo, dit l'Empereur, et sèche tes larmes, car ce n'est pas le moment de pleurer. Tes yeux doivent rester clairs, afin que le peu de lumière qui leur reste ne soit pas brouillée par tes pleurs. Car ce n'est pas seulement par rancune que je souhaite ta mort ; ce n'est pas seulement par cruauté que je veux te voir souffrir. J'ai d'autres projets, vieux Wang-Fo. Je possède dans ma collection de tes œuvres une peinture admirable où les montagnes, l'estuaire des fleuves et la mer se reflètent, infiniment rapetissés sans doute, mais avec une évidence qui surpasse celle des objets eux-mêmes, comme les figures qui se mirent sur les parois d'une sphère. Mais cette peinture est inachevée, Wang-Fo, et ton chef-d'œuvre est à l'état d'ébauche. Sans doute, au moment où tu peignais, assis dans une vallée solitaire, tu remarquas un oiseau qui passait, ou un enfant qui poursuivait cet oiseau. Et le bec de l'oiseau, ou les joues de l'enfant t'ont fait oublier les paupières bleues des flots. Tu n'as pas terminé les franges du manteau de la mer, ni les cheveux d'algues des rochers. Wang-Fo, je veux que tu consacres les heures de lumière, qui te restent à finir cette peinture, qui contiendra ainsi les derniers secrets accumulés au cours de ta longue vie. Nul doute que tes mains, si près de tomber, ne trembleront sur l'étoffe de soie, et l'infini pénétrera dans ton œuvre par ces hâchures du malheur. Et nul doute que tes yeux, si près d'être anéantis, ne découvriront des rapports à la limite des sens humains. Tel est mon projet, vieux Wang-Fô, et je puis te forcer à l'accomplir. Si tu refuses, avant de t'aveugler, je ferai brûler toutes tes œuvres, et tu seras alors pareil à un père dont on a massacré les fils et détruit les espérances de postérité. Mais crois plutôt, si tu veux, que ce dernier commandement n'est qu'un effet de ma bonté, car je sais que la toile est la seule maîtresse que tu aies jamais caressée. Et t'offrir des pinceaux, des couleurs, et de l'encre pour occuper tes dernières heures, c'est faire l'aumône d'une fille de joie à un homme qu'on va mettre à mort.

Sur un petit signe du petit doigt de l'Empereur, deux eunuques apportèrent respectueusement la peinture inachevée où Wang-Fô avait tracé l'image de la mer et du ciel. Wang-Fô sécha ses larmes et sourit, car cette petite esquisse lui rappelait sa jeunesse. Tout y attestait une fraîcheur d'âme à laquelle Wang-Fô ne pouvait plus prétendre, mais il y manquait cependant quelque chose, car à l'époque où Wang l'avait peinte, il n'avait pas encore assez contemplé de montagnes, ni de rochers baignant dans la mer leurs flancs nus, et ne s'était pas assez pénétré de la tristesse du crépuscule. Wang-Fô choisit un des pinceaux que lui présentait un esclave et se mit à étendre sur la mer inachevée de larges coulées bleues. Un eunuque accroupi à ses pieds broyait les couleurs ; il s'acquittait assez mal de cette besogne, et plus que jamais Wang-Fô regretta son disciple Ling.

Wang commença par teinter de rose le bout de l'aile d'un nuage posé sur une montagne. Puis il ajouta à la surface de la mer de petites rides qui ne faisaient que rendre plus profond le sentiment de sa sérénité. Le pavement de jade devenait singulièrement humide, mais Wang-Fô, absorbé dans sa peinture, ne s'apercevait pas qu'il travaillait les pieds dans l'eau.

Le frêle canot grossi sous les coups de pinceau du peintre occupait maintenant tout le premier plan du rouleau de soie. Le bruit cadencé des rames s'éleva soudain dans la distance, rapide et vif comme un battement d'aile. Le bruit se rapprocha, emplit doucement toute la salle, puis cessa, et des gouttes tremblaient, immobiles, suspendues aux avirons du batelier. Depuis longtemps, le fer rouge destiné aux yeux de Wang s'était éteint sur le brasier du bourreau. Dans l'eau jusqu'aux épaules, les courtisans, immobilisés par l'étiquette, se soulevaient sur la pointe des pieds. L'eau atteignit enfin au niveau du cœur impérial. Le silence était si profond qu'on eût entendu tomber des larmes.

C'était bien Ling. Il avait sa vieille robe de tous les jours, et sa manche droite portait encore les traces d'un accroc qu'il n'avait pas eu le temps de réparer, le matin, avant l'arrivée des soldats. Mais il avait autour du cou une étrange écharpe rouge.

Wang-Fô lui dit doucement en continuant à peindre :

— Je te croyais mort.

— Vous vivant, dit respectueusement Ling, comment aurais-je pu mourir ?

Et il aida le Maître à monter en barque. Le plafond de jade se reflétait sur l'eau, de sorte que Ling paraissait naviguer à l'intérieur d'une grotte. Les tresses des courtisans submergés ondulaient à la surface comme des serpents, et la tête pâle de l'Empereur flottait comme un lotus.

— Regarde, mon disciple, dit mélancoliquement Wang-Fô. Ces malheureux vont périr, si ce n'est déjà fait. Je ne me doutais pas qu'il y avait assez d'eau dans la mer pour noyer un Empereur. Que faire ?

— Ne crains rien, Maître, murmura le disciple. Bientôt, ils se trouveront à sec et ne se souviendront même pas que leur manche ait jamais été mouillée. Seul, l'Empereur gardera au cœur un peu d'amertume marine. Ces gens ne sont pas faits pour se perdre à l'intérieur d'une peinture.

Et il ajouta :

— La mer est belle, le vent bon, les oiseaux marins font leur nid. Partons, mon Maître, pour le pays au-delà des flots.

— Partons, dit le vieux peintre.

Wang-Fo se saisit du gouvernail, et Ling se pencha sur les rames. La cadence des avirons emplit de nouveau toute la salle, ferme et régulière comme le bruit d'un cœur. Le niveau de l'eau diminuait insensiblement autour des grands rochers verticaux qui redevenaient des colonnes. Bientôt, quelques rares flaques brillèrent seules dans les dépressions du pavement de jade. Les robes des courtisans étaient sèches, mais l'Empereur gardait quelques flocons d'écume dans la frange de son manteau.

Le panneau achevé par Wang-Fo était posé contre une tenture. Une barque en occupait tout le premier plan. Elle s'éloignait peu à peu, laissant derrière elle un mince sillage qui se refermait sur la mer immobile. Déjà, on ne distinguait plus le visage des deux hommes assis dans le canot. Mais on apercevait encore l'écharpe rouge de Ling, et la barbe de Wang-Fo flottait au vent.

La pulsation des rames s'affaiblit, puis cessa, oblitérée par la distance. L'Empereur, penché en avant, la main sur les yeux, regardait s'éloigner la barque de Wang, qui n'était déjà plus qu'un tâche imperceptible dans la paleur du crépuscule. Une buée d'or s'éleva et se déploya sur la mer. Enfin, la barque vira autour d'un rocher qui fermait l'entrée du large ; l'ombre d'une falaise tomba sur elle ; le sillage s'effaça de la surface déserte, et le peintre Wang-Fo et son disciple Ling disparurent à jamais sur cette mer de jade bleu que Wang-Fo venait d'inventer.

Simone Weil. (Snark)

Simone Weil (1909-1943)

Née dans une famille juive aisée, Simone Weil écrit dans l'*Attente de Dieu*, « j'ai été élevée par mes parents et mon frère dans un agnosticisme complet [...]. J'ai toujours adopté comme seule attitude possible l'attitude chrétienne ». Elle passe son bac à quinze ans, suit les cours de Le Senne, au lycée Victor-Duruy, puis d'Alain à l'École Normale Supérieure, dont elle sort agrégée de philosophie en 1931. Sa pensée a été formée par Spinoza et les Pythagoriciens. Elle mènera une vie ascétique par choix après avoir été fortement influencée par les stoïciens : « Le devoir d'acceptation à l'égard de la volonté de Dieu, quelle qu'elle puisse être, s'est imposé à mon esprit comme le premier et le plus nécessaire de tous, celui auquel on ne peut pas manquer sans se déshonorer, dès que je l'ai trouvé exposé dans Marc Aurèle sous la forme de l'amor fati stoïcien. »

Nommée professeur au Puy, puis à Auxerre et à Roanne, Simone Weil est menacée de renvoi à cause de ses activités syndicales. En 1933, elle écrit dans le journal syndicaliste, *Révolution prolétarienne,* après avoir envoyé des articles à *Libres Propos*, moins radical. Elle déclare aux autorités, « j'ai toujours considéré la révocation comme le couronnement de ma carrière ».

En 1934-35, elle prend un an de congé pour aller travailler comme ouvrière aux usines Renault, à Paris, et partager les conditions de vie du prolétariat. Elle tient un journal, prend des notes, et envoie des lettres qui seront publiées après sa mort, sous le titre *LA CONDITION OUVRIÈRE* (1951).

Elle retourne brièvement à l'enseignement à Bourges jusqu'à ce qu'éclate la guerre civile en Espagne. En août 1936, elle est à Barcelone et soutient la cause des opposants au régime militaire, refusant cependant de porter les armes. Grièvement brûlée aux pieds, elle rentre en France en octobre et s'explique dans une lettre à Bernanos... Elle enseigne à Saint-Quentin et voyage en Italie et au Portugal. A Pâques 1938, elle se rend à l'abbaye de Solesmes, y rencontre un Anglais qui lui fait découvrir les poètes métaphysiques et traverse une crise spririturelle. Elle apprend par cœur le poème de George Hébert, intitulé : *Amour.* Dans son *AUTOBIOGRAPHIE SPIRITUELLE*, elle explique : « Souvent, au moment culminant des crises violentes de maux de tête, je me suis exercée à le réciter seulement en y appliquant toute mon attention et en adhérant de toute mon âme à la tendresse qu'il renferme. Je croyais le réciter seulement comme un beau poème, mais à mon insu cette récitation avait la vertu d'une prière. C'est au cours d'une de ces récitations que, comme je vous l'ai écrit, le Christ lui-même est descendu et m'a prise. »

Recommandée par le Père Perrin, qu'elle avait rencontré au couvent des Dominicains, à Marseille, en 1941, elle est reçue en Ardèche par le philosophe Gustave Thibon qui lui permet de travailler aux champs où elle rencontre le monde paysan. Après avoir fait les vendanges à Saint-Julien de Peyrolas, elle écrit, en 1941, *LA PESANTEUR ET LA GRÂCE*. Transférée à Montpellier, en mars 1942, elle revoit Thibon à Marseille et de leur conversation naquit son ouvrage *LA CONNAISSANCE SURNATURELLE*.

En mai 1942, elle accepte de partir avec ses parents pour New York, en passant par Casablanca. Auparavant, elle remet douze cahiers de notes à Thibon et confie d'autres manuscrits au Père Perrin qu'il rassemblera sous le titre, *INTUITIONS PRÉ-CHRÉTIENNES*.

En novembre 1942, elle se trouve à Londres, désireuse de s'engager dans les Forces Françaises Libres. Elle écrit l'*ENRACINEMENT*. Atteinte de tuberculose, refusant de se nourrir alors que ses compatriotes souffrent de la faim, elle meurt le 24 août 1943 dans le Kent.

Femme révoltée par l'injustice sociale, philosophe illuminée, Simone Weil laissa une œuvre inachevée, dont la publication posthume fut assurée par les soins du Père Perrin. On a fait remarquer avec justesse que « Simone Weil fut, à la lettre, dévorée par son intelligence ».

Indications bibliographiques

Blech-Lidott, L. : *La pensée philosophique et sociale de Simone Weil*. Berne, Herbert Lang, 1976.
Cabaud, J. : *L'expérience vécue de Simone Weil*. Paris, Plon, 1957.
Dujardin, P. : *Simone Weil : idéologie et politique*. Presses universitaires de Grenoble, 1975.
Little, J.-P. : *Simone Weil : a bibliography*. Londres, Grant & Culler, 1973.
Perrin, J.-M. & Thibon, G. : *Simone Weil telle que nous l'avons connue*. Paris, Éditions du Vieux Colombier, 1951.

LETTRE A UNE ÉLÈVE 1934

Chère petite,

Il y a longtemps que je veux vous écrire, mais le travail d'usine n'incite guère à la correspondance. Comment avez-vous su ce que je faisais ? Par les sœurs Derieu, sans doute ? Peu importe, d'ailleurs, car je voulais vous le dire. Vous, du moins, n'en parlez pas, même pas à Marinette, si ce n'est déjà fait. C'est ça le « contact avec la vie réelle » dont je vous parlais. Je n'y suis arrivée que par faveur ; un de mes meilleurs copains connait l'administrateur-délégué de la Compagnie, et lui a expliqué mon désir ; l'autre a compris, ce qui dénote une largeur d'esprit tout à fait exceptionnelle chez cette espèce de gens. De nos jours, il est presque impossible d'entrer dans une usine sans certificat de travail — surtout quand on est, comme moi, lent, maladroit et pas très costaud.

Je vous dis tout de suite — pour le cas où vous auriez l'idée d'orienter votre vie dans une direction semblable — que, quel que soit mon bonheur d'être arrivée à travailler en usine, je ne suis pas moins heureuse de n'être pas enchaînée à ce travail. J'ai simplement pris une année de congé « pour études personnelles ». Un homme, s'il est très adroit, très intelligent et très costaud, peut à la rigueur espérer, dans l'état actuel de l'industrie française, arriver dans l'usine à un poste où il lui soit permis de travailler d'une manière intéressante et humaine ; et encore les possibilités de cet ordre diminuent de jour en jour avec les progrès de la rationalisation. Les femmes, elles, sont parquées dans un travail tout à fait machinal, où on ne demande que de la rapidité. Quand je dis machinal, ne croyez pas qu'on puisse rêver à autre chose en le faisant, encore moins réfléchir. Non, le tragique de cette situation, c'est que le travail est trop machinal pour offrir matière à la pensée, et que néanmoins il interdit toute autre pensée. Penser, c'est aller moins vite ; or il y a des normes de vitesse, établies par des bureaucrates impitoyables, et qu'il faut réaliser, à la fois pour ne pas être renvoyé et pour gagner suffisamment (le salaire étant aux pièces). Moi, je n'arrive pas encore à les réaliser, pour bien des raisons : le manque d'habitude, ma maladresse naturelle, qui est considérable, une certaine lenteur naturelle dans les mouvements, les maux de tête, et une certaine manie de penser dont je n'arrive pas à me débarrasser... Aussi je crois qu'on me mettrait à la porte sans une protection d'en haut. Quant aux heures de loisir, théoriquement on en a pas mal, avec la journée de 8 heures ; pratiquement elles sont absorbées par une fatigue qui va souvent jusqu'à l'abrutissement. Ajoutez, pour compléter le tableau, qu'on vit à l'usine dans une subordination perpétuelle et humiliante, toujours aux ordres des chefs. Bien entendu, tout cela fait plus ou moins souffrir, selon le caractère, la force physique, etc. ; il faudrait des nuances ; mais enfin, en gros, c'est ça.

Ce n'empêche pas que — tout en souffrant de tout cela — je suis plus heureuse que je ne puis dire d'être là où je suis. Je le désirais depuis je ne sais combien d'années, mais je ne regrette pas de n'y être arrivée que maintenant parce que c'est maintenant seulement que je suis en état de tirer de cette expérience tout le profit qu'elle comporte pour moi. J'ai le sentiment, surtout, de m'être échappée d'un monde d'abstractions et de me trouver parmi des hommes réels — bons ou mauvais, mais d'une bonté ou d'une méchanceté véritable. La bonté surtout, dans une usine, est quelque chose de réel quand elle existe ; car le moindre acte de bienveillance, depuis un simple sourire jusqu'à un service rendu, exige qu'on triomphe de la fatigue, de l'obsession du salaire, de tout ce qui accable et incite à se replier sur soi. De même la pensée demande un effort presque miraculeux pour s'élever au-dessus des conditions dans lesquelles on vit. Car ce n'est pas là comme à l'université, où on est payé pour penser ou du moins pour faire semblant ; là, la tendance serait plutôt de payer pour ne pas penser ; alors, quand on aperçoit un éclair d'intelligence, on est sûr qu'il ne trompe pas. En dehors de tout cela, les machines par elles-mêmes m'attirent et m'intéressent vivement. J'ajoute que je suis en usine principalement pour me renseigner sur un certain nombre de questions fort précises qui me préoccupent, et que je ne puis vous énumérer.

Assez parlé de moi. Parlons de vous. Votre lettre m'a effrayée. Si vous persistez à avoir pour principal objectif de connaître toutes les sensations possibles — car, comme état d'esprit passager, c'est normal à votre âge — vous n'irez pas loin. J'aimais bien mieux quand vous disiez aspirer à prendre contact avec la vie réelle. Vous croyez peut-être que c'est la même chose ; en fait, c'est juste le contraire. Il y a des gens qui n'ont vécu que de sensations et pour les sensations ; André Gide en est un exemple. Ils sont en réalité les dupes de la vie, et, comme ils le sentent confusément, ils tombent toujours dans une profonde tristesse où il ne leur reste d'autre ressource que de s'étourdir en se mentant misérablement à eux-mêmes. Car la réalité de la vie, ce n'est pas la sensation, c'est l'activité — j'entends l'activité et dans la pensée et dans l'action. Ceux qui vivent de sensations ne sont, matériellement et moralement, que des parasites par rapport aux hommes travailleurs et créateurs, qui seuls sont des hommes. J'ajoute que ces derniers, qui ne recherchent pas les sensations, en reçoivent néanmoins de bien plus vives, plus profondes, moins artificielles et plus vraies que ceux qui les recherchent. Enfin la recherche de la sensation implique un égoïsme qui me fait horreur, en ce qui me concerne. Elle n'empêche évidemment pas d'aimer, mais elle amène à considérer les êtres aimés comme de simples occasions de jouir ou de souffrir, et à oublier complètement qu'ils existent par eux-mêmes. On vit au milieu de fantômes. On rêve au lieu de vivre.

En ce qui concerne l'amour, je n'ai pas de conseils à vous donner, mais au moins des avertissements. L'amour est quelque chose de grave où l'on risque souvent d'engager à jamais et sa propre vie et celle d'un autre être humain. On le risque même toujours, à moins que l'un des deux ne fasse de l'autre son jouet ; mais en ce dernier cas, qui est fort fréquent, l'amour est quelque chose d'odieux. Voyez-vous l'essentiel de l'amour, cela consiste en somme en ceci qu'un être humain se trouve avoir un besoin vital d'un autre être — besoin réciproque ou non, durable ou non, selon les cas. Dès lors le problème est de concilier un pareil besoin avec la liberté, et les hommes se sont débattus dans ce problème depuis des temps immémoriaux. C'est pourquoi l'idée de rechercher l'amour pour voir ce que c'est, pour mettre un peu d'animation dans une vie trop morne, etc., me paraît dangereuse et surtout puérile. Je peux vous dire que quand j'avais votre âge, et plus tard aussi, et que la tentation de chercher à connaître l'amour m'est venue, je l'ai écartée en me disant qu'il valait mieux pour moi ne pas risquer d'engager toute ma vie dans un sens impossible à prévoir avant d'avoir atteint un degré de maturité qui me permette de savoir au juste ce que je demande en général à la vie, ce que j'attends d'elle. Je ne vous donne pas cela comme un exemple ; chaque vie se déroule selon ses propres lois. Mais vous pouvez y trouver matière à réflexion. J'ajoute que l'amour me paraît comporter un risque plus effrayant encore que celui d'engager aveuglément sa propre existence ; c'est le risque de devenir l'arbitre d'une autre existence humaine, au cas où on est profondément aimé. Ma conclusion (que je vous donne seulement à titre d'indication) n'est pas qu'il faut fuir l'amour, mais qu'il ne faut pas le rechercher, et surtout quand on est très jeune. Il vaut bien mieux alors ne pas le rencontrer, je crois.

Il me semble que vous devriez pouvoir réagir contre l'ambiance. Vous avez le royaume illimité des livres ; c'est loin d'être tout, mais c'est beaucoup, surtout à titre de préparation à une vie plus concrète. Je voudrais aussi vous voir vous intéresser à votre travail de classe, où vous pouvez apprendre beaucoup plus que vous ne croyez. D'abord à travailler : tant qu'on est incapable de travail suivi, on n'est bon à rien dans aucun domaine. Et puis vous former l'esprit. Je ne vous recommence pas l'éloge de la géométrie. Quant à la physique, vous ai-je suggéré l'exercice suivant ? C'est de faire la critique de votre manuel et de votre cours en essayant de discerner ce qui est bien raisonné de ce qui ne l'est pas. Vous trouverez ainsi une quantité surprenante de faux raisonnements. Tout en s'amusant à ce jeu, extrêmement instructif, la leçon se fixe souvent dans la mémoire sans qu'on y pense. Pour l'histoire et la géographie, vous n'avez guère à ce sujet que des choses fausses à force d'être schématiques ; mais si vous les apprenez bien, vous vous donnerez une base solide pour acquérir ensuite par vous-même des notions réelles sur la société humaine dans le temps et dans l'espace, chose indispensable à quiconque se préoccupe de la question sociale. Je ne vous parle pas du français, je suis sûre que votre style se forme.

J'ai été très heureuse quand vous m'avez dit que vous étiez décidée à préparer l'école normale ; cela m'a libérée d'une préoccupation angoissante. Je regrette d'autant plus vivement que cela semble être sorti de votre esprit.

Je crois que vous avez un caractère qui vous condamne à souffrir beaucoup toute votre vie. J'en suis même sûre. Vous avez trop d'ardeur et trop d'impétuosité pour pouvoir jamais vous adapter à la vie sociale de notre époque. Vous n'êtes pas seule ainsi. Mais souffrir, cela n'a pas d'importance, d'autant que vous éprouverez aussi de vives joies. Ce qui importe, c'est de ne pas rater sa vie. Or pour ça, il faut se discipliner.

Je regrette beaucoup que vous ne puissiez pas faire de sport : c'est cela qu'il vous faudrait. Faites encore un effort pour persuader vos parents. J'espère, au moins, que les vagabondages joyeux à travers les montagnes ne vous sont pas interdits. Saluez vos montagnes pour moi.

Je me suis aperçue, à l'usine, combien il est paralysant et humiliant de manquer de vigueur, d'adresse, de sûreté dans le coup d'œil. A cet égard, rien ne peut suppléer, malheureusement pour moi, à ce qu'on n'a pas acquis avant 20 ans. Je ne saurais trop vous recommander d'exercer le plus que vous pouvez vos muscles, vos mains, vos yeux. Sans un pareil exercice, on se sent singulièrement incomplet.

Écrivez-moi, mais n'attendez de réponse que de loin en loin. Écrire me coûte un effort excessivement pénible. Écrivez-moi 228, rue Lecourbe, Paris-15ᵉ. J'ai pris une petite chambre tout près de mon usine.

Jouissez du printemps, humez l'air et le soleil (s'il y en a), lisez de belles choses.

S. Weil

CAHIERS D'AMÉRIQUE
(la connaissance surnaturelle)

......

L'amour divin, c'est l'amour inconditionnel. Aimer un être humain en Dieu, c'est l'aimer inconditionnellement. On ne peut aimer un être inconditionnellement que si on aime en lui un attribut indestructible.

Dans un être humain ordinaire, un seul attribut est indestructible, c'est le fait d'être une créature.

Dans ceux qui sont deux fois nés, qui ont été engendrés d'en haut par l'esprit, qui ont passé par la mort et la résurrection du Christ, il y a un second attribut indestructible, c'est celui d'enfant de Dieu.

Cela fait deux amours inconditionnés envers les êtres humains. L'un est exprimé dans le précepte « aime ton prochain comme toi-même », l'autre dans le précepte « aimez-vous les uns les autres ».

Ce que nous demandons à l'amour humain est une impossibilité, une contradiction vicieuse. Nous ne voulons pas être aimés conditionnellement. Celui qui dirait : « Je t'aimerai tant que tu es en bonne santé ; si tu es malade, je ne t'aime plus » serait repoussé avec colère. D'autre part nous ne voulons pas d'un amour qui nous confond avec la masse. Celui qui dirait « j'aime toutes les femmes blondes, toi ni plus ni moins que les autres », ou « j'aime toutes les Parisiennes », serait repoussé de même. Nous voulons être préférés inconditionnellement. Or tous les attributs qui nous distinguent d'autrui sont conditionnels et peuvent disparaître. Nous ne méritons inconditionnellement que le degré d'attention accordé à la créature la plus misérable, c'est-à-dire un infiniment petit.

Pourtant c'est vrai que nous méritons d'être non seulement préférés, mais aimés uniquement, exclusivement. Mais ce qui en nous mérite cela, c'est la partie incréée de l'âme, qui est identique au Fils de Dieu. Quand le moi composé d'attributs est détruit et que cette partie émerge, « je ne vis plus en moi, mais le Christ vit en moi » ; quiconque aime un homme qui en est là et parce qu'il en est là aime sous sa forme le Christ. C'est un amour impersonnel.

Aimer une personne impersonnellement, c'est aimer en Dieu.

« Aime ton prochain comme toi-même », cela veut dire aime-le inconditionnellement ; car l'amour de soi est inconditionnel. Se ferait-on horreur, on ne cesse pas de s'aimer.

L'amour a pour objet le bien. Pour aimer inconditionnellement un être humain ordinaire, il faut avoir aperçu en lui un bien inconditionnel.

Il n'y a pas de bien inconditionnel chez aucun homme non arrivé à l'union mystique, sinon la possibilité d'y arriver.

Pour aimer inconditionnellement les hommes, il faut voir en eux des pensées soumises aux lois mécaniques de la matière, mais ayant pour vocation le bien absolu.

L'aspiration au bien, qui existe chez tous les hommes — car tout homme désire, et tout désir a pour objet le bien —, l'aspiration au bien qui est l'être même de chaque homme est le seul bien toujours inconditionnellement présent en tout homme.

Aimer chez tous les hommes, selon le cas, ou le désir ou la possession du bien.

Dans un autre vocabulaire : aimer chez tous les hommes ou le désir ou la possession de Dieu.

C'est cela, aimer inconditionnellement. C'est cela, aimer les êtres humains en Dieu.

En enfer, par définition, il n'y a plus de désir du bien. Dès lors, il est impossible qu'on y souffre.

Chez les êtres humains, nous aimons la satisfaction espérée de notre désir. Nous n'aimons pas en eux leur désir. Aimer en eux leur désir, c'est les aimer comme soi. En soi on n'aime pas un bien, on adhère à un désir.

Le désir est toujours souffrance, parce qu'insatisfait. Réciproquement toute souffrance est insatisfaction d'un désir. L'amour qui adhère au désir d'autrui, c'est la compassion.

On ne peut pas compatir à tout désir si on n'a pas contemplé les notions pures, universelles, de désir et de bien. Autrement dit, si on n'a pas contemplé Dieu.

Si on contemple le Bien, on considère tout désir, fût-ce le plus affreux, comme une aspiration au bien, fût-elle erronée.

Nous n'aimons pas un être humain comme une faim, mais comme une nourriture. Nous aimons en cannibales. Aimer purement, c'est aimer dans un être humain sa faim. Comme tous les hommes ont toujours faim, on aime alors toujours tous les hommes. Certains sont partiellement rassasiés ; il faut aimer en eux leur faim et leur rassasiement.

Mais nous aimons bien différemment. Les êtres aimés, par leur présence, leurs paroles, leurs lettres, nous fournissent du réconfort, de l'énergie, un stimulant. Ils ont sur nous le même effet qu'un bon repas après une journée épuisante de travail. Nous les aimons donc comme de la nourriture. C'est bien un amour d'anthropophage.

Nos haines, nos indifférences sont anthropophagiques aussi.

Vous avez eu faim, et vous n'avez mangé.

Il est vrai qu'on doit le manger.

Ce genre d'affection est-il légitime envers ceux qui ne sont plus eux-mêmes, en qui vit le Christ ?

Sûrement envers nul autre.

Chez ceux-là, le désir et le rassasiement et la nourriture fournie à autrui sont une seule et même chose.

Mais l'amour dirigé ainsi ne peut pas être un amour de propriétaire. Comme un homme qui achèterait une statue grecque, quoiqu'il l'ait achetée, ne peut pas — s'il n'est pas une brute — s'en sentir propriétaire. Le bien pur échappe à toute relation particulière.

Sauf ce cas, les affections humaines sont des affections de goules. Nous aimons quelqu'un, c'est-à-dire nous aimons boire son sang.

Dans toute affection un peu forte, la vie est engagée. On ne peut aimer purement que si on a renoncé à vivre.

Quiconque aime sa vie aime ses proches et ses amis comme Ugolin ses enfants. Rien n'est réel pour qui aime ainsi.

La réalité n'apparaît qu'à celui qui accepte la mort.

C'est pourquoi « De cet univers, par le renoncement, nourris-toi ».

Quel plus grand don pouvait être fait aux créatures que celui de la mort ?

La mort seule nous apprend que nous n'existons pas, sinon comme une chose parmi beaucoup d'autres.

Simone de Beauvoir. (Edimedia)

Simone de Beauvoir

Simone de Beauvoir naît le 9 janvier 1908 dans une famille parisienne aisée. Elle a une sœur « Poupette » deux ans plus tard. En octobre 1913, on décida de (la) faire entrer dans un cours au nom alléchant : « Le cours Désir ». Jusque-là, elle avait eu une amitié amoureuse pour son cousin Jacques. En 1917, elle rencontre une petite fille dont « la vivacité et l'indépendance » la subjuguent : « J'avais eu la chance de rencontrer l'amitié... Je ne concevais rien de mieux au monde que d'être moi-même et d'aimer Zaza. »

En 1925, elle suit des cours de Lettres à Neuilly avec Garric et un cours de mathématiques générales à l'Institut Catholique. Après deux années à la Sorbonne elle entre à l'École Normale pour préparer l'agrégation de philosophie. Faisant son stage au Lycée Jeanson de Sailly, elle rencontre Jean-Paul Sartre, qui correspond pour elle à « l'homme prédestiné qui me garantirait mon existence sans lui ôter sa souveraineté ». Après avoir enseigné à Marseille et Rouen, Simone de Beauvoir est nommée au Lycée Molière à Paris. En 1943 elle publie son premier roman *L'INVITÉE* chez Gallimard, puis en 1944, *PYRRHUS ET CINNA,* en 1945 une pièce en deux actes, *LES BOUCHES INUTILES,* et un roman *LE SANG DES AUTRES*, et en 1946, *TOUS LES HOMMES SONT MORTELS.* 1947 est la date de *POUR UNE MORALE DE L'AMBIGUÏTÉ* et de son premier voyage en Amérique et l'année suivante elle écrit l'*AMÉRIQUE AU JOUR LE JOUR,* et l'*EXISTENTIALISME ET LA SAGESSE DES NATIONS.* Son œuvre principale, *LE DEUXIÈME SEXE,* paraît en 1949. A part un essai sur la Chine, *LA LONGUE MARCHE,* en 1957, elle écrit surtout des romans : *LES MANDARINS,* en 1954, et le cycle autobiographique *MÉMOIRES D'UNE JEUNE FILLE RANGÉE,* 1958, *LA FORCE DE L'ÂGE* (1960), et *LA FORCE DES CHOSES* (1963), puis *TOUT COMPTE FAIT* (1972).

En 1964, elle rend hommage à sa mère dans *UNE MORT TRÈS DOUCE*. Pendant les années 1960 elle soutient par ses prises de position les protestations des étudiants et aide au développement des mouvements de libération de la femme en France, en participant activement aux réunions discussions et déclarations de divers groupes féministes. Elle écrit de nombreux articles sur le sujet entre 1970 et 1980. Son dernier livre paru s'intitule *QUAND PRIME LE SPIRITUEL*, 1979.

Indications bibliographiques

Cayron, C. : *La nature chez Simone de Beauvoir*. Paris, Gallimard, 1973.
Lasochi, A.M. : *Simone de Beauvoir ou l'entreprise d'écrire*. La Haye, Nijhott, 1971.
Leighton, J. : *Simone de Beauvoir: on woman*. Rutherford, Farleigh Dickinson University Press, 1975.
Lilar, S. : *Le malentendu du Deuxième Sexe*. Paris, P.U.F., 1969.

LE DEUXIÈME SEXE

Le code français ne range plus l'obéissance au nombre des devoirs de l'épouse et chaque citoyenne est devenue une électrice ; ces libertés civiques demeurent abstraites quand elles ne s'accompagnent pas d'une autonomie économique : la femme entretenue — épouse ou courtisane — n'est pas affranchie du mâle parce qu'elle a dans les mains un bulletin de vote ; si les mœurs lui imposent moins de contraintes qu'autrefois, ces licences négatives n'ont pas modifié profondément sa situation ; elle reste enfermée dans sa condition de vassale. C'est par le travail que la femme a en grande partie franchi la distance qui la séparait du mâle ; c'est le travail qui peut seul lui garantir une liberté concrète. Dès qu'elle cesse d'être une parasite, le système fondé sur sa dépendance s'écroule ; entre elle et l'univers il n'est plus besoin d'un médiateur masculin. La malédiction qui pèse sur la femme vassale, c'est qu'il ne lui est permis de rien faire ; alors, elle s'entête dans l'impossible poursuite de l'être à travers le narcissisme, l'amour, la religion ; productrice, active, elle reconquiert sa transcendance ; dans ses projets elle s'affirme concrètement comme sujet ; par son rapport avec le but qu'elle poursuit, avec l'argent et les droits qu'elle s'approprie, elle éprouve sa responsabilité. Beaucoup de femmes ont conscience de ces avantages, même parmi celles qui exercent les métiers les plus modestes. J'ai entendu une femme de journée, en train de laver le carreau d'un hall d'hôtel, qui déclarait : « Je n'ai jamais rien demandé à personne. Je suis arrivée toute seule. » Elle était aussi fière de se suffire qu'un Rockefeller. Cependant il ne faudrait pas croire que la simple juxtaposition du droit de vote et d'un métier soit une parfaite libération : le travail aujourd'hui n'est pas la liberté. C'est seulement dans un monde socialiste que la femme en accédant à l'un s'assurerait l'autre. La majorité des travailleurs sont aujourd'hui des exploités. D'autre part, la structure sociale n'a pas été profondément modifiée par l'évolution de la condition féminine ; ce monde qui a toujours appartenu aux hommes conserve encore la figure qu'ils lui ont imprimée. Il ne faut pas perdre de vue ces faits d'où la question du travail féminin tire sa complexité. Une dame importante et bien pensante a fait récemment une enquête auprès des ouvrières des usines Renault : elle affirme que celles-ci préféreraient rester au foyer plutôt que de travailler à l'usine. Sans doute, elles n'accèdent à l'indépendance économique qu'au sein d'une classe économiquement opprimée ; et d'autre part les tâches accomplies à l'usine ne les dispensent pas des corvées du foyer. Si on leur avait proposé de choisir entre 40 heures de travail hebdomadaire à l'usine OU dans la maison, elles auraient sans doute fourni de tout autres réponses ; et peut-être même accepteraient-elles allégrement le cumul si en tant qu'ouvrières elles s'intégraient à un monde qui serait leur monde, à l'élaboration duquel elles participeraient avec joie et orgueil. A l'heure qu'il est, sans même parler des paysannes, la majorité des femmes qui travaillent ne s'évadent pas du monde féminin traditionnel ; elles ne reçoivent pas de la société, ni de leur mari, l'aide qui leur serait nécessaire pour devenir concrètement les égales des hommes. Seules celles qui ont une foi politique, qui militent dans les syndicats, qui font confiance à l'avenir, peuvent donner un sens éthique aux ingrates fatigues quotidiennes ; mais privées de loisirs, héritant d'une tradition de soumission, il est normal que les femmes commencent seulement à développer un sens politique et social. Il est normal que, ne recevant pas en échange de leur travail les bénéfices moraux et sociaux qu'elles seraient en droit d'escompter, elles en subissent sans enthousiasme les contraintes. On comprend aussi que la midinette, l'employée, la secrétaire, ne veuillent pas renoncer aux avantages d'un appui masculin. J'ai dit déjà que l'existence d'une caste privilégiée à laquelle il lui est permis de s'agréger rien qu'en livrant son corps est pour une jeune femme une tentation presque irrésistible ; elle est vouée à la galanterie du fait que ses salaires sont minimes tandis que le standard de vie que la société exige d'elle est très haut ; si elle se contente de ce qu'elle gagne, elle ne sera qu'une paria : mal logée, mal vêtue, toutes les distractions et l'amour même lui seront refusés. Les gens vertueux lui prêchent l'ascétisme ; en vérité, son régime alimentaire est souvent aussi austère que celui d'une carmélite ; seulement, tout le monde ne peut pas prendre Dieu pour amant : il faut qu'elle plaise aux hommes pour réussir sa vie de femme. Elle se fera donc aider : c'est ce qu'escompte cyniquement l'employeur qui lui alloue un salaire de famine. Parfois, cette aide lui permettra d'améliorer sa situation et de conquérir une véritable indépendance ; parfois au contraire, elle abandonnera son métier pour se faire entretenir. Souvent elle cumule ; elle se libère de son amant par le travail, elle s'évade de son travail grâce à l'amant ; mais aussi elle connaît la double servitude d'un métier et d'une protection masculine. Pour la femme mariée, le salaire ne représente en général qu'un appoint ; pour la « femme qui se fait aider », c'est le secours masculin qui apparaît comme inessentiel ; mais ni l'une ni l'autre n'achètent par leur effort personnel une totale indépendance.

Cependant, il existe aujourd'hui un assez grand nombre de privilégiées qui trouvent dans leur profession une autonomie économique et sociale. Ce sont elles qu'on met en cause quand on s'interroge sur les possibilités de la femme et sur son avenir. C'est pourquoi, bien qu'elles ne constituent encore qu'une minorité, il est particulièrement intéressant d'étudier de près leur situation ; c'est à leur propos que les débats entre féministes et antiféministes se prolongent. Ceux-ci affirment que les femmes émancipées d'aujourd'hui ne réussissent dans le monde rien d'important et que, d'autre part, elles ont peine à trouver leur équilibre intérieur. Ceux-là exagèrent les résultats qu'elles obtiennent et s'aveuglent sur leur désarroi. En vérité, rien n'autorise à dire qu'elles font fausse route ; et cependant il est certain qu'elles ne sont pas tranquillement installées dans leur nouvelle condition : elles ne sont encore qu'à moitié du chemin. La femme qui s'affranchit économiquement de l'homme n'est pas pour autant dans une situation morale, sociale, psychologique identique à celle de l'homme. La manière dont elle s'engage dans sa profession et dont elle s'y consacre dépend du contexte constitué par la forme globale de sa vie. Or, quand elle aborde sa vie d'adulte, elle n'a pas derrière elle le même passé qu'un garçon ; elle n'est pas considérée par la société avec les mêmes yeux ; l'univers se présente à elle dans une perspective différente. Le fait d'être une femme pose aujourd'hui à un être humain autonome des problèmes singuliers.

Le privilège que l'homme détient et qui se fait sentir dès son enfance c'est que sa vocation d'être humain ne contrarie pas sa destinée de mâle. Par l'assimilation du phallus et de la transcendance, il se trouve que ses réussites sociales ou spirituelles le douent d'un prestige viril. Il n'est pas divisé. Tandis qu'il est demandé à la femme pour accomplir sa féminité de se faire objet et proie, c'est-à-dire de renoncer à ses revendications de sujet souverain. C'est ce conflit qui caractérise singulièrement la situation de la femme affranchie. Elle refuse de se cantonner dans son rôle de femelle parce qu'elle ne veut pas se mutiler ; mais ce serait aussi une mutilation de répudier son sexe. L'homme est un être humain sexué ; la femme n'est un individu complet, et l'égale du mâle, que si elle est aussi un être humain sexué. Renoncer à sa féminité, c'est renoncer à une part de son humanité. Les misogynes ont souvent reproché aux femmes de tête de « se négliger » ; mais ils leur ont aussi prêché : si vous voulez être nos égales, cessez de vous peindre la figure et de vernir vos ongles. Ce dernier conseil est absurde. Précisément parce que l'idée de féminité est définie artificiellement par les coutumes et les modes, elle s'impose du dehors à chaque femme ; elle peut évoluer de manière que ses canons se rapprochent de ceux adoptés par les mâles ; sur les plages, le pantalon est devenu féminin. Cela ne change rien au fond de la question : l'individu n'est pas libre de la modeler à sa guise. Celle qui ne s'y conforme pas se dévalue sexuellement et par conséquent socialement puisque la société a intégré les valeurs sexuelles. En refusant des attributs féminins, on n'acquiert pas des attributs virils ; même la travestie ne réussit pas à faire d'elle-même un homme : c'est une travestie. On a vu que l'homosexualité constitue elle aussi une spécification : la neutralité est impossible. Il n'est aucune attitude négative qui n'implique une contrepartie positive. L'adolescente croit souvent qu'elle peut simplement mépriser les conventions ; mais par là même elle manifeste ; elle crée une situation nouvelle entraînant des conséquences qu'il lui faudra assumer. Dès qu'on se soustrait à un code établi on devient un insurgé. Une femme qui s'habille de manière extravagante ment quand elle affirme avec un air de simplicité qu'elle suit son bon plaisir, rien de plus : elle sait parfaitement que suivre son bon plaisir est une extravagance. Inversement, celle qui ne souhaite pas faire figure d'excentrique se conforme aux règles communes. A moins qu'il ne représente une action positivement efficace, c'est un mauvais calcul que de choisir le défi : on y consume plus de temps et de forces qu'on n'en économise. Une femme qui ne désire pas choquer, qui n'entend pas socialement se dévaluer, doit vivre en femme sa condition de femme : très souvent sa réussite professionnelle même l'exige. Mais tandis que le conformisme est pour l'homme tout naturel — la coutume s'étant réglée sur ses besoins d'individu autonome et actif — il faudra que la femme qui est elle aussi sujet, activité, se coule dans un monde qui l'a vouée à la passivité. C'est une servitude d'autant plus lourde que les femmes confinées dans la sphère féminine en ont hypertrophié l'importance : de la toilette, du ménage, elles ont fait des arts difficiles. L'homme n'a guère à se soucier de ses vêtements ; ils sont commodes, adaptés à sa vie active, il n'est pas besoin qu'ils soient recherchés ; à peine font-ils partie de sa personnalité ; en outre, nul ne s'attend qu'il les entretienne lui-même : quelque femme bénévole ou rémunérée le décharge de ce soin. La femme au contraire sait que quand on la regarde on ne la distingue pas de son apparence : elle est jugée, respectée, désirée à travers sa toilette. Ses vêtements ont été primitivement destinés à la vouer à l'impotence et ils sont demeurés fragiles : les bas se déchirent, les talons s'éculent, les blouses et les robes claires se salissent, les plissés se déplissent ; cependant, elle devra réparer elle-même la plupart de ces accidents ; ses semblables ne viendront pas bénévolement à son secours et elle aura scrupule à grever encore son budget pour des travaux qu'elle PEUT exécuter elle-même ; les permanentes, mises en plis, fards, robes neuves coûtent déjà assez cher. Quand elles rentrent le soir, la secrétaire, l'étudiante, ont toujours un bas à remailler, une blouse à laver, une jupe à repasser. La femme qui gagne largement sa vie s'épargnera ces corvées ; mais elle sera astreinte à une élégance plus compliquée, elle perdra du temps en courses, essayages, etc. La tradition impose aussi à la femme, même célibataire, un certain souci de son intérieur ; un fonctionnaire nommé dans une ville nouvelle habite facilement l'hôtel ; sa collègue cherchera à s'installer un « chez soi » ; elle devra l'entretenir avec scrupule car on n'excuserait pas chez elle une négligence qu'on trouverait naturelle chez un homme. Ce n'est pas d'ailleurs le seul souci de l'opinion qui l'incite à consacrer du temps et des soins à sa beauté, à son ménage. Elle désire pour sa propre satisfaction demeurer une vraie femme. Elle ne réussit à s'approuver à travers le présent et le passé qu'en cumulant la vie qu'elle s'est faite avec la destinée que sa mère, que ses jeux d'enfants et ses fantasmes d'adolescente lui avaient préparée. Elle a nourri des rêves narcissistes ; à l'orgueil phallique du mâle elle continue à opposer le culte de son image ; elle veut s'exhiber, charmer. Sa mère, ses aînées, lui ont insufflé le goût du nid : un intérieur à elle, ç'a été la forme primitive de ses rêves d'indépendance ; elle n'entend pas les renier même quand elle a trouvé la liberté sur d'autres chemins. Et dans la mesure où elle se sent encore mal assurée dans l'univers masculin, elle garde le besoin d'une retraite. symbole de ce refuge intérieur qu'elle a été habituée à chercher en soi-même. Docile à la tradition féminine, elle cirera ses parquets, elle fera elle-même sa cuisine, au lieu d'aller, comme son collègue, manger au restaurant. Elle veut vivre à la fois comme un homme et comme une femme : par là elle multiplie ses tâches et ses fatigues.

Si elle entend demeurer pleinement femme, c'est qu'elle entend aussi aborder l'autre sexe avec le maximum de chances. C'est dans le domaine sexuel que les problèmes les plus difficiles vont se poser. Pour être un individu complet, l'égale de l'homme, il faut que la femme ait accès au monde masculin comme le mâle au monde féminin, qu'elle ait accès à l'AUTRE ; seulement les exigences de l'AUTRE ne sont pas dans les deux cas symétriques. Une fois conquises la fortune, la célébrité, apparaissant comme des vertus immanentes, peuvent augmenter l'attrait sexuel de la femme ; mais le fait d'être une activité autonome contredit sa féminité : elle le sait. La femme indépendante — et surtout l'intellectuelle qui pense sa situation — souffrira en tant que femelle d'un complexe d'infériorité ; elle n'a pas les loisirs de consacrer à sa beauté des soins aussi attentifs que la coquette dont le seul souci est de séduire ; elle aura beau suivre les conseils des spécialistes, elle ne sera jamais au domaine de l'élégance qu'un amateur ; le charme féminin exige que la transcendance se dégradant en immanence n'apparaisse plus que comme une subtile palpitation charnelle ; il faut être une proie spontanément offerte : l'intellectuelle sait qu'elle s'offre, elle sait qu'elle est une conscience, un sujet ; on ne réussit pas à volonté à tuer son regard et à changer ses yeux en une flaque de ciel ou d'eau ; on n'arrête pas à coup sûr l'élan d'un corps qui se tend vers le monde pour le métamorphoser en une statue animée de sourdes vibrations. L'intellectuelle essaiera avec d'autant plus de zèle qu'elle a peur d'échouer : mais ce zèle conscient est encore une activité et il manque son but. Elle commet des erreurs analogues à celles que suggère la ménopause : elle essaie de nier sa cérébralité comme la femme vieillissante essaie de nier son âge : elle s'habille en petite fille, elle se surcharge de fleurs, de falbalas, d'étoffes criardes ; elle exagère les mimiques enfantines et émerveillées. Elle folâtre, sautille, babille, elle joue la désinvolture, l'étourderie, le primesaut. Mais elle ressemble à ces acteurs qui faute d'éprouver l'émotion qui entraînerait la détente de certains muscles contractent par un effort de volonté les antagonistes, abaissant les paupières ou les coins de la bouche au lieu de les laisser tomber ; ainsi la femme de tête pour mimer l'abandon se crispe. Elle le sent, elle s'en irrite ; dans le visage éperdu de naïveté passe soudain un éclat d'intelligence trop aigu ; les lèvres prometteuses se pincent. Si elle a du mal à plaire c'est qu'elle n'est pas comme ses petites sœurs esclaves une pure volonté de plaire ; le désir de séduire, si vif qu'il soit, n'est pas descendu au fond de ses os ; dès qu'elle se sent maladroite, elle s'irrite de sa servilité ; elle veut prendre sa revanche en jouant le jeu avec des armes masculines : elle parle au lieu d'écouter, elle étale des pensées subtiles, des émotions inédites ; elle contredit son interlocuteur au lieu de l'approuver, elle essaie de prendre le dessus sur lui.

BIBLIOGRAPHIE GÉNÉRALE

Abensour, L. : *Histoire générale du féminisme des origines à nos jours,* Paris, Delagrave, 1921.
La Femme et le féminisme avant la Révolution, Paris, E. Leroux, 1923.
Angenot, M. : *Les Champions des Femmes,* Montréal, Presses de l'Université de Québec, 1977.
Albistur, M. & Armogathe, D. : *Histoire du Féminisme français du Moyen Âge à nos jours,* Paris, des femmes, 1978.
Ascoli, G. : « Essai sur l'histoire des idées féministes en France du XVIᵉ siècle à la Révolution » in *Revue de Synthèse historique,* 13, 1906, pp. 25-27, 99-106, 161-184.
Backer, D. : *Precious women,* New York, Basic Books, 1974.
Batany, J. : *Approches du Roman de la Rose,* Paris, Bordas, 1973.
Bealu, M. : *Anthologie de la poésie féminime française de 1900 à nos jours,* Paris, Stock, 1953.
Bonaparte, M. : *La sexualité de la femme,* Paris, P.U.F., 1967.
Bonnefon, J. : *Montaigne et ses amis,* Paris, A. Colin, 1898.
Broc, H., vicomte de : *Les femmes auteurs,* Paris, Plon, 1911.
Brogin, Meg : *The women Troubadours,* New York, Norton, 1980.
Ceratti : *Les Clubs des Citoyennes Républicaines Révolutionnaires,* Paris, Éditions sociales, 1966.
Chabrol, C. : *Le récit féminin,* La Haye, Mouton, 1971.
Charasson, H. : « La littérature féminime » in *Vingt-cinq ans de Littérature française,* Paris, Librairie de France, 1926.
Collins, M. & Weil Sayre, S. : *Les Femmes en France,* New York, Ch. Schribner's Sons, 1974.
Crosland, M. : *Women of Iron and Velvet. French Women Writers after George Sand,* New York, Taplinger Publishing Company, 1976.
Descarmes, A. : *Histoire satirique de la Femme à travers les âges,* Paris, S.J.G.I., 1947.
Desplantes, F.J.B. & Pouthier, P. : *Femmes de Lettres en France,* Rouen, Mégard, 1890.
Dow, B. : *The Varying Attitudes toward Women in French Literature of the XVth century: the opening years,* New York, French Studies, 1936.
Eaubonne, F.D' : *Le complexe de Diane.* Érotisme ou féminisme, Paris, Julliard, 1951.
Europe (Revue) : *« La Femme et la Littérature »,* Novembre-Décembre 1964.
Fagniez, G. : *La femme et la société française dans la première moitié du XVIIᵉ siècle,* Paris, Gamber, 1929.
Feugère, L. : *Les femmes poètes au XVIᵉ siècle,* Paris, Didier, 1860.
Gay, J. : *Bibliographie des principaux ouvrages relatifs à l'amour aux femmes, au mariage,* Paris, Lemonnyer, 1893.
Joran, T. : *Les féministes avant le féminisme,* Paris, Savaète, 1911.
Lacour, L. : *Les origines du Féminisme contemporain. Trois femmes de la Révolution,* Paris, Plon, 1900.
Lathuillière, R. : *La Préciosité,* Genève, Droz, 1969.
Lejeune, P. : *L'autobiographie en France,* Paris, A. Colin, 1971.
Maulde de la Clavière, R. de : *Vers le bonheur. Les Femmes de la Renaissance,* Paris, Perrin, 1898.
Moulin, J. : *La poésie féminine du XIIᵉ au XIXᵉ siècle,* Paris, Seghers, 1966.
Payer, A. : *Le Féminisme du Temps de la Fronde,* Paris, Fast, 1922.
Reynier, G. : *La femme au XVIIᵉ siècle, ses ennemis, ses défenseurs,* Paris, Plon, 1933.
Richardson, L. : *The forerunners of feminism,* Baltimore, Johns Hopkins University Press, 1929.
Rousselot, P. : *Histoire de l'éducation des femmes en France,* Paris, Didier, 1883.
Sèche, A. : *Les Muses Françaises,* Anthologie des femmes poètes, Paris, 1908.
Stapfer, P. : *La Famille et les amis de Montaigne,* Paris, Hachette, 1896.
Sullerot, E. : *Histoire de la presse féminine en France des origines à 1848,* Paris, A. Colin, 1966.
Thomas, E. : *Les femmes en 1848,* Paris, J. Renard, 1941.

INDEX DES NOMS D'AUTEURS

	Pages
AGOULT (Marie d')	214-219
ANONYME 1789 (Femme)	123
AULNOY (Mme d')	80- 89
BEAUVOIR (Simone de)	260-267
COLETTE	220-231
DEROIN (Jeanne)	194-197
DESBORDES-VALMORE (Marceline)	152-159
GAY (Delphine)	198-213
GOUGES (Olympe de)	132-139
GOURNAY (Marie le Jars de)	46- 57
GRAFIGNY (Mme de)	106-115
LABE (Louise)	40- 45
LAFAYETTE (Mme de)	70- 79
LAMBERT (Marquise de)	90-105
MARGUERITE DE NAVARRE	30- 39
MARIE DE FRANCE	12- 23
NOAILLES (Anna de)	232-235
PISAN (Christine de)	24- 29
RICCOBONI (Mme)	116-123
ROLAND (Mme)	124-131
SAND (George)	168-177
SARRAUTE (Nathalie)	236-241
SCUDÉRY (Mlle de)	58- 63
SÉGUR (Comtesse de)	160-167
SÉVIGNÉ (Mme de)	64- 69
STAËL (Germaine Necker de)	140-151
TRISTAN (Flora)	178-193
WEIL (Simone)	252-259
YOURCENAR (Marguerite)	242-251

TABLE DES MATIÈRES

	Pages
INTRODUCTION	3
PRÉFACE : La querelle des femmes : Hier & Aujourd'hui (traduit de Germaine Brée : *French women writers*)	4
TEXTES :	
MARIE DE FRANCE	12
Guigemar *(Lais)*	15
CHRISTINE DE PISAN	24
Les Douceurs du Mariage *(Ballade)*	27
Solitude *(Ballade)*	28
Lamentation sur les maux de la guerre civile	29
MARGUERITE DE NAVARRE	30
Deuxième journée, quinzième nouvelle *(Heptameron)*	33
LOUISE LEBÉ	40
A Mademoiselle Clémence de Bourges	43
Sonnet XVII	45
MARIE DE GOURNAY	46
Égalité des hommes & des femmes	49
Peincture de moœurs	55
MADELEINE DE SCUDÉRY	58
De la conversation *(Conversation sur divers sujets)*.	61
MADAME DE SÉVIGNÉ	64
Lettres 15 décmbre 1670	66
6 février 1671	66
4 mars 1671	67
5 mars 1671	68
MADAME DE LA FAYETTE	70
La princesse de Clèves	73
MADAME D'AULNOY	80
La Belle aux Cheveux d'Or *(Conte de fées)*	82
MADAME DE LAMBERT	90
Nouvelles réflexions sur les femmes	94
MADAME DE GRAFIGNY	106
Vie privée de Voltaire et de Madame du Chatelet . . .	108
Cénie	109
MADAME RICCOBONI	116
Lettres de Mistriss Fanni Butlerd	119
MOTION ANONYME DÉPOSÉE A L'ASSEMBLÉE NATIONALE	123
MADAME ROLAND	124
Mémoires	127
OLYMPE DE GOUGES	132
Déclaration des droits de la femme et de la citoyenne	134
MADAME DE STAËL	140
De la littérature	143

Delphine 147
De l'Allemagne 150
MARCELINE DESBORDES-VALMORE 152
La promenade d'automne *(Poésies)* 155
A Pauline Duchambge *(Pauvres fleurs)* 156
A celles qui pleurent *(Bouquets et prières)* 158
Lettre à Caroline Branchu *(Correspondance)*. 159
Les roses de Saadi *(Poésies inédites)* 159
COMTESSE DE SÉGUR 160
Poires Volées *(Les petites filles modèles)* 163
GEORGE SAND 168
Indiana 171
A propos de la femme dans la société politique 174
FLORA TRISTAN 178
Union ouvrière 181
JEANNE DEROIN 194
Lettre à Monsieur Proudhon 196
DELPHINE GAY 198
Lettre IX - 22 mars 1837 *(Lettres parisiennes)* 201
La joie fait peur 206
MARIE D'AGOULT 214
Souvenirs 217
COLETTE 220
Le voyage *(Sept dialogues de bêtes)* 223
Où sont les enfants *(La maison de Claudine)* 230
ANNA DE NOAILLES 232
Offrande *(Les éblouissements)* 234
Empreinte *(Le cœur innombrable)* 235
La femme, durée infinie *(L'honneur de souffrir)* . . . 235
NATHALIE SARRAUTE 236
Tropismes 239
MARGUERITE YOURCENAR 242
Comment Wang-Fo fut sauvé *(Nouvelles orienta-*
les) 245
SIMONE WEIL 252
Lettre à une élève 255
Cahiers d'Amérique *(La connaissance surnaturelle)* 258
SIMONE DE BEAUVOIR 260
Le deuxième sexe 263
BIBLIOGRAPHIE 268
INDEX 269
TABLE DES MATIÈRES 270

Conception - Réalisation
A. Le Gallais - R. Raban

Nous remercions
pour la relecture
E. Dumeur - Ch. Lazzarotto

I.M.E. - 25-Baume-les-Dames - Dépôt légal Février 1983 - N° éditeur 6097